船舶与海洋工程翻译出版计划

海洋工程系泊系统

〔美〕马启东(Kai-Tung Ma)

〔美〕罗　勇(Yong Luo)　　著

〔美〕关子宏(Thomas Kwan)

〔美〕吴永彦(Yongyan Wu)

昝英飞　韩端锋　白　旭　　译

秦立成　黄　阔

哈尔滨工程大学出版社
Harbin Engineering University Press

图书在版编目（CIP）数据

海洋工程系泊系统／（美）马启东等著；昝英飞等译．—哈尔滨：哈尔滨工程大学出版社，2024.5
ISBN 978-7-5661-4392-1

Ⅰ．①海… Ⅱ．①马… ②昝… Ⅲ．①海洋工程-系泊 Ⅳ．①U675.92

中国国家版本馆 CIP 数据核字（2024）第 102245 号

海洋工程系泊系统
HAIYANG GONGCHENG XIBO XITONG

选题策划　雷　霞
责任编辑　张志雯　关　鑫
封面设计　李海波

出版发行　哈尔滨工程大学出版社
社　　址　哈尔滨市南岗区南通大街 145 号
邮政编码　150001
发行电话　0451-82519328
传　　真　0451-82519699
经　　销　新华书店
印　　刷　哈尔滨午阳印刷有限公司
开　　本　787 mm×1 092 mm　1/16
印　　张　19.5
字　　数　365 千字
版　　次　2024 年 5 月第 1 版
印　　次　2024 年 5 月第 1 次印刷
书　　号　ISBN 978-7-5661-4392-1
定　　价　150.00 元
http://www.hrbeupress.com
E-mail：heupress@ hrbeu.edu.cn

黑版贸登字 08-2024-003 号

Mooring System Engineering for Offshore Structures, 1st edition

Kai-Tung Ma, Yong Luo, Thomas Kwan and Yongyan Wu

ISBN:9780128185513

注　意

　　本书涉及领域的知识和实践标准在不断变化。新的研究和经验拓展我们的理解,因此须对研究方法、专业实践或医疗方法做出调整。从业者和研究人员必须始终依靠自身经验和知识来评估和使用本书中提到的所有信息、方法、化合物或本书中描述的实验。在使用这些信息或方法时,他们应注意自身和他人的安全,包括注意他们负有专业责任的当事人的安全。在法律允许的最大范围内,爱思唯尔、译文的原文作者、原文编辑及原文内容提供者均不对因产品责任、疏忽或其他人身或财产伤害及/或损失承担责任,亦不对由于使用或操作文中提到的方法、产品、说明或思想而导致的人身或财产伤害及/或损失承担责任。

译 者 序

Mooring System Engineering for Offshore Structures 是一本由爱思唯尔出版的重要书籍。该书由海洋工程领域的四位国际知名专家 Kai-Tung Ma 教授、Yong Luo 教授、Thomas Kwan 博士和 Yongyan Wu 博士合著,并由美国国家工程院院士、葡萄牙国家工程院院士、葡萄牙里斯本大学 Carlos Guedes Soares 教授等杰出学者作序。全书共分为 15 章,是第一本全面介绍系泊知识的系统性著作,涵盖了设计、分析、安装、运营、维护和完整性管理等系泊系统的全生命周期。该书既包括了系泊设计的基础知识,又包括了当前标准、规范和系泊计算等基本理论,还介绍了国际热点应用,如浮式风机系泊等。

本书第一作者 Kai-Tung Ma 教授为世界级的海洋工程专家,曾于美国十大能源公司之一的雪佛龙能源科技公司(Chevron Energy Technology Company)任职 16 年,主管海洋平台的设计、监造和运维,现全职任教于台湾大学,讲授系泊系统相关课程。他担任美国石油学会(American Petroleum Institute,API)和国际标准化组织(International Standards Organization,ISO)的法规委员多年,曾任 API SC2-RG2 和 ISO 19901-7 系泊法规委员会主席,并带头成功修订国际海洋系泊法规和 API RP-2SK 法规。本书其他作者毕业于美国加利福尼亚大学伯克利分校、美国夏威夷大学马诺阿分校等世界名牌大学,在著名的海洋工程公司担任过工程师、顾问、总裁等职位,具有丰富的海洋工程系统方面的工程经验,并且曾任教于美国、新加坡、中国台湾等地大学,讲授系泊系统相关课程。作者们丰富的教学经验与工程阅历将理论与实际完美结合,因此该书自面世以来,被英国、荷兰、新加坡、中国台湾等地知名大学的海洋工程专业列为课程参考书籍。

鉴于本书对我国船舶与海洋工程学科专业的教学、科研具有重要参考价值,我们决定将本书翻译为中文并出版。翻译工作由哈尔滨工程大学船舶工程学院昝英飞教授主持开展,参加翻译工作的人员有昝英飞、韩端锋、白旭、秦立成、黄阔。其中第 1 章由韩端锋、昝英飞翻译,第 2~5 章由昝英飞翻译,第 6 章由白旭翻译,第 7 章和第 8 章由昝英飞、白旭、黄阔翻译,第 9~10 章由白旭翻译,第 11~13 章由秦立成、白旭翻译,第 14 章由白旭翻译,第 15 章由白旭、昝英飞、黄阔翻译,并最终由昝英飞和韩端锋进行中译本的统稿。

英文"Mooring System Engineering"指的是系泊系统相关工程,"Offshore Structure"一般翻译成离岸结构物或海洋工程结构物。为使中文版的书名简洁明了,遂将书名译为《海洋工程系泊系统》。

本书的翻译工作得到了中国造船工程学会和哈尔滨工程大学出版社的"船舶与海洋工程翻译出版计划"项目的支持,对此表示衷心的感谢。特别感谢马刚副研究员和王宏伟副教授承担了译文校核和审定的工作,同时也感谢所有参与校对工作的研究生的努力和付出。哈尔滨工程大学出版社在书稿的编排和审校方面做了认真细致的工作,使本书得以顺利出版,对此特别感谢。

由于译校水平有限,如果译文中存在不足和错误之处,欢迎广大读者提出宝贵的意见和批评,以便我们进行改进。

译　者

2023 年 12 月于哈尔滨

序

海洋工程系泊系统是海上浮式结构物长期抵御外界环境的重要保障,直接关乎钻井、生产、风力发电等海洋工程装备的安全与效用,在海洋工程浮式结构定位方面具有不可替代的作用。随着海洋工程向深远海的进一步发展,人们对系泊系统的需求有增无减,对其全生命周期的性能也提出了更高要求。

在这样的背景下,*Mooring System Engineering for Offshore Structures* 一书的问世刚好填补了海上系泊工程综合技术方面的书籍空白。该书由海洋工程领域的四位国际知名专家 Kai-Tung Ma、Yong Luo、Thomas Kwan 和 Yongyan Wu 合著而成,以上作者均在著名的海洋工程公司担任过工程师、顾问、总裁等职位,具有丰富的海洋工程实践经验及国际知名大学的教学经验。该书从设计工程师的角度,全面覆盖了设计、安装、运维和延寿等系泊系统全生命周期,对系泊系统的性能特点、设计选型、计算分析等多方面进行论述。书中内容翔实,论述充分,对我国船舶与海洋工程领域的教学、科研都具有十分重要的参考价值,能够为我国超深水系泊系统工程设计、制造、安装等提供良好的指导。

有鉴于此,为了进一步促进我国海洋工程系泊系统领域人才的培养和技术的进步,哈尔滨工程大学的昝英飞教授、韩端锋教授、黄阔博士,江苏科技大学的白旭教授,海洋石油工程股份有限公司的秦立成高级工程师等人分工协作完成了对该书的翻译,将中文版书名确定为《海洋工程系泊系统》。这几位学者深耕于海洋工程领域,致力于为我国海洋工程的发展做出贡献,其翻译语言表达准确、清晰、流畅、规范,可以很好地提升我国海洋工程行业人员对于原书的阅读和理解。

当前我国海洋工程系泊系统的研究、设计和制造迫切得到新的提高,本书的翻译和出版能够为国内学生和科研人员的学习及应用提供有效的支持和指导,助力国内海洋工程系泊系统的蓬勃发展,进而为我国海洋工程领域的发展贡献力量。

中国工程院院士 曾恒一

2023 年 10 月于北京

原著作者简介

Kai-Tung Ma

Kai-Tung Ma 教授本科毕业于台湾大学,硕士及博士毕业于美国加利福尼亚大学伯克利分校,现任职于台湾大学。他拥有近 25 年的从业经验,此前曾在几家咨询公司担任工程师和经理,并在大型船级社担任高级工程师。他在系泊工程、船舶结构可靠性和钻井立管设计领域发表过 40 多篇论文,并获得 4 项专利。Kai-Tung Ma 教授是美国造船师和轮机工程师协会(The Society of Naval Architects and Marine Engineers, SNAME)会士,API 主席及 ISO 系泊委员会成员。

Yong Luo

Yong Luo 教授是某海洋工程服务公司的创始人兼总裁。他拥有 30 多年的行业经验,曾就职于多家大型海外公司。Yong Luo 教授本科毕业于上海交通大学,在英国莱斯特大学获得工商管理学硕士(master of business administration, MBA)学位,并在英国斯特拉斯克莱德大学获得博士学位。Yong Luo 教授发表过 70 多篇论文,并且是上海交通大学和哈尔滨工程大学的客座教授。

Thomas Kwan

Thomas Kwan 博士于香港珠海学院获得学士学位,并在美国休斯敦大学获得硕士和博士学位。他曾在美国和新加坡的大学担任系泊系统技术专业的讲师。Thomas Kwan 博士在海洋工程领域拥有 40 多年的工程经验,曾任职于某大型系泊和立管系统运营商;在 1982 年至 2006 年担任 API 系泊委员会主席,是 API RP-2SK、API RP-2I 和 ISO 19901-7 标准形成的领衔人物。Thomas Kwan 博士发表过多篇论文,并于 2018 年荣获 Albert Nelson Marquis 终身成就奖。

Yongyan Wu

Yongyan Wu 博士是休斯敦某大型工程公司的高级船舶设计师,是该公司系泊系统负责人,还担任过大型船级社的工程师。他在上海交通大学获得学士和硕士学位,在美国夏威夷大学马诺阿分校获得博士学位。Yongyang Wu 博士在波浪力学、波浪/结构耦合作用以及定位系统领域发表过 20 多篇论文。他是美国得克萨斯州的注册职业工程师,也是 API 系泊委员会和 SNAME 近海技术委员会的技术编辑小组成员。

原 著 前 言

过去的 40 年里,由于系泊系统的复杂性,许多海上作业不断给我们带来挑战。在外行看来,系缆仅仅是一条简单的线缆结构,但对于设计者来说它却蕴含了很强的复杂性,如形式上(悬链线、半张紧、张紧)、材料上(链条、钢缆、纤维)、分析方法上(时域分析、频域分析、混合分析、极端分析、疲劳分析、蠕变分析)等。从工程经验角度,结合接近 3 km 水深的超深水复杂受力过程会发生的多种力学变化,学者们已对系泊系统进行了高度复杂、精准的分析。在设备方面,近海航运业从 3 000 年前开始使用简单的系泊设备,迅速发展到如今使用最为精巧的锚和绞盘。

本书是首次有人尝试撰写涵盖系泊系统各个方面的书籍。作者正是该领域中少数可以实现这一目标的人。我非常荣幸,曾经与本书的大部分作者共事过,而且对于能在他们推动本行业进步的征程中尽一份微薄之力,感到非常自豪。在各位作者身上体现了严谨的学术精神,这对于技术分析的准确性是十分必要的。他们多在业内最负盛名的石油公司、顾问公司、承包商和船级社中担任重要角色,拥有足够的经验,可将他们的想法付诸实践。

本书正好在能源转型的关键时刻问世。在过去近 3/4 个世纪的近海油气勘探生产工作中,来自可再生能源的电力占世界总电产量的比例之所以能够从几乎为 0 提高到 25%,其中一个迅速崛起的因素就是海上风能发电。虽然当前海上风能发电通过固定式风机结构在欧洲得到了重点开发,但如果要使其在全球范围得到普及,在美洲和亚洲深水区只能通过海上浮式风机实现。因此,我们很高兴看到作者在本书的最后章节中谈到这一主题,这项技术将在由海上石油和天然气开发向海上风能开发的过渡中架起知识的桥梁。

本书简练直白的文字,配合丰富的插图与清晰的表格,可以让读者享受到读书的乐趣。本书可作为教科书、设计指南和参考书使用,尤为重要的是,本书也可以作为一份供从业者参考的权威资料。感谢各位作者在本书中为我们提供了精彩纷呈的系泊系统知识,这不仅对石油和天然气行业的发展大有裨益,而且对海上风电行业的发展也将产生巨大帮助。

R. V. Ahilan
伦敦离岸咨询公司联合首席执行官
英国伦敦

原 著 序

本书从设计工程师的角度讨论了系泊系统设计,覆盖了系泊系统合理设计所涉及的各个方面。本书介绍了各种系泊系统及其性能特点,讨论了系泊系统设计所需的计算,从船级社的要求到不同计算类型的计算机程序都有涉及。因此这是一本重要的参考书。

第 1 章介绍了海上系泊的历史和背景,解释了系泊系统如何实现浮式钻井、浮式生产以及浮式风机等的海上作业。

第 2 章介绍了各种类型的系泊系统,并比较分析了它们的性能和适用范围。

第 3 章讲解了环境载荷和船舶运动,讨论了船舶所受的风力和一阶、二阶波浪载荷及其引起的运动。随后讨论了由海流引起的负载对船舶和系泊设备的影响。最后还讨论了冰载荷,并就系泊系统如何设计可避免海冰的影响提出了建议。

在介绍了系泊系统的基本知识及其所受的载荷后,第 4 章讨论了系泊设计,并着重介绍了用于移动式海上装置和永久生产设施的系泊设备。首先描述了如何建立设计基准,然后详细讨论了各个设计步骤,并提供了完成各个设计步骤所需的信息。

第 5 章进行了系泊分析,提供了很多关于系缆动力学和强度的基本理论,包括频域和时域分析以及系泊系统与浮式结构物的耦合与非耦合分析,并介绍了可用于进行这些分析的商业软件。

第 6 章分析了系缆的疲劳问题,介绍了应用迈纳法则(Miner's rule)进行应力循环计数的传统方法、频域和时域疲劳计算以及相应的循环计数方法,并讨论了由涡流引起的疲劳以及锚链的面外弯曲。

模型试验通常是设计过程中的重要组成部分,第 7 章对此进行了讨论。本章首先介绍了常用的试验,然后讨论了船模试验水池的特征及其对试验结果的影响。对于这些试验,一般很难制作合适缩尺比的深水系泊模型,因此目前普遍认可的方法是截断模型,这会在本书中专门探讨。本章最后讨论了将试验结果结合数值方法的混合分析法。

第 8 章介绍了锚的选型,描述了现有的各种锚及其主要特点。

第 9 章详细讨论了各种系泊系统设备、终端、连接件、配重块、浮标等组件。

第 10 章介绍了船载系泊设备,讨论了其功能和局限性。船载系泊设备包括张紧体系、锚链提升器、锚机、钢丝绳绞车和在线张紧器。

第 11 章介绍了系泊系统的安装过程。首先介绍了实地勘测、永久系泊系统的安装以及临时系泊系统的部署和回收,然后介绍系泊安装船,特别是其设备以及它们在系泊系统安装过程中的作用。

第 12 章介绍了系泊系统的检查与监测。首先讨论了船级社的要求以及各种检查方法,然后介绍了监测方法和设备,并解释了其作用和局限性。

第 13 章讲解了系泊可靠性。首先讨论了系泊失效案例,以得出可供参考的经验教训,然后分析了行业目前做法中存在的系泊失效风险。对永久和临时系泊系统都进行了分析,并总结了哪些部件更容易失效。本章关注的是行业经验,而不是如何根据基本原理进行计算。

第 14 章讨论了与用于油气钻探、开发、生产或储存的永久浮式平台相连的系泊系统的完整性管理。这是论述此类结构的最后一章,内容包括检查、维护、监测和维修以及延长服役寿命。

第 15 章,即最后一章,专门讨论了浮式风机。其特定功能决定了对系泊设备需要进行不同的处理。本章介绍了目前所用的各种浮式风机平台及其系泊系统的具体特征。这类平台的工作水深一般为 50~150 m,因此需要采用不同类型的系泊系统。本章同时介绍了系泊分析方法,包括如何将涡轮机叶片所受的气动力与平台和系泊系统所受的水动力进行耦合分析。

总体来说,本书由行业专家撰写,内容翔实,论述充分。书中讲解了从系泊系统设计、安装、运维到延长服役寿命的全生命周期各个阶段的内容。作者不但告诉读者需要做什么,还介绍了所需的相应工具。书中所覆盖的内容源于作者的工作经验,读者一定会受益匪浅。

每个章节都附有参考文献,虽然提供的参考文献不多,但包括必要的背景资料。这些资料主要来自 OTC 会议论文集,体现了本书与行业的相关性。

本书对学生和科研人员也非常实用,包含了行业内各种操作信息,可为科研工作提供良好的起点。

Carlos Guedes Soares
海洋技术与海洋工程中心特聘教授
里斯本大学高等理工学院
葡萄牙里斯本

原 著 致 谢

撰写本书的目的是用于通识教育和培训。在作者看来,目前业内缺乏专门针对海上系泊工程的综合性技术书籍,而本书恰好可以满足这项需求。本书既可以作为大学生的教科书,也可以作为执业工程师的参考书,或作为研究生课程的基础教材。系泊工程是融合船舶工程、海洋学、土木学和机械工程学等众多学科的领域。为了充分理解本书内容,学生应具有应力分析、流体力学、材料力学和结构动力学等课程基础。

本书的完成在很大程度上归功于另三位合著者,在资料准备方面,他们都和我一样做了相当多的工作。Yong Luo 教授是一家工程服务公司的创始人,同时兼任上海交通大学和哈尔滨工程大学的客座教授。Thomas Kwan 博士多年来一直在美国得克萨斯大学奥斯汀分校教授短期课程。Yongyan Wu 博士一直担任休斯敦某大型工程公司的首席工程师,并负责各类系泊系统的设计。

本书作者还要感谢全体审稿人员,他们对本书的出版做出了巨大贡献。为了加快审阅四位作者的手稿,以下成员组成了审阅小组:Paul Devlin、Menno van der Horst、Leopoldo Bello、Wei-ting Hsu、Wei-liang Chuang、Hongmei Yan、Devin Witt、Qinzheng Yang 和 Ming Yang。他们定期开会进行稿件审阅工作,并就各项技术要点进行探讨和讨论。除了审阅小组成员外,我们还收到了以下人士的宝贵意见和反馈:Cedric Brun、Prof. Yong Bai、Bob Gordon、Arun Duggal、Roger Basu、Haobing Guo、Zhengyong Zhong、Sam Ryu 和 Peter Leitch 等。

同时还要感谢我们四位作者的夫人——Sufen Chang、Li Zhu、Irene Kwan 和 Haoshan(Sue)Guo,正是由于她们的支持和耐心,这项费时的工作才得以顺利完成。

在所有审稿人中,本书作者尤其要向首席审稿人 Paul Devlin 表示最深切的谢意。他牺牲了自己舒适的退休生活,加入了审阅小组,对作者提供的材料进行了细致的审阅。

Kai-Tung Ma

2018 年 12 月于休斯敦

目　　录

第1章 简　介

1.1　概　述

海洋为我们提供了原油和天然气等宝贵的自然资源。随着许多海上大型油气田的发现，为勘探或生产而建造的浮式结构已变得越来越流行。在过去的几十年中，对浮式生产储卸油装置、半潜式生产平台、立柱式平台和张力腿平台等浮式平台的需求一直在稳步上升。这些浮式平台的一个关键组成就是系泊系统，这也是本书所要讲的主题。

系泊系统的关键技术是要求在特定环境条件下能够保持浮式结构物的定位能力，以确保钻井、生产、卸载和风力发电等各种作业安全进行。因为系泊工程师在设计、工程、制造、安装、作业、检查、监测、运维和维修等领域不断面临挑战[1]，所以对他们来说，设计一个满足这些要求的系统并非易事。相关内容将在本书中逐章进行详细讨论。

本章将首先介绍海上系泊的历史和背景，然后讲解系泊系统在浮式钻井、浮式生产和浮式风机等中的应用。

1.2　海上系泊发展

系泊系统由缆绳、连接器、张紧设备和锚组成。在各种浮式船舶的定位方面，它们有着悠久的历史。例如，它们被用于在码头停泊船只（通常被称为码头系泊）。然而，本书研究的重点是移动式海上钻井装置（mobile offshore drilling units，MODU）、浮式生产设施和一些其他类型的浮式结构物的永久性"海上系泊"。与传统的船舶系泊相比，这些海上系泊的历史相对较短。

1.2.1　浮式钻井快速增长期

20 世纪 60 年代和 70 年代是浮式钻井的快速增长期。第一座移动式钻井装置于 1954 年开钻,名为"Mr. Charlie 号"。这是一艘潜水驳船,依靠下船体实现漂浮而完成移动就位。它需要通过在船尾注入压载水,从而坐底在海床上开始钻井作业[2-3]。该系统设计的最大作业水深为 40 ft①,但严格地说,它不是一个浮式钻井系统。

图 1.1 所示为第一艘用于水下井口控制的浮式钻井船——"Western Explorer 号",该船隶属加州标准石油公司(现在的雪佛龙股份有限公司),于 1955 年在圣巴巴拉海峡打出了第一口井。在图中船头的前方隐约可见系泊缆。浮式钻井船开钻被视为浮式钻井历史上的第一个里程碑。

图 1.1　第一艘用于水下井口控制的浮式钻井船——"Western Explorer 号"

(图片由 Alden J. Laborde Family 提供)

---

①　1 ft = 0.304 8m。

"Mr. Charlie 号"（坐底式）和"Western Explorer 号"（漂浮式）是第一代移动式海上钻井装置的代表,另一类移动式海上钻井装置被称为"自升式"。这类钻井装置依靠船体漂浮就位,船体下方可以伸出多根桩腿。一旦就位,桩腿便采用电动或液压下探至海底,然后将船体顶升出水面,可以通过这种方法来提供稳定的钻探平台。例如,"Gus Ⅰ号"是在 1956 年为钻探建造的第一座自升式平台(jack-up barges),其作业水深达 80 ft。在 20 世纪 90 年代,人们设计并建造了"升级版"或"加强型"自升式平台,这种平台可以在水深超过 400 ft 的海域作业。

壳牌石油公司认为有必要在墨西哥湾更深、风暴更猛烈的水域建立一个更加稳固的浮式钻井平台。他们注意到像"Mr. Charlie 号"这样的半潜船的运动幅度比普通单体船的运动幅度要小得多,从而想到在半潜船上安装系泊系统,这样就可以把水下平台改装成水面半潜式平台。因此,1961 年潜式平台"Bluewater Ⅰ号"被改装成半潜式平台。接着出现了第一艘全新建造的半潜式钻井平台——"Ocean Driller 号"。"Ocean Driller 号"于 1963 年开始服务于德士古公司(现在的雪佛龙股份有限公司)。该装置的设计水深约 300 ft,船体模型实验是在游泳池中进行的。

20 世纪 60 年代,深水钻井驳船和自航式钻井船的船东们使用了由链条和钢丝绳组成的系泊系统,这些系泊系统连接 6 或 8 个锚。半潜式钻井船常见的定位方法是锚泊定位[3]。在过去的 10 年间,系泊系统的使用使浮式平台相比于坐底式平台(即自升式平台)能在更深的水域进行水下钻探。水深的增加需要更长的系泊缆,导致系泊缆变得更重且难以处理,也为锚泊系统的布设带来了挑战。由天气原因造成的船舶偏移幅度增大会使立管偏转而产生过大的应力,并可能导致失效,因而需要进行系泊设计和分析,以便钻井立管与海底防喷器在海底保持安全连接。系泊定位也成为一门重要的工程学科,海上系泊作为海洋工程的一个组成部分而诞生。

半潜式钻井平台和其他类型钻井船的设计经历了数次演变。大多数第一代装置是坐底式的或是以漂浮的形式进行钻探。因为设计者致力于优化船舶运动特性、钻机布局或基于其他考虑,所以第一代半潜式钻井平台的形状和大小差异很大。在 20 世纪 70 年代早期,第二代半潜式钻井平台使用了更新、更复杂的系泊和水下设备。第二代半潜式钻井平台的设计水深一般为 600 ft 或更深。20 世纪 80 年代中期,第三代半潜式钻井平台能够在超过 3 000 ft 水深和更恶劣的环境下系泊及作业。平台的排水量从 20 世纪 70 年代的约 18 000 t 增加到 80 年代的约 40 000 t。在 20 世纪 90 年代后期,第五代半潜式钻井平台变得更大,排水量超过 50 000 t。图 1.2 为具有动力定位(dynamic positioning,DP)和系泊系统的第五代深水半潜式钻井平台,该平台可以在极端恶劣的海况下工作。

图 1.2 第五代深水半潜式钻井平台

1.2.2 浮式生产系统繁荣期

自 20 世纪 40 年代末以来,石油和天然气的开采一直在近海进行。最初使用的是固定式平台和柔性塔等底部基础结构,这些结构的水深限制在 1 000~1 800 ft 左右。随着勘探和生产作业向深海转移,以下 4 种类型的浮式生产系统(floating production systems,FPS)开始发挥作用。

(1)张力腿平台(tension leg platform,TLP):20 世纪 80 年代初,张力腿平台的概念首次被应用。它是一种垂直系泊浮动结构,通常用于 300 m(约 1 000 ft)至 1 600 m(约 5 200 ft)的水深。1984 年,第一座张力腿平台 Hutton TLP 安装在北海。

(2)半潜式生产平台(semi-submersible platform):第一座半潜式浮式生产平台 Argyll FPS 是在 1975 年由北海 Hamilton Brothers Argyll 油田的"Transworld-58 号"钻井半潜式生产平台改造而来的。1986 年,为北海巴尔莫勒尔油田专门建造了第一个半潜式生产平台。

（3）立柱式平台（Spar）：立柱式平台是一种圆筒形、深吃水的浮式生产平台。该平台具有受风浪影响较小，既可采用甲板式井口（干式采油树）生产，又可采用水下（湿式采油树）生产的特点。1997 年，在墨西哥湾安装了第一个立柱式平台"Neptune 号"。

（4）浮式生产储卸油装置（floating production storage and offloading，FPSO）：它是海上油气工业用于生产和加工碳氢化合物以及储存和卸油的浮式结构。1977 年，第一艘石油浮式生产储卸油装置"Shell Castellon 号"建于西班牙。如今，全球有超过 270 艘浮式生产储卸油装置。

张力腿平台、半潜式生产平台、立柱式平台和浮式生产储卸油装置四种类型的浮式生产系统，自问世以来增长显著。值得一提的是，浮式生产储卸油装置在世界上的安装数量比其他三种类型要多得多。21 世纪第一个 10 年，海上浮式采油技术迈入了 6 000~8 000 ft 深水区。然而几起震惊业界的重大系泊失效事故也都发生在这 10 年间，这些事故各由不同的新型机械故障引起。我们将在本书有关系泊可靠性和完整性的章节中回顾、讨论这些失效案例。

1.2.3　技术革新支持钻井迈向深水区

最初，浮式钻井在 100 ft 以内的浅水区作业，然后逐渐向稍深水域延伸。直到 20 世纪 80 年代，钻井船还在水深不超过几百英尺的海域作业。在此期间，每个系泊作业中都会使用钢丝绳和锚链。从那时起，系泊和定位技术有了很大的改进。

现在，在更深水域中钻井可以由具备动力定位系统的船舶完成。该系统利用计算机控制电机来驱动推进器，用于对抗风、浪和海流等外力。它们会自动识别和应对放置在海底的声波信标发出的信号。然而需要注意的是，早期的动力定位系统的可靠性差，动力定位钻井船经常发生停电导致的漂移、系统（或人为）故障导致的偏航等故障。现在，动力定位船舶越来越可靠，可以在 12 000 ft 深的海域钻井。

此外，随着系泊技术的进步，系泊钻井船和生产船也可以在深水区作业。深水系泊的一个重大突破是合成纤维缆绳系泊技术的进步。20 世纪 90 年代初，人们对用于深水系泊的聚酯纤维和其他纤维绳索进行了研究，发现聚酯缆具有作为系泊缆的理想质量和刚度特性。20 世纪 90 年代中期，巴西国家石油公司首次尝试将聚酯缆用于永久系泊系统。21 世纪初，半潜式钻井平台的临时停泊也开始使用聚酯缆。在墨西哥湾地区，首次采用聚酯系泊系统进行永久系泊的是 2004 年的"Mad Dog 号"和"Red Hawk 号"生产平台。目前，聚酯系泊已成为世界上在深水浮式生产中最常用的系泊系统。

除了聚酯系泊,在过去的 50 年里,还有其他技术的发展推动该行业走向深水领域。例如,锚链已经从 ORQ 等级提升到 R5 等级,断裂强度大大提高。锚也由早期浮式钻井中使用的传统小型拖曳式锚改进为现在广泛应用的高效拖曳式锚和垂直加载式锚。对于浮式生产系统,广泛采用了能承受较大竖向载荷且更稳固的吸力桩锚。所有这些技术上的进步使得海洋工程装备产业能够冒着风险进入更深的水域和更恶劣的环境。

1.2.4 行业标准

美国石油学会(API)于 1984 年发布了第一个系泊标准,即 *Recommended Practice 2P*(API RP 2P),该标准主要为浮式钻井平台的多点系泊系统设计和分析提供指导。与此同时,随着海上采油进入深水区,石油行业开始采用浮式采油平台来替代传统的固定式导管架。为了应对浮式生产平台系泊设计更严格的要求,API RP 2FP1 于 1987 年发布。随后,API RP 2SK 第一版于 1995 年发布,将 API RP 2P 和 API RP 2FP1 合并为一份文件,并根据当时的技术进步情况增加了指导意见。API RP 2SK 的发布是海上系泊规范和标准的一个重要里程碑。

API RP 2SK 的第三版[4]于 2005 年发布,相较于前几个版本有了显著改进。它成为业内应用最广泛的系泊设计规范之一。这一版首次提供了关于几个重要问题的指导,包括系泊硬件要求、链条腐蚀裕度、间隙标准、锚设计和安装、涡激振动设计、总体性能分析指南,以及墨西哥湾飓风季节的移动式钻井平台系泊要求。API RP 2SK 还被用作其他一些规范的基础,如国际标准化组织(ISO)发布的 ISO 19901-7。

还有其他一些由美国船级社、挪威船级社和法国船级社等船级社制定的系泊标准。因为多个标准可能对安全系数、海浪周期标准或腐蚀裕度有不同的要求,所以这在一定程度上给设计者带来了选择困难。为了解决系泊标准冲突的问题,API 和 ISO 开始努力制定统一的标准。为了实现这一目的,ISO 于 1995 年成立了一个专门小组来制定 ISO 系泊标准,并于 2005 年发布了 ISO 19901-7 的第一版,但是其不包括在役检验。2013 年,ISO 发布了第二版[5]。API 有一个单独的标准 RP 2I[6],目前它仍然是锚泊硬件在役检验中使用最广泛的标准。

协调多个规范和标准一直以来都是一项复杂的工作。由于海上系泊作为一个相对年轻的工程学科,目前仍在不断发展中,因此协调多个系泊设计标准更加具有挑战性。业界可能需要联合共同做出重大努力,制定出最新和一致的系泊标准,以满足业界的需要[1,7-8]。

1.3 使用系泊系统的浮式钻井平台

海上钻井作业是通过移动式海上钻井装置进行的,钻井平台至少可以分为四种类型:自升式平台、半潜式钻井平台、钻井船和柔性辅助钻井装置(tender-assisted-drilling, TAD)。自升式平台通过垂直桩腿的支撑矗立在海床上,把船体托举出海面,因此它可能不被视为用于浮式钻井的船只。其他三种类型平台使用系泊系统、动力定位系统或推进器辅助系泊系统来为浮式钻井提供定位。勘探井的钻井作业通常持续 30~90 天的短周期,因此钻井船需要周期性地从一个井位移动到另一个井位。频繁的移动要求系泊系统必须便于移动和重新部署。除非钻井船本身装有动力定位推进系统可以自航,否则半潜式钻井平台的再定位通常是通过拖曳来完成的。下面简要介绍最常使用的三种钻井平台。

1.3.1 半潜式钻井平台

大多数浮式钻井船为半潜式,具有良好的稳性和耐波性。半潜式钻井平台的浮力主要来自水面下的压载系统和抗波浪的水密浮桥以及连接浮桥和作业甲板的立柱。由于其船体结构淹没在深吃水线下,因此半潜式钻井平台受波浪载荷的影响比钻井船小。然而,由于水线面面积小,半潜式钻井平台对载荷变化很敏感,因此必须精心设计以保持稳性。钻井作业通过钻井立管进行,而钻井立管连接到防喷器(blow-out preventer,BOP)以进行井控。如图 1.3 所示,钻井立管的偏移角度主要是由浮动船体的水平偏移造成的,而且偏移角度必须控制在允许范围内[9]。系泊系统的作用是确保船舶的偏移角度保持在允许的范围内,以便钻杆可以在立管内部旋转而不会损坏立管的上、下挠性接头。

近年来,在深水区(一般为 2 000~8 000 ft)和超深水区(一般为 8 000 ft 及更深)中使用的半潜式钻井平台的体积已经变得非常庞大,其中一些平台配备了非常先进的动力定位系统。然而,大多数平台仍然在船上使用系泊系统。系泊系统能够保证半潜式钻井平台在浅水区进行钻探,但是在浅水区动力定位系统可能无法将立管角度维持在允许的偏移范围内。

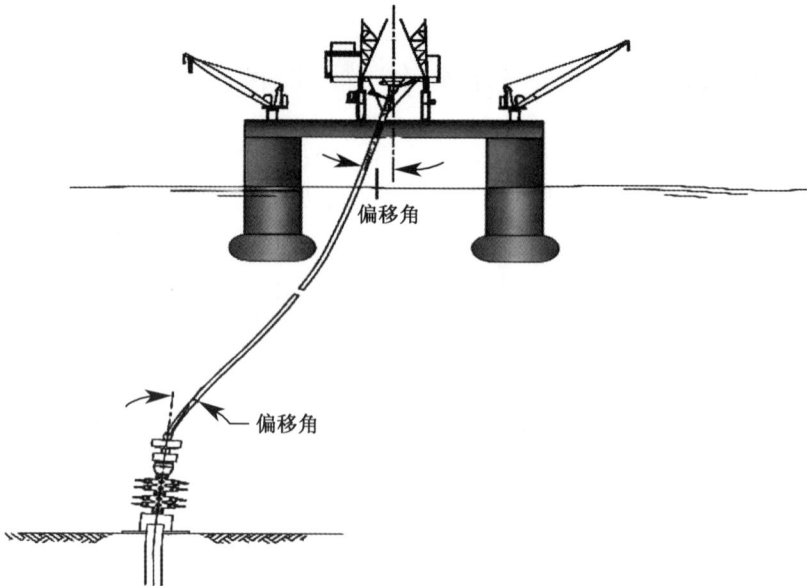

图 1.3　船舶偏移导致钻井立管弯曲

（图片由 Stress Engineering Services, Inc. 提供）

1.3.2　钻井船

钻井船是可以移动、系泊或动力定位的钻井平台,在浮式钻井作业中有着悠久的历史。由于船舶的运动特性相对较差,目前很少使用系泊式钻井船。

近年来,在深水区和超深水区中使用的钻井船已经非常多,并且都未安装系泊系统,而是装备了高度先进的动力定位系统。这些动力定位系统通过控制推进器来对抗风浪和洋流的外载荷,以确保钻井船的位置维系在一个限定的小范围内。如果没有系泊系统,那么受到钻井立管的角度限制,钻井船可能无法在浅水区作业。动力定位系统不在本书的讨论范围内。

1.3.3　柔性辅助钻井装置

柔性辅助钻井装置概念的提出是为了减少固定式平台、张力腿平台、半潜式平台或立柱式平台对甲板空间和负载的需求。由于钻井系统不是永久安装在生产平台上,故可使用柔性辅助钻井装置——附属船来装载钻井系统和钻井液(泥浆)等消耗品。如图 1.4 所示,柔性辅助钻井装置——附属船可停靠在生产平台旁,为平台提供支持。

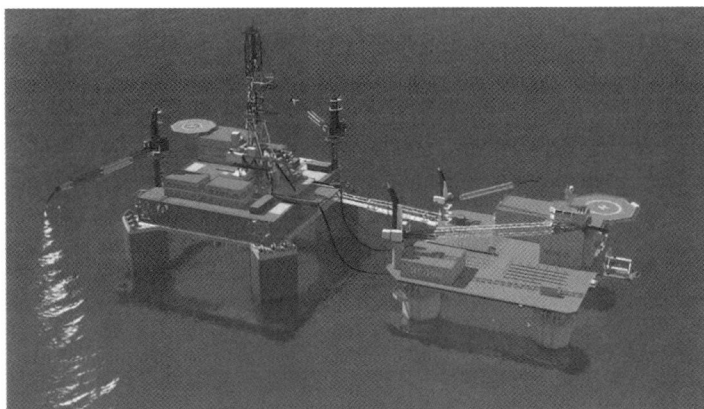

图 1.4　系泊附属船(右)为生产平台和钻井平台(左)提供支持

(图片由 Atlantica Tender Drilling Ltd. 提供)

　　早期的附属船是驳船式的,如今更多使用半潜式船体,因为与船形船体相比,半潜式船体具有更好的定位能力和船舶运动响应。柔性辅助钻井装置在深水浮式生产平台如立柱式平台和张力腿式平台上找到了新的应用前景。除了支持钻井和完井作业外,附属船还可以为海上作业人员提供住所。

　　因为平台柔性辅助钻井装置与主平台之间距离很近,所以平台柔性辅助钻井装置的锚泊设计需要特别注意,可能需要使用非对称系泊模式,以避免系泊缆与主平台之间相互干涉,并且需要严格控制船舶的偏移量,以避免舷梯桥、泥浆软管和锚链线等设施超过两个平台之间的连接极限。

1.4　使用系泊系统的浮式生产平台

　　固定式平台最初用于在水深 1 200 ft 左右的海域开采石油和天然气。如图1.5 所示,顺应塔式平台可以用于开发水深 1 200~1 800 ft 的海域。然而,随着更深的水域钻探需求的出现,需要研制更多的浮式生产系统。

　　系泊系统用于将浮式生产平台限制在指定位置上。浮式生产平台主要包括 TLP、半潜式生产平台、Spar、FPSO 和浮式储卸油装置(floating,storage,and offloading,FSO)这几种类型。相关内容将在后续几节中进行介绍。

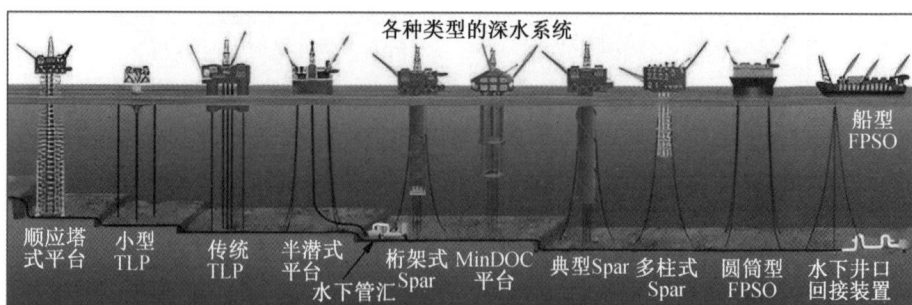

图 1.5 从固定式平台到浮式系统的生产设施

(图片由 Wood 提供)

1.4.1 TLP

如图 1.5 所示,TLP 是一种垂直系泊的浮式平台,适用于水深为 1 000 ~ 5 000 ft 的水域。平台由在船体各角上的钢筋束永久系泊。钢管形式的预应力筋件具有较高的轴向刚度,消除了平台的大部分垂直运动,使平台可以将生产井口置于甲板上(干式采油树),通过刚性立管直接连接到海底油井上。这使得完井更加简单,更好控制生产,同时也更容易进行井下干预作业。

这些筋件发挥了系泊缆的功能,但更像是顶张的立管。它们的安装需要精确和稳妥的操作。相比之下,传统的系泊构件(如锚链)更易于与桩连接,并在计划连接之前就可以预先铺设在海床上。

1.4.2 半潜式生产平台

半潜式平台是专门用于海上钻井、石油生产、重型起重、人员起居等的平台。当钻井船完成钻井后,生产平台被拖到油田处与永久系泊系统相连接。有时为了在生产开始后(第一次出油后)继续采用同一平台进行钻井,人们设计了带有内置钻机的半独立式生产钻井平台。半潜式生产平台是一种稳定且经济的平台,随着海上石油和天然气的开采迈入更深的水域,半潜式生产平台的使用变得越来越普遍,它们有宽敞的甲板区域来容纳大型的上层甲板设备,而且在码头上容易进行上层甲板和船体的合龙。

半潜式生产平台除了浅吃水的常规设计外,还有一种改进型,称为深吃水型半潜式生产平台。后者是为了进一步减少平台的垂直运动而开发的。减少垂直运动有助于提高钢悬链线立管的性能,因此可以更经济有效,甚至可以用于干式采油树的钻井方案。图 1.6 所示为深吃水型半潜式生产平台的系泊缆和导缆器示意图。

图 1.6　深吃水型半潜式生产平台的系泊缆和导缆器示意图

1.4.3　Spar

Spar 是一种典型的深水浮式生产平台。立柱的深吃水设计使它们较少受波浪的影响。Spar 良好的垂直运动特性允许其进行干式采油树和湿式采油树生产。如图 1.7 所示,一个典型的传统 Spar 由一个大直径的垂直圆柱体和其支撑着的高甲板组成。圆柱体的底部有一个隔舱,内部填充了比水密度大的材料来提供压载,降低了平台的重心,从而提高了平台的稳定性。此外,Spar 立柱被螺旋列板环绕,降低了由水流引起的涡激运动的影响。Spar 通过多点系泊系统永久地锚定在海底,系泊缆可以是链–钢缆–链或是链–聚酯缆–链的结构。

还有另外两种类型的 Spar:桁架式 Spar 和多柱式 Spar。桁架式 Spar 的圆柱形耐压液舱比传统 Spar 更短,并有一个桁架结构连接到耐压液舱的底部。这个桁架结构由四个巨大的相互垂直的“腿”组成,每个腿之间设置交叉支撑,中间的垂荡板为平台提供垂直运动的阻尼。在桁架结构的底部,有一个相对较小的龙骨或非耐压液舱,用以容纳沉重的压载材料。目前大部分的 Spar 是桁架式的。另一种类型的 Spar——多柱式 Spar 有一个大的中央圆柱体,周围由长度交替变化的小圆柱体环绕。在较长的小圆柱体底部有非耐压液舱,里面装有沉重的压载材料,与桁架式 Spar 类似。多柱式 Spar 一般用于小型油气田的生产作业。

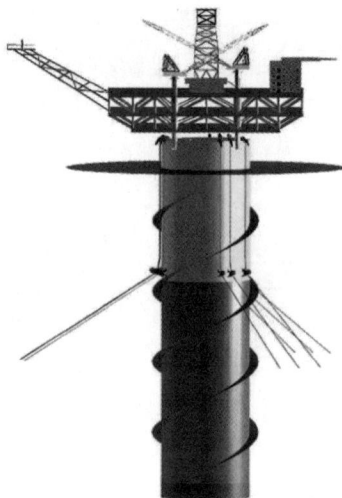

图 1.7　传统 Spar

1.4.4　FPSO 和 FSO

FPSO 是用于生产碳氢化合物和储存原油的船舶。FPSO 设计的目的是接收从油井、附近平台或水下设备中产生的碳氢化合物,其甲板上有处理碳氢化合物的设备,同时具备开采石油后至卸载到穿梭油轮之前临时储存石油的功能,或者有时通过输出管道进行运输。通常 FPSO 是没有输油管道基础设施的边远地区运输石油的首选。另一种只用于储存石油而没有处理能力的船舶被称为浮式储卸油装置。

FPSO 的发展大致经历了 5 个阶段,即:

(1)从 1976 年到 1985 年为早期发展阶段,通过单点系泊系统,可以在海上油气生产的所有区域部署 FPSO。

(2)从 1986 年到 1994 年为 FPSO 成长阶段,FPSO 系泊技术在此阶段得到迅速发展,平均每年增加 2 艘以上。

(3)1995 年至 1998 年为 FPSO 扩张阶段,FPSO 数量在此阶段显著增加,平均每年增加 8 艘以上。

(4)从 1999 年至今,FPSO 的数量迅速增加,并取得了技术突破。其作业水深从最初的 100 m 增加到近 3 000 m。目前 FPSO 工作的水深记录由美国墨西哥湾的壳牌"Stone 号"FPSO 创造,作业水深为 2 920 m。

(5)2002 年以后,FPSO 的概念已拓展到其他作业类型,如浮式液化石油气生产储卸船(LPG-FPSO)①、浮式液化天然气生产储卸船(LNG-FPSO)②、浮式储油和再气化装置、浮式生产钻井储油和卸油系统等。

从上述历史可以看出,FPSO 系统一直在被不断开发并被广泛采用[10]。FPSO 系泊定位系统可以分为多点系泊系统、转塔式系泊系统以及可解脱转塔式系泊系统。第三类系泊系统可以在恶劣天气(如飓风)来临之前从船上解脱。

采出的石油可以通过穿梭油轮或输油管道运输到陆地上。当选择穿梭油轮运输石油时,可以使用卸载浮筒将石油从 FPSO 卸载到穿梭油轮上。或者,石油可以通过串联或并排布置直接从 FPSO 转移到穿梭油轮上。如图 1.8 所示,因为串联卸载方式比并排卸载方式更安全,所以串联卸载方式通常是首选。并排卸载方式必须处理紧挨着的两艘浮动船舶的近距离问题。在一些系泊工程师看来,串联卸载可能是转塔式系泊 FPSO 的唯一选择。然而,浮式液化天然气船(即将海上天然气转化为 LNG 的船形浮式设施)通常采用并排卸载方式。

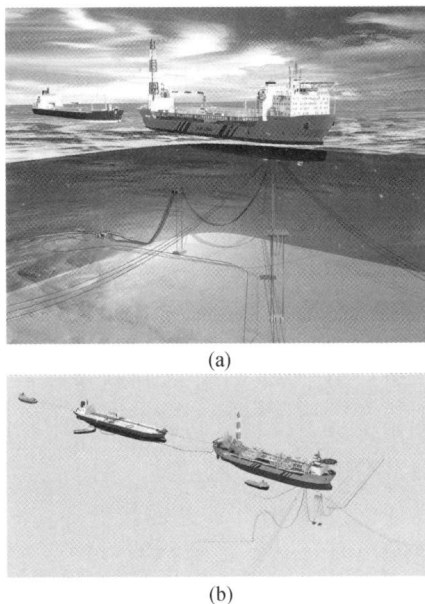

(a)

(b)

图 1.8 转塔式系泊 FPSO 与穿梭油轮首尾串联

---

① LPG(liquefied petroleum gas)为液化石油气。
② LNG(liquefied natural gas)为液化天然气。

1.4.5　悬链式锚腿系泊系统

悬链式锚腿系泊系统(catenary anchor leg mooring,CALM)是用若干根锚链将一浮筒系固于海底锚上的单点系泊装置。系泊缆一般在浅水区为全锚链,在深水区可以采用锚链、钢丝绳和纤维绳的组合。立管系统或输油管从海底连接到浮筒的底部。这些系统使用缆绳(通常是合成纤维绳)将浮筒连接到来往的油轮上。CALM 浮筒的运动响应与油轮在波浪中的运动响应完全不同,因此该系统承受环境条件的能力受到限制。当海况达到一定程度时,必须断开与油轮的连接。

自海洋工业早期以来,CALM 就一直是一种成功的石油输入与输出系统。最初,这些系泊装置用于恶劣波浪条件下相对浅水的近岸区域。近年来,利用CALM 浮筒对深水 FPSO 进行原油外输已经越来越普遍。CALM 可能是目前最流行和使用最广泛的海上装载终端,迄今已安装了 500 多套。更多的细节将在第 2 章中介绍。

1.5　钻井与生产的区别

在系泊设计方面,浮式钻井平台与浮式生产平台存在显著差异。如表 1.1所示,两者主要区别在于设计环境、浮式船舶类型、系泊锚链尺寸、锚的选型、部署频率、检验方法等。

这些差异主要是由钻井船的移动性要求造成的。移动式海上钻井装置(MODU)系泊系统的本质是易于从一个位置移动到另一个位置。这意味着移动式海上钻井装置系泊系统由于质量限制而无法过于坚固。它们主要用于工期从几周或几个月到通常不超过 12 个月的短工期中[11]。由于工期短,用于钻井作业的系泊系统设计通常按照 10 年一遇的较低环境海况设计,而用于生产的永久系泊系统通常设计用于 100 年一遇的海况。设计标准的差异是钻井船受外部环境载荷过大导致系泊失效的概率比生产平台更高的原因。

表 1.1　浮式钻井平台和浮式生产平台系泊设计对比

项目	浮式钻井平台	浮式生产平台
设计环境	10 年一遇风暴(或在开放水域 5 年一遇风暴)	100 年一遇风暴

表 1.1(续)

项目	浮式钻井平台	浮式生产平台
系泊船舶类型	半潜式钻井平台、钻井船、驳船	FPSO、半潜式生产平台、TLP、Spar
系泊锚链尺寸	较小,最大直径 4 in①	较大,直径可达 7 in
锚的选型	小,拖曳锚	较大,通常是吸力锚或打入桩
部署频率	典型的钻井运营周期为 1~3 个月	在设计寿命内永久系泊
检验方法	在布放或回收系泊期间人工手动检查	水下机器人可视化检验

注:①1 in=2.54 cm。

1.6 浮 式 风 机

浮式风机是位于开放水域中的永久浮式系泊系统,可利用风能发电。与陆地相比,海上风速快,因此海上风力发电的发电量较高。另外,海上风力发电具有输出更稳定,噪声和视觉污染更少的优点。与海洋工业中"海上"一词的典型含义不同,海上风电中的"海上"既包括湖泊、峡湾和沿海遮蔽区域等,也包括使用浮式风机的深水区域。

最初,海上风力发电多位于沿海浅水区,因而都采用坐底式结构。但当水深超过 60~80 m 时,坐底式结构已经无法满足经济性要求,因此更倾向于使用带有系泊系统的浮式风机(图 1.9)。

Hywind 是世界上首台实尺度浮式风机,于 2009 年安装于挪威附近的北海海域,船体采用立柱式结构;于 2017 年 10 月正式投入运营,容量为 30 MW,是世界上首台可作业的浮式风机。其他类型的浮式风机已经开始部署,并且还有更多的项目在计划中。

图 1.9 立柱式、半潜式及张力腿式系泊固定的浮式风机
(图片由美国国家可再生能源实验室 Josh Bauer 提供)

1.7 思 考 题

1. 浮式钻井、浮式生产和浮式风机中的系泊系统的作用是什么?

2. 是否可以把 TLP 的张力腿称作系泊缆? 请说明理由。

3. 浮式钻井、浮式生产和浮式风机的系泊设计有哪些主要区别?

4. 动力定位和系泊应如何选择? 动力定位是否会在未来取代系泊?

5. 海上系泊系统除本章介绍的应用以外是否还有其他应用? 例如,用于天气预报浮标的永久系泊。

参 考 文 献[①]

[1] K. Ma, A. Duggal, P. Smedley, D. LHostis, H. Shu, A historical review on integrity issues of permanent mooring systems, in: OTC 24025, OTC Conference, May 2013.

---

① 为了忠实于原著,便于读者阅读与查考,在翻译过程中,本书参考文献格式均与原著保持一致。

——译者注

[2]　H. Veldman, G. Lagers, 50 Years Offshore, Published by PennWell Books, 1997.

[3]　F. Jay Schempf, Pioneering Offshore: The Early Years, Published by the Offshore Energy Center and PennWell Custom Publishing, 2007.

[4]　API RP 2SK, Recommended Practice for Design and Analysis of Stationkeeping Systems for Floating Structures, third ed. , American Petroleum Institute (API), 2005.

[5]　International Standard, Stationkeeping Systems for Floating Offshore Structuresand Mobile Offshore Units, ISO 19901-7, second ed. , 2013.

[6]　API RP 2I, In-Service Inspection of Mooring Hardware for Floating Structures, third ed. , 2008.

[7]　H. Shu, A. Yao, K. Ma, W. Ma, J. Miller, API RP 2SK fourth edition—an updated stationkeeping standard for the global offshore environment, in: OTC 29024, OTC Conference, May 2018.

[8]　C. Kwan, Mooring design standards—the past, present, and future, in: Proceedings of the 20th Offshore Symposium, Texas Section of SNAME, February 2015, Houston, Texas.

[9]　API RP 16Q, Design, Selection, Operation, and Maintenance of Marine Drilling Riser Systems, second ed. , 2017.

[10]　J. Paik, A. Thayamballi, Ship-Shaped Offshore Installations: Design, Building, and Operation. , Cambridge University Press, 2007.

[11]　K. Ma, R. Garrity, K. Longridge, H. Shu, A. Yao, T. Kwan, Improving reliability of MODU mooring systems through better design standards and practices, in: OTC 27697, Offshore Technology Conference, May 2017.

第 2 章　系泊系统分类

2.1　概　　述

海上系泊系统是为勘探和开采海上石油、天然气资源而开发的定位系统的重要组成部分。它的主要功能是将浮式结构限制在指定位置,并防止其位置发生偏移,以确保钻井和生产设施(如生产立管、钻井立管和脐带缆)的完整性和可操作性。此外,海上系泊系统还能平衡环境载荷,并提供回复力来抵消铺管等作业所需的载荷。海上系泊系统应用广泛,既可用于恶劣的环境(如北海),也适用于温和的环境(如泰国湾或西非近海)。无论是在深度为数米的浅海还是在深度为 3 000 m 以上的深海,海上系泊系统都发挥着重要作用。

2.1.1　临时系泊与永久系泊

根据海上持续作业时间的不同,系泊系统可分为以下两类:

(1)临时系泊系统:适用于半潜式钻井平台、钻井船、铺管船、起重船、海上宾馆、后勤补给船等。其定位持续时间从几天到几个月不等。

(2)永久系泊系统:适用于各种长期浮式结构。根据现场设计寿命的不同,可能需要在作业区保持定位数年至数十年。

2.1.2　悬链线式系泊与张紧式系泊

如图 2.1 所示,根据轮廓和构型的不同,系泊系统可分为悬链线式系泊系统和张紧式系泊系统。在悬链线式系泊系统中,部分系泊缆平躺在海床上,形成线型轮廓。由于自重,系泊缆呈悬链线形状,能有效应对浮体的静态偏移和动态运动。悬链线式系泊系统是使用最广泛的系泊系统,尤其适用于浅水到中深水域。

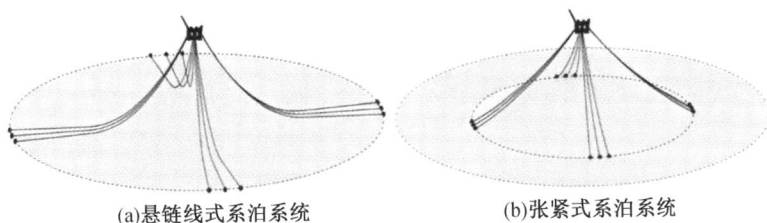

(a)悬链线式系泊系统　　　　　(b)张紧式系泊系统

图 2.1　悬链线式系泊系统和张紧式系泊系统

张紧式系泊系统的系泊缆在静平衡位置下不会与海床接触,从海床的锚点到浮体导缆孔都处于紧绷状态。因此,与悬链线式系泊系统相比,张紧式系泊系统的布锚半径更小,使用的线缆更少。然而,由于缆绳是紧绷的,浮体偏移和动态响应的顺应性主要来自系泊缆的拉伸,因此张紧式系泊系统可能会因大刚度,在浅水中过度增加线缆张力,故它更适用于深水或超深水中。

2.1.3　多点系泊与单点系泊

如图 2.2 所示,根据对浮体朝向限制的要求,系泊系统可分为多点系泊系统和单点系泊(single point mooring, SPM)系统。多点系泊系统由多条系泊缆将浮体与海床相连,限制浮体的位置和朝向。单点系泊系统由 1 条或多条系泊缆将浮体从旋转中心连接到海床上,这样浮式平台就可以绕着旋转中心与主环境方向保持一致(风标效应),从而降低环境载荷的影响。

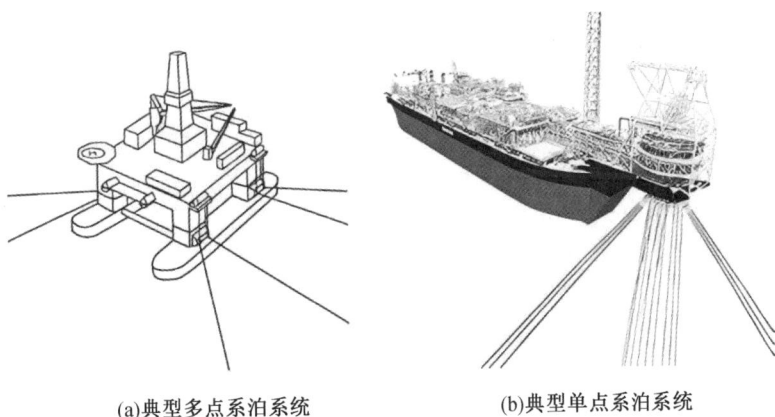

(a)典型多点系泊系统　　　　　(b)典型单点系泊系统

图 2.2　典型多点系泊系统和典型单点系泊系统

(图片由 Vryhof 和 SOFEC 提供)

2.2 多点系泊系统

多点系泊系统由传统船舶系泊发展而来。为确保浮式结构的安全作业,在其周围布设多条系泊缆,限制浮体的偏移和朝向。在设计多点系泊系统布局时,应根据当地的环境条件确定最佳方位角。

相对而言,多点系泊系统简单、经济,并且不需要复杂的旋转机械系统。一旦抛锚定位后,它就能有效限制漂浮船舶的位置和方向,方便立管及脐带缆系统的安装和操作。

大多数移动式海上钻井装置和一些浮式生产系统都采用多点系泊系统进行定位。例如:

(1)半潜式钻井平台通常使用8条或12条系泊缆,分为4组,由4根立柱连接到海床上。这些系泊缆通常按照4×2(共4组,每组2根,如图2.2所示)或4×3组合分布。

(2)钻井船通常使用4组系泊缆,由船首和船尾连接到海床上。

(3)半潜式生产平台或FPSO通常使用12条或16条系泊缆,分为4组,由4根立柱连接到海床上。如图2.3所示,它们通常按照4×3或4×4组合分布。

(4)立柱式生产平台通常使用9条或12条系泊缆,分为3组,从平台的外船体连接到海床上。这些系泊缆通常按照3×3或3×4组合分布。

图2.3 FPSO的4×3组合分布多点系泊

(图片由 SBM Offshore 提供)

在采用多点系泊的船型浮式结构中,为了限制船体的横向偏移和朝向,系泊缆分别连接在船首和船尾并向外展开。理论上,在具有足够强度的前提下,多点系泊系统可以在任何一个地理区域内使用。然而,在实际应用中,如果船型浮式结构承受较大的横向环境载荷(即在横浪情况下),系泊缆可能无法承受过大的载荷。因此,尽管多点系泊系统具有较高的成本效益,但其在应用于大型船型浮式结构时,只适用于西非沿海地区等温和环境或者风、浪和海流方向恒定的地区。

此外,多点系泊 FPSO 相比于转塔式系泊 FPSO,卸油作业的可用性较低[1]。当环境海况不利时,穿梭油轮可能难以接近并与 FPSO 保持连接。为了解决这一问题,人们通常会在多点系泊 FPSO 旁边设置一个悬链式锚腿系泊浮筒,方便穿梭油轮的外输作业。

2.2.1　等幅多点系泊与集束多点系泊

系泊缆布设必须考虑设计、安装、海洋环境、系泊材料成本等诸多因素。等幅多点系泊系统中所有系泊缆均匀扩展、对称分布,具有设计简单、安装方便的优点。集束多点系泊系统通常将系泊缆分为 3 组或 4 组,以提高系泊性能,并为立管等水下设施创造较大的角空间。

2.3　单点系泊系统

20 世纪 70 年代,单点系泊系统开始在 FPSO 上应用。随后的 10 年间,FPSO 及其系泊系统得到了迅猛发展。截至 2018 年,全球各地包括北海、西非海岸、巴西海岸、南海和泰国湾在内已经部署了约 150 艘 FPSO(不包括 FSO)。其中大多数使用单点系泊系统进行定位。该系泊系统具有随风向改变方位的能力(风标效应),降低了由风、浪和海流引起的外载荷的影响,有效地减小了系泊缆的尺寸。

FPSO 的单点系泊系统能够适应不同的工作环境。然而,它们在技术上颇有挑战性,且建造成本高昂。目前,世界上仅有 SBM Offshore、SOFEC、Bluewater 和 NOV APL 等少数几家公司拥有最先进的单点系泊系统技术。

单点系泊系统也非常适合进行原油卸载。穿梭油轮可以与 FPSO 串联或并排连接,其中串联卸载更普遍且更安全。与 FPSO(或 FSO)相连的穿梭油轮可围绕单点系泊系统自由旋转,卸载操作方便、安全、高效、可靠。

一般来说,单点系泊系统具有以下两个功能:

(1)定位:通过系泊回复力,将FPSO保持在离海上油田作业现场有限偏移的位置。

(2)液体及动力输送:通过特殊的液滑环、电滑环等媒介,在FPSO随风转向时,产出液、注井液、电力和通信信号可从海床连续传输到FPSO或从FPSO传输到井中。

当前有很多种不同类型的单点系泊系统。根据工作特性和转塔位置的不同,转塔式系泊系统通常可分为内转塔式系泊系统和外转塔式系泊系统两大类。

转塔是一种钢结构,上部与FPSO上部直接相连,中部通过轴承连接到FPSO船体上,下部与系泊缆相连,甲板上由滑环堆栈支撑。转塔式系泊FPSO在风、浪和海流的作用下,围绕转塔内轴承旋转。柔性立管通过法兰连接在链台底部的刚性管上。

2.3.1 内转塔式系泊系统

在FPSO系泊系统中,内转塔式系泊系统最常用于有大量立管和脐带缆的恶劣环境中,且通常位于FPSO船首附近。转塔位于FPSO船体的月池内,系泊缆通过链台与转塔底部连接。

内转塔可以由单轴承或双轴承支撑。FPSO内转塔系统主要包括以下4个组件:

(1)转塔及轴承:转塔下部连接系泊缆,上部连接到月池内的FPSO船体上。FPSO船体和转塔由上主轴承和下轴承连接,使FPSO可围绕转塔自由旋转,航向与主环境方向保持一致。根据立管和脐带缆系统的要求,转塔直径通常为5~20 m。

(2)锚链制动器:将系泊缆的顶端连接到转塔结构的底部(链台)。系泊缆的顶端(通常是锚链)穿过导缆孔,最终连接到锚链制动器处。

(3)旋转(流体输送)系统(fluid transfer system,FTS):是整个转塔系统的核心,位于转塔的上部。生产出的原油、注入的水和气、水下油井控制信号、水下系统供电等都通过旋转系统传输。

(4)龙门结构:是位于FPSO甲板上,并环绕转塔顶部的结构平台,是用于装载旋转驱动器、连接管道、收紧系泊缆的绞车、动力控制设施等的设备。

内转塔式系泊系统的示意图如图2.4至图2.6所示。其优点在于转塔直径比外转塔式系泊系统更大,可以为大量的立管提供更多的空间。在典型的内转塔式系泊系统中,立管的最大数量一般为 100 个左右,而在外转塔式系泊系统中,立管最多为 20 个[1]。内转塔由于嵌入船体内,可以被船体较好地保护起来。由于内转塔的位置更靠近 FPSO 中心,系泊连接位置上的垂向运动小于外转塔,因此减小了系泊缆和立管的载荷。

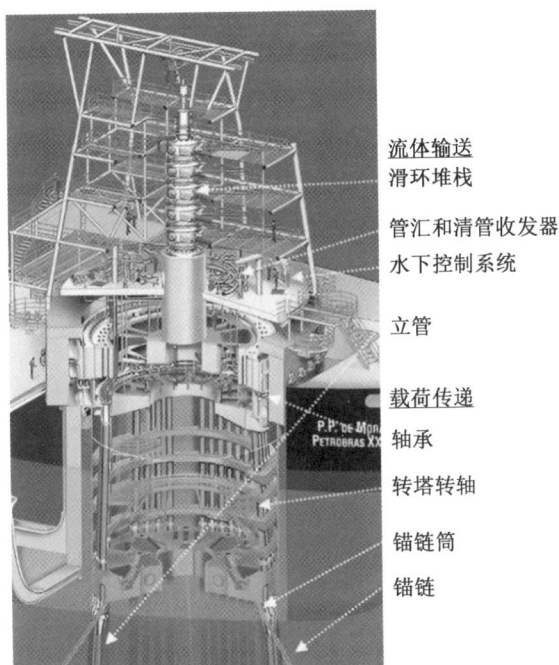

图 2.4 内转塔式 FPSO 系泊系统

(图片由 SOFEC 提供)

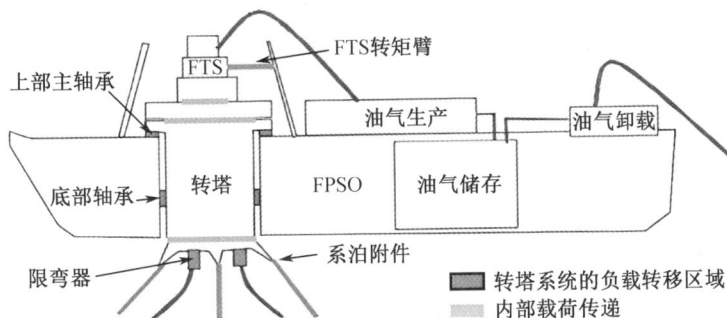

图 2.5 内转塔式 FPSO 系泊系统示意图

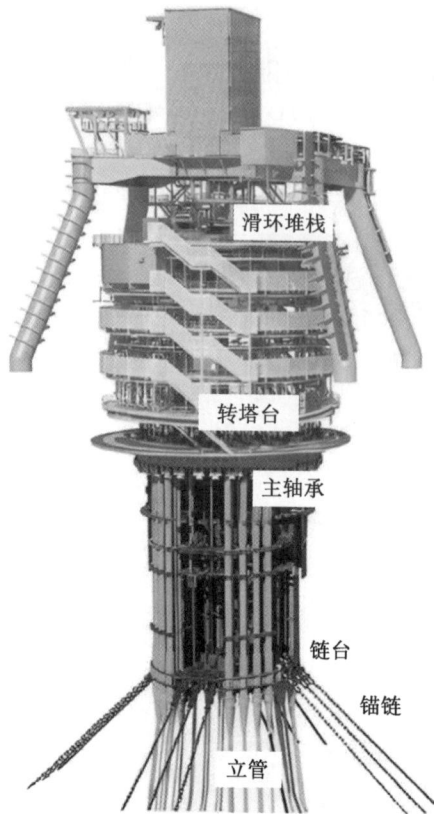

图 2.6　内转塔式系泊系统中的滑环堆栈、轴承和链台

(图片由 SBMOffshore 提供)

内转塔式系泊系统的缺点是转塔的存在降低了舱容,并且转塔对船体结构有影响,尤其是在转塔直径大的情况下,对船体月池需要进行特殊加固。

2.3.2　外转塔式系泊系统

如图 2.7 所示,除了转塔位于 FPSO 船体上外,外转塔式系泊系统与内转塔式系泊系统基本类似。

根据转塔外伸位置的不同,外转塔式系泊系统可进一步划分为两类:提升式外转塔式系泊系统(图 2.7)和沉没式外转塔式系泊系统(图 2.8)。

提升式外转塔式系泊是最常见的系泊类型。提升式外转塔直接连接在水线以上 FPSO 船首或船尾的悬垂结构上。为了防止系泊缆与船体碰撞,悬垂结构需要足够长,或者需要切掉部分 FPSO 船首。提升式外转塔的优点是在正常工作条件下,轴承、锚链制动器和柔性立管的连接都位于水面以上,便于检查和维护;缺点是如果转塔外伸部分过长,柔性立管上部受极端波浪影响较大。

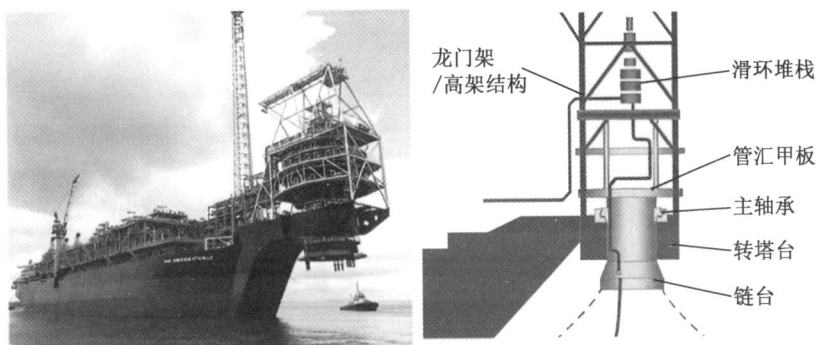

图 2.7　提升式外转塔式系泊系统

(图片由 SOFEC 和 SBM Offshore 提供)

图 2.8　沉没式外转塔式系泊系统

(图片由 SBM Offshore 提供)

由于外转塔位于水面以上,因此它通常用于深度在 50 m 以下的浅水域以增加有效水深。

沉没式外转塔式系泊系统一般采用双轴承结构,一个在水面以上,另一个在水面以下。锚链制动器位于水下,以避免系泊缆与船体之间发生碰撞。其优点是悬垂结构小且柔性立管位于水面以下,无须担心波浪砰击。然而,双轴承系统的要求增加了复杂性,水下系泊与立管连接也增加了安装、操作和维护的难度。

由于相对尺寸较小,外转塔式系泊系统最多可容纳 20 个立管,而内转塔式系泊系统的最大容量为 100 个左右[1]。即便如此,相比于内转塔式系泊系统,外转塔式系泊系统具有以下优点:

(1)外转塔式系泊系统可以被单独制造并在码头安装,而内转塔式系泊系统只能在干船坞安装。

(2)外转塔式系泊系统不影响船体的存储能力。

(3)提升式外转塔的系泊和立管连接都在水面上,便于检查和维护。

为了满足不同的设计要求和海况条件,人们还开发了其他类型的单点系泊系统。相关内容将在本章稍后章节中介绍。

2.3.3 可解脱转塔式系泊系统

转塔式系泊系统可分为永久转塔式系泊系统和可解脱转塔式系泊系统。对于永久转塔式系泊系统,即使在极端条件下,FPSO 也继续与系泊缆和立管相连。对于可解脱转塔式系泊系统,在飓风或冰山等极端情况下,FPSO 可以解脱系泊缆和立管并驶离(图 2.9)。这类转塔式系泊系统虽然在本质上提高了安全性,但需要一个复杂的解脱机械系统。

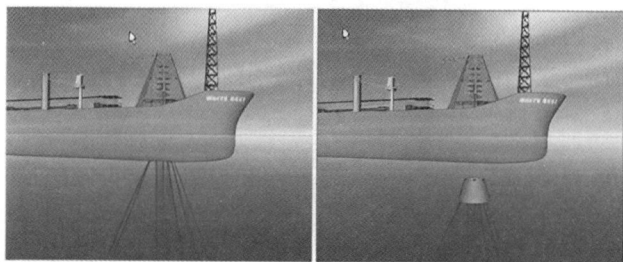

图 2.9 可解脱转塔式系泊系统

(图片由 SBM Offshore 提供)

与永久转塔式系泊系统相比,可解脱转塔式系泊系统具有以下特点:

(1)解脱功能提高了安全性:由于 FPSO 通过释放系泊缆和立管,可以有效避免极端风浪的影响,驶往安全港,所以该系统更具安全性。与 FPSO 解脱后,系泊缆和立管下沉至水下 50~100 m,受波浪影响较小。

(2)机械复杂性增加了成本:由于可解脱阀门和连接器价格不菲,可解脱转塔式系泊系统比永久转塔式系泊系统结构更复杂,成本也更高。此外,其整个安装过程更为复杂,需要更多的配套设施。

（3）安装或解脱操作程序复杂：可解脱转塔式系泊系统的操作非常复杂。在解脱和重新连接时，需要避免部件的损坏。系泊缆和立管与浮筒下部相连，难以调整它们的长度。因此，可解脱转塔式系泊系统限制了纤维系泊缆的使用，因为在系泊周期内，这些系泊缆会发生蠕变。

可解脱转塔式系泊系统的设计有很多种，常见的有以下几种：

（1）外部可解脱转塔式系泊系统：也被称为立管转塔式系泊（riser turret mooring，RTM）系统（图2.10）。它主要由一个悬臂转塔、一个接头连接器、一个圆柱形立管浮筒、系泊缆、一个万向节、一个旋转接头和一个机械连接装置组成。它适用于因热带风暴频发而需要经常解脱的区域。在解脱后，立管浮筒可能仍然在海面上自由漂浮，并且需要抵抗可能出现的恶劣环境条件。该系统具有投资少、制造简单、拆卸方便、解脱和连接方便等优点；缺点是重新连接操作受立管浮筒垂直运动的影响较大。在重新连接时，安装在船首的绞车可以将缆绳拉起。

(a)

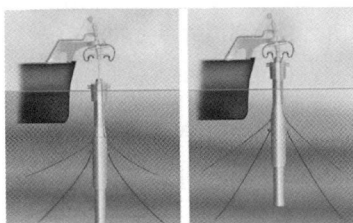

(b)　　　　(c)

图2.10 外部可解脱转塔式系泊系统

（图片由 SBM Offshore 提供）

（2）内部可解脱转塔式系泊系统：浮筒转塔式系泊（buoy turret mooring，BTM）系统是内部可解脱转塔式系泊系统的一种（图 2.11）。它包括一个嵌入 FPSO 船首的内转塔和一个通过结构连接器连接到转塔上的"蜘蛛"形系泊浮筒。当解脱时，系泊浮筒可以提供足够的浮力以支撑系泊缆和立管的质量。当解脱被激活时，系泊浮筒由于系泊缆和立管的质量而沉入水面下，直至重新连接时，系泊浮筒在 FPSO 的船首被吊起，并通过绞车经内转塔被拉起。这种类型系统的优点是，由于操作在船底下进行，因此重新连接过程受波浪影响较小；缺点是系泊浮筒主体会承受较高的静水压力，并且如果安装在船龙骨下方，作用在系泊浮筒外延部分的水动力可能是一个设计难题。

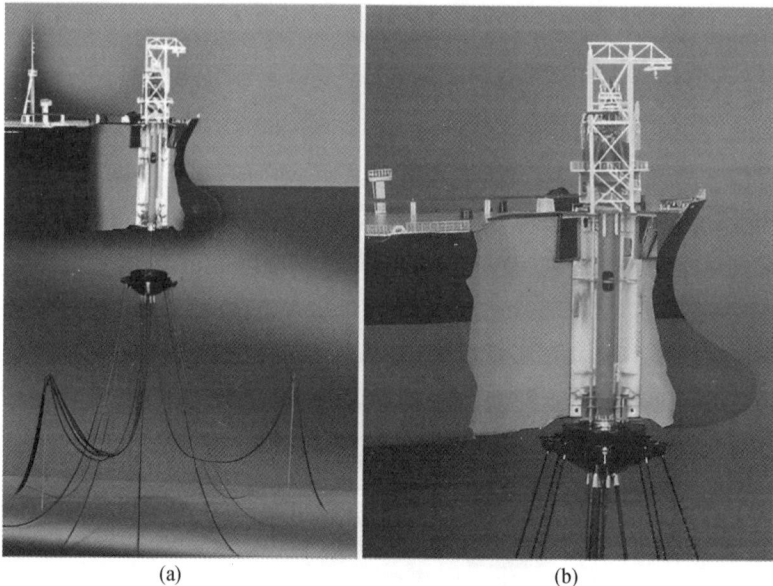

(a)　　　　　　　　　(b)

图 2.11　浮筒转塔式系泊系统

（图片由 SBM Offshore 提供）

如图 2.12 所示，沉没式转塔装卸系统（submerged turret loading，STL），也称为沉没式转塔生产系统（submerged turret production，STP），是另一种内部可解脱转塔式系泊系统。它由一个集成了轴承系统的圆锥形水下浮筒组成。当浮筒连接后，它会嵌入船体底部的锥形开口处以完成耦合连接。当解脱时，浮筒下沉到 30~50 m 的水深。由于轴承集成在浮筒内，而不是像 BTM 设计中那样集成在船体内，因此船上的转塔集成变得更简单。由于布局紧凑，该系统同时适用于浅水区和深水区，以及需要快速解脱的工作环境。

图 2.12　沉没式转塔装卸系统

(图片由 NOV APL 提供)

当连接时,内部可解脱转塔式系泊系统与永久转塔式系泊系统相同。解脱时,系泊缆和立管从 FPSO 中释放出来。需要注意的是,立管需要在浮筒和转塔断开之前先行解脱。可解脱转塔式系泊系统的可分离浮筒、系泊设备和立管都需要精心设计。对它们之间的相互作用需要精确建模,从而使浮筒深度得到很好的控制。其系泊设备和立管能够同时应对连接和解脱的情况。

2.4　其他单点系泊系统

2.4.1　软钢臂式系泊系统

软钢臂式系泊系统采用固定在海床上的钢质导管架结构作为锚点,油轮与导管架之间由一组固定的钢臂结构连接。该系统是为超浅水区(50 m 内)开发的。由于受水深的限制,传统悬链线式系泊系统内的柔性立管无法工作(因为柔性立管需要保持一定的预定形状,以避免压力过大)。软钢臂式系泊系统的主要组成部分包括:

(1)塔:连接到海底的固定导管架上,其上部是与船体连接的转盘。这两部分构件通过轴承连接,带动转盘旋转,从而使得 FPSO 可以自由旋转(风标效应)至受环境力影响最小的方向。

(2)系泊部件:连接塔上的轴承与 FPSO 船首或船尾的连接结构构件。

(3)生产传输系统:与传统的转塔式系泊系统一样,生产出的原油、注入的水和气、水下油井控制信号、水下系统供电等都是通过这个系统传输的。

软钢臂式系泊系统的优点是可容纳多根固定的钢立管(不需要柔性立管),液流阀的结构相对简单,系统安装相对容易。该系统的缺点是成本随着水深的增加而迅速增加。因此,从经济效益的角度来看,该系统只适用于浅水区。

如图 2.13 所示,叉形软钢臂式系泊系统是最常用的软钢臂式系泊系统。它既可用于 FPSO,也可用于 FSO。叉形结构包括一个大压载舱,内部填充水或混凝土以提供必要的回复力,减小船体偏移。

图 2.13 软钢臂式系泊系统

(图片由 Bluewater 提供)

2.4.2 悬链式锚腿系泊系统

随着原油贸易的增长,石油产品在全球范围内运输。对于没有深水港的沿海地区,常采用悬链式锚腿系泊系统进行原油产品的装卸作业(图 2.14)。该系泊系统可以设计为接收任何吨位的油轮,包括超大型原油运输船。其主要组成部分包括:

(1)油轮系泊设备(软系泊):在装卸作业期间,油轮临时通过绳索系到悬链式锚腿系泊系统上。绳索系泊缆通常由聚酯纤维绳和锚链组成。

(2)转盘和浮筒:允许系泊的油轮利用风标效应,在各种风、浪和海流条件下进行装卸作业而不中断。尽管如此,如果海上风浪过大,则油轮必须断开连接。

(3)浮式软管:一个或多个浮式软管连接到油轮和单点管道系统。根据石油公司国际海事论坛(Oil Companies International Marine Forum,OCIMF)的惯例,软管尺寸(内径)通常从6 in到24 in不等[2]。

(4)水下软管(立管):从管道末端管汇(pipe line end manifold,PLEM)连接到单点管道系统。软管的设计应保证足够的长度,以适应潮差和悬链式锚腿系泊浮筒的运动。通过海底管道,PLEM连接到陆地终端进行石油和天然气的传输。

(5)锚腿系泊系统:尽管每隔几天才会有穿梭油轮进行一次对接,但系泊系统的锚腿无法被收回或重新部署,因此基本可以把它看作一个永久系泊系统。它通常由系泊链和高持力拖曳锚或桩锚组成。

图 2.14　线缆临时连接穿梭油轮和悬链式锚腿系泊浮筒示意图
(图片由 SBM Offshore 提供)

悬链式锚腿系泊系统通常用于靠近海岸、水深较浅、环境条件恶劣的水域,工作水深通常为20~100 m。但从2000年左右开始,悬链式锚腿系泊系统已扩展应用于西非海岸超过1 000 m的深水区,用作多点系泊FPSO的独立卸载系统。由于水深较大,一些浮筒采用聚酯纤维绳而非全链来减轻系泊缆的质量。

与传统固定终端相比,悬链式锚腿系泊系统具有以下优点:

(1)不需要深水港,也不需要固定的码头设施来提供装卸作业。

(2)能够适应不同吨位的油轮,所需人为干预较少,对环境具有较强的适应性。

(3)由于该系统可以安装在开放海域,不需要保护,因而成本较低。

(4)可以同时传输多种石油和天然气产品。

(5)易于安装和操作,装载作业只需要一艘小船。

2.5 动力定位和推进器辅助定位系统

2.5.1 动力定位系统

在设计超深水定位系统时,其中一项挑战是针对特定的操作需求选择最具经济效益的系统。如图2.15所示,除了上述的多点系泊系统和单点系泊系统外,动力定位系统也是一种定位选择。动力定位系统已广泛应用于钻井船或半潜式钻井平台。由于传统系泊系统的成本在水深增加时会变高,因此动力定位系统可以成为一种经济效益高的解决方案,尤其是针对短期作业。

图2.15 FPSO上的动力定位系统(船体搭载推进器)

(图片由SBMOffshore提供)

对于深水生产作业,系泊系统(包括其安装)的成本会随着水深的增加而急剧增加。此外,海床空间有限、岩土条件恶劣或现场寿命短等原因,可能会导致传统的系泊系统不是最佳解决方案。因此,除了在某些特定水深处以及在某些其他条件和应用情况下,采用全动力定位系统可能比系泊系统更经济[3]。但是,如果生产操作是长期性的,那么动力定位系统的持续供电会增加巨大的燃料成本,因为该系统是一个持续运行的主动系统。因此,动力定位系统仅适用于短期作业,如早期生产设施或延长油井测试设施,而不适用于全周期的油田开发的生产作业[3-4]。

动力定位系统在生产操作中已有几个成功的应用案例,如北海的"Seillian号"动力定位型 FPSO,经过 8 年的正常运行,操作人员将其运移到了巴西水域的 Roncador 油田,作为早期生产系统。另一个例子是 2009 年由台风导致损坏的"南海发现号"FPSO,之后使用"Munin 号"动力定位型 FPSO 暂时恢复了南海某油田的生产。在中断生产 5.5 个月后,该油田重新投入生产。动力定位型FPSO 系统运行了 18 个月以上,被证明是安全有效的[5]。当时,这艘 FPSO 创造了在动力定位模式下运行时长最长的世界纪录。

动力定位系统并不在本书讨论范围内,因此这里仅简要介绍其工作原理。动力定位系统通过推进器保持浮式结构的位置,并使用精密仪器测量引起浮式结构位移和方位角变化的风、浪及海流。自动反馈系统处理、计算位置反馈信息,并控制由多个螺旋桨产生的推力和力矩,确保浮式结构返回到指定位置处和保持最有利的方向。

动力定位系统主要包括以下几部分:

(1)动力系统:提供定位所需的驱动力。

(2)推进器系统:通过控制横荡、纵荡和艏摇方向上的推进力,将浮式结构保持在指定位置。推进器系统有 4 种典型类型,即全回转推进器、喷气式螺旋桨、摆线型螺旋桨和定距螺旋桨。

(3)位置测量系统:跟踪浮式结构的位置,并将位置差异(实际位置与目标位置)实时反馈到控制系统。

(4)动力定位控制系统:通过抵消环境载荷将浮式结构定位到其设定目标。动力定位控制系统包括传感器系统和位置参考系统,可测量风速和浮式结构的偏移。它还可以处理收集到的数据,丢弃不一致的数据,并将位置信号的高频部分滤除以确定作用在浮式结构上的力,从而将力的需求信息传递给推进系统以抵消外力。

动力定位系统的工作原理如下:

(1)风测量系统测量风速和风向,并预测风前馈力/力矩,将其反馈到动力定位控制系统。

(2)位置测量系统跟踪浮式结构的实时位置,并与目标参考位置进行对比,以预测所需的反馈力/力矩,确保位置偏差为零。

(3)推力系统将前馈力/力矩和反馈力/力矩叠加在一起,基于最小功耗原理将推力/力矩分配给各个推进器。

(4)相关传感器将连续向控制系统反馈风、浮体位置和推进器的工作状态。

2.5.2　推进器辅助定位系统

一些浮体同时配备了动力定位系统和被动系泊系统。任一系统都可以单独使用,也可以利用集成的定位管理系统联合使用。浮体通常配备有手动或自动推进器,推进器推力的输出可用于辅助被动系泊系统。推进器辅助系泊系统由系泊缆和推进器组成。推进器的作用是直接抵消环境载荷和/或控制浮体的航向,从而减小系泊缆拉力和浮体的偏移。

为了确定系泊计算允许的推力,需要考虑以下几个因素:推进器效率、最坏情况下的失效情况和推进器的长期可用性。设计标准界定了可用于多点系泊和转塔式系泊的平均减载量。对于推进器的手动控制,在手动系统使用固定方向推力的基础上,可以允许推力进一步降低到70%。然而,固定方向不一定是最有效的方向。对于一个自动推进器系统,推进器输出的100%的推力都可用于抵消外力。

对转塔式系泊的船型浮体来说,保持航向同主环境方向一致是减少系泊缆载荷的最佳方法。

2.6　思　考　题

1. 请简述悬链线式系泊与张紧式系泊的区别。

2. 假如你是一位半潜式钻井平台的船舶设计师。在甲板的中心,需要布局一个钻井架和一个月池,并且在钻井作业中,海上立管需要保持在井的顶部。在这种情况下,你选择多点系泊系统、单点系泊系统还是其他系泊系统? 为什么?

3. 内、外转塔式系泊系统的优缺点分别是什么? 请举例说明什么情况下选择内转塔式系泊系统,而不是外转塔式系泊系统。

4. 请绘制一幅图片说明原油是如何从立管穿过转塔输送到穿梭油轮的。

5. 悬链式锚腿系泊系统的作用是什么? 其主要组成部分有哪些? 其锚腿是永久系泊还是临时系泊?

参 考 文 献

[1] J. Paik, A. Thayamballi, Ship-Shaped Offshore Installations: Design, Building, and Operation, Cambridge University Press, 2007.

[2] OCIMF, Recommendations for Equipment Employed in the Bow Mooring of Conventional Tankers at Single Point Mooring, fourth ed., The Oil Companies International Marine Forum (OCIMF), 2007.

[3] J. Lopez-Cortijo, A. Duggal, R. van Dijk, S. Matos, DP FPSO—a fully dynamically positioned FPSO for ultra deep waters, in: International Offshore and Polar Engineering Conference, ISOPE, Honolulu, 2003.

[4] L. Poldervaart, B. Cann, J. H. Westhuis, A DP-FPSO as a first-stage field development unit for deepwater prospects I relative mild environments, in: Offshore Technology Conference, OTC 16484, Houston, May 2004.

[5] J. Mao, Fast production recovery of a typhoon-damaged oil field in the South China Sea, in: CNOOC Limited, SPE Paper 172999-PA, vol. 3, no. (5), 2014.

第 3 章 环境载荷和船舶运动

如图 3.1 所示,由于风、浪、流等作用,在开放水域中的浮式结构会承受一定的环境载荷。本章将介绍作用在浮式结构上最重要的风、浪、流等环境载荷,系泊系统需抵抗这些载荷,为浮体提供定位功能。此外,在易结冰海域作业的浮式结构还可能受到冰载荷的作用,对相关内容本章也将进行介绍。

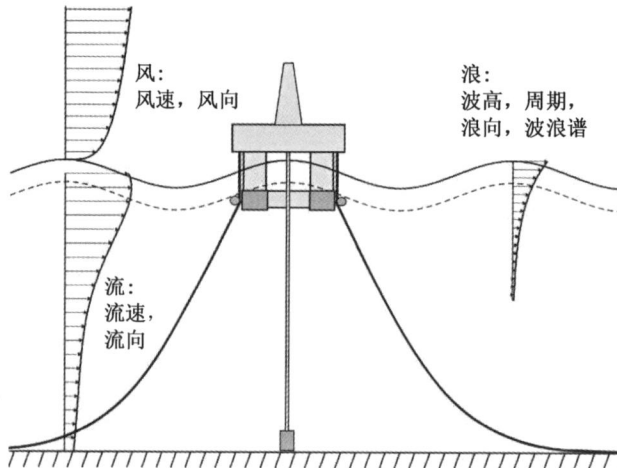

图 3.1 作用于移动式海上钻井平台的风、浪、流载荷

3.1 浮式结构所受的外载荷

3.1.1 抵抗环境载荷的系泊系统

作用于浮式系统上的环境载荷最终将由系泊的回复力来平衡。风、浪、流载荷的大小和方向是系泊设计的最重要参数,这些参数会影响多点或单点系泊系统类型的选择以及整体系泊形态。

系泊系统的设计目标是能够承受一定的环境载荷,因此其所有的部件都必须满足强度和疲劳要求。在进行强度设计时,需要进行系泊强度分析以预测特定重现期内极端环境下系泊缆的张力、船舶偏移和锚固载荷等内容。重现期是指对诸如风暴、地震、海冰灾害等极端事件发生的可能性的估计,例如,重现期为 100 年的风暴通常被认为是 100 年一遇的。在系泊系统的设计过程中计算得到的最大系泊缆张力、浮体偏移量以及锚固载荷,需对照设计标准规定的安全系数进行校验。

在做疲劳设计时要进行系泊疲劳分析,需要依据当地环境的长期统计数据选取一系列环境条件工况进行计算,从而得出系泊部件的疲劳寿命,并对照设计标准规定的安全系数进行校验。

3.1.2　代表区域特性的环境数据

外环境(如风、浪、流)之间的相互作用具有地域特性,因此在进行强度分析、确定最大设计条件(如具有 100 年一遇的环境事件)时应考虑这些环境现象的联合概率分布,尤其重要的是风、浪、流之间的关系及其相对的方向。应选定适当数量的负载工况来评估系泊系统,负载工况中应包括该区域气象海洋特征中最不利的风、浪和流方向的组合。需要注意的是,某些地区可能会遭受特殊环境现象,其参数无法通过典型的重现期统计数据很好地表现出来。例如,某些区域可能会遭受飓等突如其来的暴风侵袭,而其他区域则可能受到高速偶然性海流的影响。在确定相应的最大设计条件时应考虑这些特殊情况。

在定义了特定区域的环境数据之后,需要在系泊系统设计中对浮式结构的偏移量和系泊缆强度进行评估。在进行疲劳分析时,需要通过收集足够的海浪数据来绘制出可以充分展示该区域环境长期统计数据的散点图。同时,还需要包括水深、土壤特性、海床条件以及海洋生物分布情况等其他一些具有区域特性的数据[1]。

3.1.3　不同频率范围内的载荷

作用在浮式结构物上的环境载荷根据其不同的频率可分为以下几类:

(1)稳定载荷:如平均风、海流和平均波浪,在研究时间内其漂移力在大小和方向上是恒定的。稳定载荷会导致浮式结构物发生偏移,该偏移量可通过系泊回复力来平衡。

(2)波浪频率周期性载荷:典型周期为 5~30 s,此类载荷会引起漂浮船舶的波频运动,从而产生周期性的张力,导致最大系泊缆张力和系泊缆疲劳损伤的累积。在某些情况下,系泊系统和立管会对船舶运动(如纵荡、横荡和横摇运动)产生附加阻尼。

(3)低频(慢漂移)周期性载荷:此类载荷在纵荡、横荡和艏摇的自然周期内,激振包括系泊系统在内的整个浮式系统。典型的自然周期范围是 3~10 min (180~600 s)。在立柱式平台中,这些力还会在纵摇和横摇的自然周期内引发动态激振。

浮式结构物的六自由度运动由波浪能驱动,进而影响系泊载荷。浮体的设计通常应该确保临界运动的自然周期避开最大波浪能量的周期,以尽量减小浮体运动和系泊缆张力。例如,在设计条件下,美国墨西哥湾的波峰能量周期约为 15 s,因此立柱式平台和半潜式平台的垂荡自然周期均应保持在 20 s 以上,以尽量减小垂荡运动。

3.2 风 载 荷

风对浮式结构物施加的载荷包括静载荷和低频动载荷。风还会产生波浪和洋流,从而增加结构物和系泊缆受到的载荷。

3.2.1 风

通常可以通过方向、速度和频谱对风进行定义。一般将风向定义为风吹来的方向,比如"北风"是从北方吹到南方的风。图 3.2 为风速随时间变化的曲线。风速也随着所处位置在海面以上高度的不同而变化。图 3.3 显示了平均风速随统计时长和海拔变化的曲线。由于这些原因,风速由海平面以上参考高度处的时间平均值确定。通常的参考高度是 10 m。常用的平均时长分别为 1 min、10 min 和 1 h。时长超过 1 min 的平均风速通常称为持续风速。

基于 1 h 内的平均风速,脉动风可以由稳定分量加上根据适当的经验性阵风谱计算得出的时变分量来建模。诸如 Ochi、Davenport、Harris、美国石油学院、挪威石油理事会(Norwegian Petroleum Directorate,NPD)等机构根据各种数据已开发出多种风谱[2]。目前,NPD 频谱[3] 在近海工程中应用最为广泛。

持续风速随海平面以上所在高度的变化而变化的曲线可以表示为幂函数:

$$U(z) = u_{10} \times \left(\frac{z}{10}\right)^b \tag{3.1}$$

式中,U 为风速;u_{10} 为海平面以上 10 m 处的风速;z 为海平面以上的高度;b 为风分布曲线的幂指数,通常为 0.125。

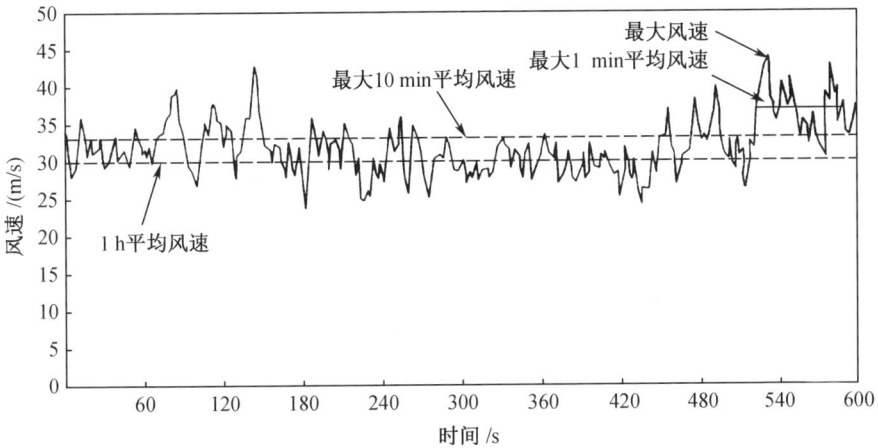

图 3.2　海拔 10 m 处风速随时间变化的曲线

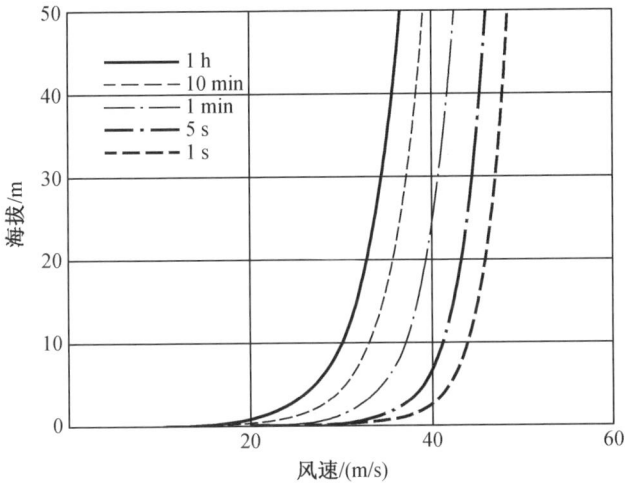

图 3.3　平均风速随统计时长和海拔变化的曲线

(根据 NPD 频谱,30 m/s 的风作为参考)

同时,近海工程中同样应用对数风分布曲线模型等其他类型的风分布曲线模型。

在系泊设计中应该特别关注飑。飑是一种突发的风暴,通常持续时间较短(少于 2 h),与阵雨或雷暴等较为剧烈的天气条件相关,而与风暴发生前的波浪和海流状况无关。由于飑的持续时间短,因此其不会在该海域引起明显的洋流或波浪现象。由于传统的风谱方法不能很好地对其进行描述,因此通常采用时间序列的形式在特定时域内表示其风速和风向。在系泊设计工作中,可以按"缩尺比"对时间序列进行调整,使其时历中的最高风速等于指定的重现期(如

10 年或 100 年一遇)的风速。重现期的风速通常由特定区域的极值分析来确定。

在海洋环境中,飑作为一种主要的环境力,给系泊设计和分析带来了一定挑战。飑通常是瞬时的,因为它可以迅速地改变自身的速度和方向。这使得确定系泊系统最大的设计响应变得很困难,特别是对于 FPSO 这种在飑出现时可能会不断地改变航向的结构而言尤为如此。

欲详细了解关于在系泊设计中如何对飑进行处理的信息,请参考相关的学术论文[4-6]。

3.2.2 风力

通过风洞试验和数值计算可以得到浮式结构的风力系数,从而能够对浮式结构的风载荷特性进行描述。风载荷系数可以表示成一系列的曲线,由曲线给出各方向单位风速下的风载荷。利用这些系数曲线,可以计算包括稳态和动态在内的风载荷。

浮式结构受到的瞬时风力可以通过对水线以上各构件的瞬时风力进行叠加的方式来计算。目前最常用的计算公式如下:

$$F_w = \frac{1}{2}\rho_a C_s A(V_z + u' - \dot{x})|V_z + u' - \dot{x}| \qquad (3.2)$$

式中 F_w ——风力;

ρ_a ——空气的密度;

C_s ——形状系数(可能需要考虑遮蔽);

A ——物体的投影面积;

V_z ——平均风速;

u' ——持续风力引起的瞬时速度变化;

$\dot{x}$ ——构件的瞬时速度。

对于所有作用于结构上的风向角,可以假定其作用在平面上的力是法向的,而对于垂直于圆柱体上的力,可以认为其是沿风向的。对于非直立圆柱形物体,可以在相应的计算公式中计入风向相对于物体姿态的角度。作用在上层建筑的侧平面及其他不垂直于风向的平面上的力也可以用相应的公式来计算,并应考虑风向与作用平面之间的角度。

当使用时域方法计算时,基于风谱的风速-时间时历可以与风力计算公式(3.2)结合应用,从而计算出风力的时历结果。当使用频域方法计算时,通常将力线性化以进行谱域和频域计算,其原理如下式所示:

$$F_W = \frac{1}{2}\rho_a C_s A V_Z^2 + \rho_a C_s A V_Z u' \tag{3.3}$$

式中　F_w——风力；

　　　ρ_a——空气的密度；

　　　C_s——形状系数（可能需要考虑遮蔽）；

　　　A——物体的投影面积；

　　　V_Z——平均风速；

　　　u'——持续风力引起的瞬时速度变化。

式（3.3）等号右侧的第一项为定常风力。V_Z 表示用于生成风谱的平均风速。可以采用软件程序来估算作用在复杂结构（包含许多小尺寸和空间不连续部件）上的稳定风力。计算得到的风力主要取决于输入程序的模型参数，因此在使用这些程序时，使用者要对风洞实验原理有足够的理解。

脉动风力可以在时域或频域中进行计算。对于时域分析，可利用式（3.1）通过瞬时总风速的时历曲线得出总风力。而在频域分析中，则可以通过将式（3.3）与风谱相结合来推导出风力。

作用在浮式结构上的总风力也可以用简化的方法来计算，即用结构的总受风面积乘以相应的系数（系数可以通过模型实验或数值计算的方法确定），有时也采用 1 min 内平均风速值和式（3.3）中等号右侧的第一项进行准静态分析以代替完整谱分析。

大型船体结构所受的风力和海流力还可以根据 OCIMF[7] 发布的报告中的数据进行计算。这种简化的分析手段主要用于移动系泊的分析。如果在设计过程的早期阶段尚未得到更准确的数据，也可将其用于永久系泊的初步设计。

可采用表 3.1 中的形状系数来计算垂向迎风受力[8]。对于难以归入指定类别的形状或多种形状的组合需要给予特别考虑。

表 3.1　计算风载荷时的形状系数

形状系数	物体
0.40	球体
0.50	圆柱体（所有尺寸）
1.00	船体（外表面）
1.00	甲板室
1.00	甲板下方区域（光滑表面）

表 3.1(续)

形状系数	物体
1.20	缆
1.25	钻井架(两侧)
1.30	甲板下方区域(暴露的梁和纵桁)
1.40	小尺度构件
1.50	其他结构形状(吊臂、角钢、通道、梁等)

当一个物体由于另一个物体的遮蔽而没有受到风力的完全影响时,可以使用遮蔽系数进行计算。有关风力计算的详细资料请参阅参考文献[8-10]。

3.3 波浪载荷与船舶运动

作用在浮体上的波浪载荷包括波频动载荷和缓慢变化(低频)的波浪漂移力。波浪可以导致浮体的六自由度运动。

3.3.1 浪和涌的表达方式

波浪分为风浪和涌浪两种。风浪也称为风成浪,是一种由于风吹过水面而产生的表面波(如风区)[11]。风浪的变化范围可以小至涟漪,大至超过 100 ft (30 m)高的浪[12]。因为风浪是由该地区的风直接产生的,因此其又被称为局部浪或海浪。

涌浪是由于风在水面持续吹动而形成的,由不受当地风影响且很久以前在别处生成的长波组成。将波浪的来向定义为其传播方向。涌浪具有较长的波浪周期(在局部地区长达 20 s,甚至更长),通常采用对称的窄频带高斯谱对其进行描述。图 3.4 所示为波浪的主要参数。

(1)波高:波峰到波谷的垂直距离。

(2)波长:在传播方向上两个连续波峰之间的距离。

(3)周期:连续两个波峰到达某一特定点的时间间隔。

(4)波传播方向。

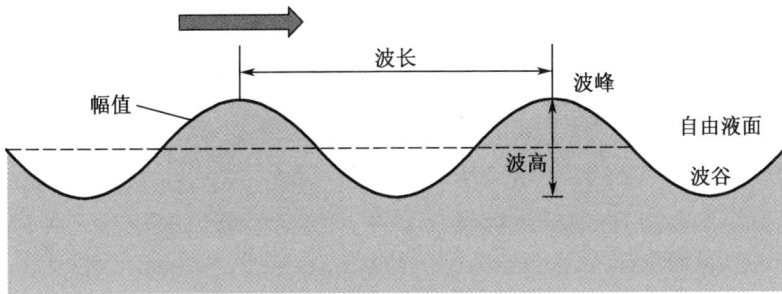

图 3.4 波浪的主要参数

特定区域的波浪通常有一定的高度范围。为了进行天气预报和对风浪统计的科学分析,通常用有义波高(H_s)表征波浪在一段时间内的特征高度。将在给定的时间段(通常选 20 min 到 12 h 的某个时段)内或在特定的海浪/海风中统计到的所有波高数据按照从大到小排列,取其前三分之一的平均值即为有义波高。有义波高也可以是由海员等专业观察者利用目测对海况进行估计得到的观测值。考虑到波高具有可变性,最大波高 $H_{\max}$ 为有义波高 H_s 的 1.6~2.0 倍。

规则波适用于不同的波浪理论。海洋工程中最简单、应用最广泛的波浪理论是线性波浪理论,其波高的取值比波长和水深都小得多。这一理论也被称为微幅波、正弦波或 Airy 理论。同时还有一些在其他特定情况下,比如在非常浅的水域适用的波浪理论,通常采用二阶和高阶斯托克斯波、椭圆余弦波、孤立波等理论[13-14]。

真实的海浪在形状、波高、波长和传播速度上均呈现不规则性和随机性。系泊设计中通常采用线性波理论,线性随机波模型是具有不同振幅和频率的许多小线性波叠加建立的,图 3.5 是规则波叠加的例子,表示随机波中每个波之间的相位关系是随机的。通过这种简化,波浪就可以利用能量谱来表示。能量谱,即海平面上具有不同频率和波高的波浪的能量分布。波浪谱可用于计算平均波浪漂移力、波频运动响应和浮体的慢漂运动。

线性随机波环境通常用各种理想波浪谱来表示。广泛应用的波浪谱有很多,最为常用的有北海波浪联合计划(Joint North Sea Wave Observation Project,JONSWAP)谱和皮尔逊-莫斯科维奇(Pierson-Moskowitz,P-M)谱。这些波浪谱是由有义波高、谱峰周期和谱峰因子定义的。如图 3.6 所示,其中最简单的一种形式是由 Pierson 和 Moskowitz 提出的 P-M 谱[15],其假设风在较为广阔的区域中持续一段时间,波浪和风可达到平衡。这一概念通常应用于充分成长的风浪,即由连续数日持续吹过几百英里的风引起的波浪。

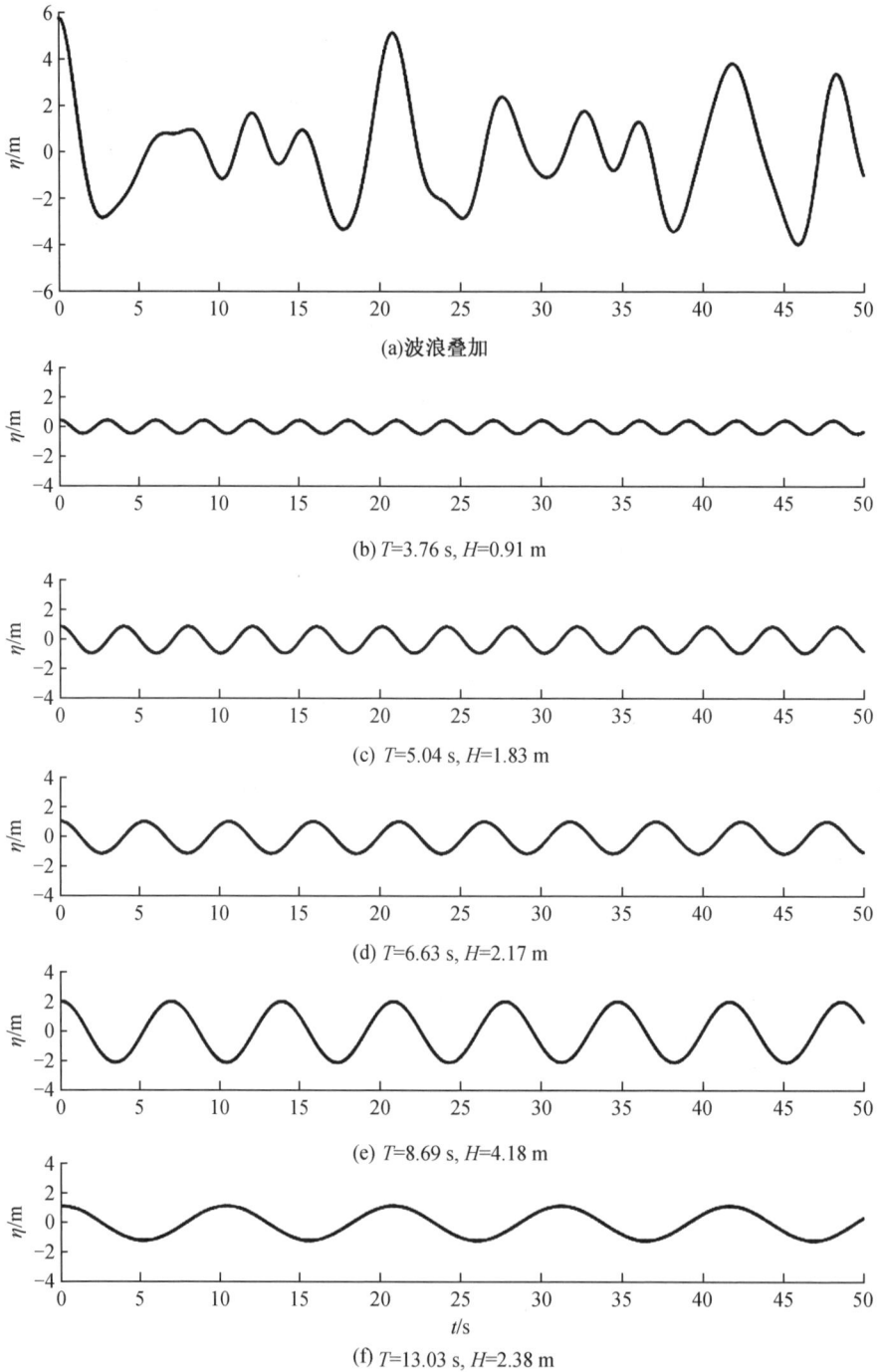

(a)波浪叠加

(b) T=3.76 s, H=0.91 m

(c) T=5.04 s, H=1.83 m

(d) T=6.63 s, H=2.17 m

(e) T=8.69 s, H=4.18 m

(f) T=13.03 s, H=2.38 m

图 3.5　规则波的叠加产生不规则波

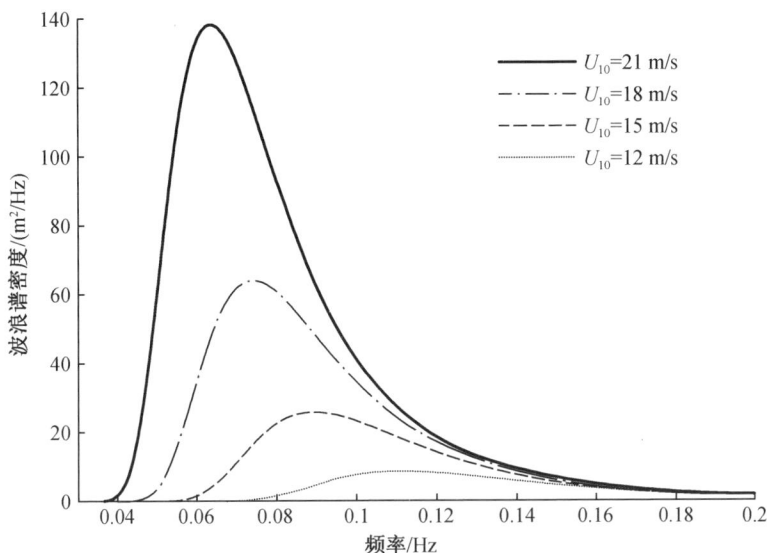

图 3.6　不同风速下充分发展的 P-M 谱

Hasselmann 等通过分析北海波浪联合计划研究过程中收集的数据发现波浪谱未得到完全发展[16]。通过波与波之间的非线性相互作用,波浪会继续发展,持续很长时间和距离,因此需要在 P-M 谱中人为加入额外的因素来提高谱的适用性。如图 3.7(a)所示,JONSWAP 谱由 P-M 谱乘以谱峰提升因子的函数而得。图 3.7(b)所示的波高时历数据可以转换为一种波浪谱,然后用 JONSWAP 谱进行近似计算。

3.3.2　波浪力和浮体运动

根据结构构件的特征尺寸采用不同方法计算波浪力。对于系泊缆或立管等细长的结构构件,可以使用莫里森方程计算波浪载荷。对于体积较大的船体结构,采用波浪辐射/绕射法来计算波浪载荷。

通常采用模型实验或数值计算方法获得大体积浮式船体在波浪中的运动和载荷数值,这些浮体在整体运动特性方面以惯性为主。进行全尺度实船试验固然很理想,但是在受控条件下进行试验的成本太高、难度太大,一味等待极端天气发生也不现实,因此一般采用比例模型实验。如第 7 章所述,模型实验的缺点之一是当黏性流体动力较大时,很难将实验换算成全尺寸的结果。模型实验设施的几何尺寸和设备也可能会导致实验受限。

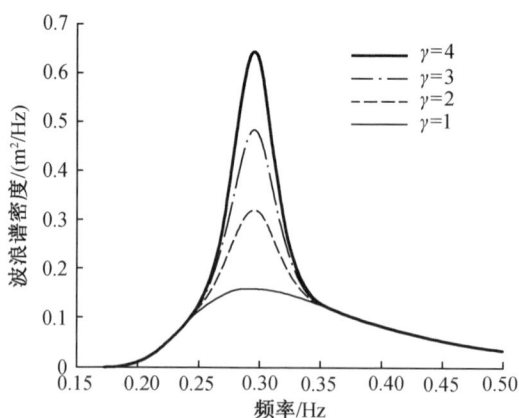

(a)不同谱峰提升因子下的JONSWAP谱

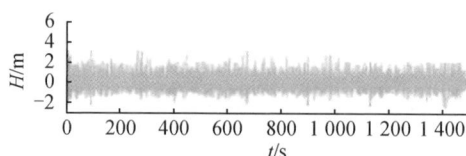

(b)波高时历曲线

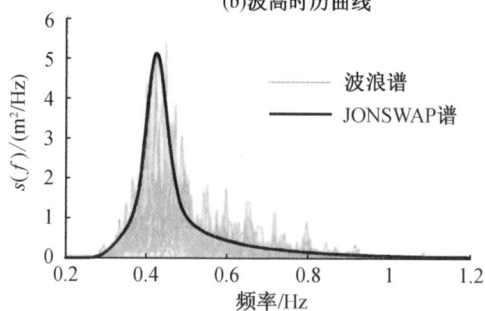

(c)JONSWAP谱与波高时历曲线得到的频谱的比较

图 3.7　JONSWAP 谱

随着计算机技术的飞速发展,数值方法在计算波浪引起的运动和载荷中起着越来越重要的作用。波浪力和波浪运动的计算可以通过使用复杂的水动力软件程序(如 WAMIT、AQWA 和 WADAM)完成。由于该领域技术的重大进步,利用这些程序可以有效地对波浪力进行预测。

这些数值计算方法基于边界积分方程法(boundary integral equation method,BIEM),采用辐射绕射理论[17-18]进行计算。BIEM 的基本思想是将整个流体域中的三维(3-dimension,3D)问题转换为浮体表面的二维(2-dimension,2D)问题。因此,该方法也称为边界元法。BIEM 的数学基础是可将三维体积积分转换为二维曲面积分的格林定理。与计算流体动力学(computational fluid dynamics,CFD)中使用的有限体积法相比,BIEM 的优点在于少一个维度,因此计算速度更快。由于辐射绕射理论建立在势流理论的基础上,没有考虑流体的黏性,因此通常使用大多数软件程序内置的莫里森模型来计算浮体受到的黏性阻力。

但是需要注意,就目前来看,数值计算在相当长一段时间内可能都无法完全取代模型实验。理想的方法是将模型实验与数值计算相结合。模型实验的结果通常比数值模拟的结果更有说服力,特别是在验证新想法时。软件程序与模型实验相比优势在于,在评估各种多变海况下的不同浮体设计时更为高效。但是,解释和整理计算结果时需要对浮体在波浪中运动的基本原理有一个物理上的了解,这种了解需要通过模型实验以及从参考文献[13-14、18-19]中获得。

波浪绕射分析的目的是获得浮体的以下几项运动特性,即系泊分析所需的输入参数:

(1)运动响应幅值算子(运动传递函数);

(2)平均波浪漂移力系数;

(3)势流阻尼系数与频率相关的附加质量。

为了进行波浪绕射分析,通过绕射/辐射面元对浮式结构的水下船体进行建模,并将系泊缆和立管视为莫里森单元。特征周期、波浪谱、流速、风谱、水深等环境参数由用户输入。为了从绕射分析中获得最佳结果,对浮体运动固有频率附近的波浪周期间隔应加以细化,以确保能够很好地捕捉到共振响应的峰值。为了捕获慢漂运动的特征,应该增加一个接近纵荡和横荡固有周期的长周期,以便准确预测对慢漂运动的附加质量和势流阻尼。

图 3.8 是半潜式平台船体的绕射/辐射面元模型和相应的莫里森模型示例。面元模型包括四根立柱和一个环形浮桥。值得注意的是,图中仅对海平面以下的湿表面进行了建模,这是因为流体域上的积分只能在静水湿表面上进行。因此,由于大横倾运动和波浪升高而导致的几何形状变化没有被考虑在内。

图 3.8(a)显示了莫里森模型在浮桥水平立柱附近有四个代表系泊元件的单点。系泊缆会影响浮体的运动,因此需要对其进行相应的计算。对于带系泊缆的浮体,系泊缆将影响浮体的刚度、附加质量和阻尼,因此需要对它们进行建模以捕捉其影响。

系泊缆造成的另一个影响是增加了浮体的排水量,其相当于浮体所受的重力加上系泊缆的垂直张力,增加了运动分析的难度。如果仅考虑浮体的实际质量,可能会低估惯性力,因为部分系泊缆也会随浮体一起移动。但如果用总排水量来表示惯性项,由于并非所有的系泊缆都随浮体一起运动,所以将高估惯性项对浮体运动的影响。为了解决该问题,实践中通常采用"有效质量"的概念。有效质量可以通过浮体质量加上总系泊吊重的百分比(如30%)来估算。百分比可以通过耦合分析或模型实验来验证。

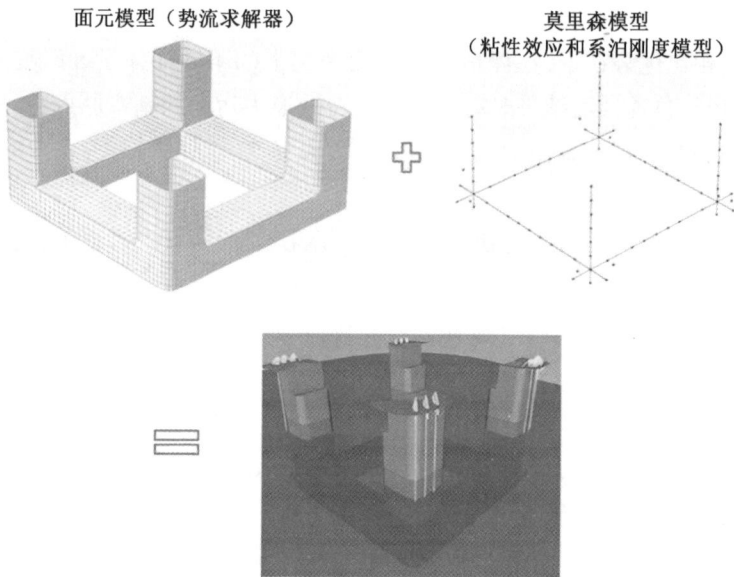

图3.8 半潜式平台船体的绕射/辐射面元模型和莫里森模型

3.4 流载荷与涡激运动

海流流经浮式结构及其系泊系统、立管系统时会在其上产生载荷,对于带有深吃水的圆柱形船体的浮式结构(如Spar、半潜式平台等)来说,还将使其产生涡激运动。

3.4.1 海流

海流通常由方向和速度剖面以及深度来定义。海流方向的定义与风向的定义相反,为其流动的方向。海流速度分布定义了海面以下不同深度处的海流速度。

海流被视为一个稳态现象。海流在水下船体结构、系泊设备和立管上产生拖曳力和升力。强海流还会与波浪相互作用,从而改变波浪参数和波浪载荷。海流速度随水深变化而变化,在靠近水面处,其分布曲线形状取决于表面波的作用。对于大多数应用场景,流速可以视为稳定的流场,其中速度矢量(大小和方向)是深度的函数。

在给定流速的情况下,浮体受到的流载荷特性可由其海流力系数来描述,该系数可以通过计算或试验得出,即可采用一系列曲线的形式给出各个方向上每单位流速产生的流载荷。通常来说,海流的作用会增加载荷,但是在系泊设计中也可能起到减小总载荷的作用。一方面,海流增加了平均静荷载;但另一方面,它可提供一定的牵引力,有助于减缓浮体的慢漂运动,这对系泊是有利的。

浮式结构作业过程主要受到洋流(包括环流)、潮汐流和风暴潮流三种类型的海流影响。

洋流是指全球海洋中表层和深层水的垂直或水平运动。表面洋流是指存在于水深不超过 400 m(1 300 ft)的区域的洋流,主要是由风吹过水面时产生的摩擦力引起的。这种摩擦力迫使水以螺旋模式运动,从而形成环流。在北半球,环流沿顺时针方向移动,而在南半球则是沿逆时针方向旋转。表面流在最接近海面处速度最大,在海面以下大约 100 m(328 ft)处开始减小。深水海流,也称为温盐环流,存在于水深 400 m 以下的区域。温盐环流主要是由于海水的密度分布差异和重力作用而产生的。

全世界所有洋流中以墨西哥湾环流尤为引人注目。它是一股暖洋流,在古巴和尤卡坦半岛之间向北流动,进入墨西哥湾,分别产生向东和向南的环流,然后向东通过佛罗里达海峡加入墨西哥湾流。该环流是墨西哥东部海湾的主要环流,其最大流速可以达到 1.8 m/s[20]。在墨西哥湾,最深处的温暖水域与环流以及从环流分离出来的涡流有关。值得注意的是,该环流及其衍生涡流中的暖水为飓风形成提供了更多能量,并可能导致飓风加剧。

在远离海岸线的深水区以及当海流涌入狭窄的海峡时,潮汐流最为显著。与沿海地貌有关的潮汐流主要是在进潮口产生的。进潮口处典型的最大海流速度约为 1 m/s,而海峡和河口处的潮汐速度可高达 3 m/s。

风暴潮流是受风切应力和特定风暴影响的整个水域上的大气压力梯度共同作用而产生的海流。这种海流类似于潮汐流,流速在水深剖面中遵循对数分布,并具有与潮汐流相同的特性——在远离海岸线的深水处和狭窄海域(如海峡和进潮口)处最明显。

3.4.2　海流力和涡激运动

海流会对浮体产生两个主要影响,即拖曳力和涡激运动(vortex-induced motion,VIM)。拖曳力既可以作用在浮体上,也可以作用在系泊缆上。由涡流引起的运动(即VIM)主要是浮体的横向运动,会使系泊缆产生额外的张力。

海流施加在浮式结构阻流面上的拖曳力与海流速度的平方成正比,由海流作用于垂直于圆柱浮体轴线方向的分量导致。如果结构构件的瞬时速度可以忽略不计,则可以使用以下公式确定海流拖曳力:

$$F_d = \frac{1}{2} \rho_w C_D A_C V |V| \tag{3.4}$$

式中　F_d——拖曳力;

　　　ρ_w——水的密度;

　　　C_D——拖曳力系数;

　　　A_C——迎流的投影面积;

　　　V——垂直于平面或投影面的海流速度分量。

海流的作用不仅限于产生稳定的拖曳力,还会产生低频激励和阻尼。在低频范围内,由于其他来源的阻尼很小,因此海流产生的阻尼效果尤其重要,所有低频运动分析都应考虑海流引起的阻尼。作用于浮船体的海流拖曳力系数应通过模型实验或数值计算获得。

在计算作用于浮式结构上的总海流力时,也可以通过模型实验或其他适当的方法确定相应的系数,再利用结构的总迎流面积来计算。大型油轮所受的海流力和风力也可以通过使用OCIMF[7]发布的报告中的数据来估算。如果在系泊设计过程的早期阶段无法获得更准确的信息,则这些简化的分析方法可用于永久性系泊系统的初步设计。

海流会使浮体产生涡激运动。众所周知,圆柱体在海流作用下会产生规则周期的交变涡流或旋涡。图3.9显示了这些涡流是如何在四个圆柱体的尾流中产生,从而导致半潜平台在垂直于水流的方向上振荡。类似地,由一个或多个大直径圆柱体组成的Spar和TLP等浮式结构物在水流作用下,由于涡流可能会产生低频运动[21]。众多作业经验表明,涡激运动对于Spar的影响最为明显。不过,深水半潜式平台也可能产生明显的涡激运动,因此在设计中应考虑到这种影响[19]。

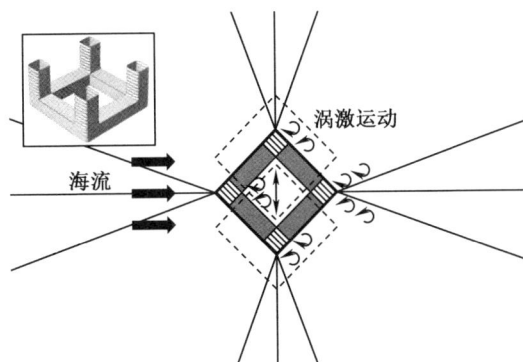

图 3.9　由海流引起的半潜式平台涡激运动

涡激运动对系泊设计有三个主要的影响[2]：

(1)由于存在涡激运动,同轴拖曳力系数增加;

(2)低频涡激运动增加系泊缆张力;

(3)系泊缆低频张力导致其疲劳损坏。

在对系泊系统进行强度和疲劳分析时,应该考虑这些影响。在墨西哥湾,由于环流和相关涡旋的出现,可能会在较长一段时间内影响某个特定地点,所以应该着重考虑该地理区域的涡激运动。需要注意的是,涡激运动的预测通常是通过模型实验来完成的,但近年来随着技术的发展,计算流体力学(computational fluid dynamics,CFD)在涡激运动预测中具有很好的应用前景。

3.5　冰 载 荷

冰通过撞击和推动浮式结构物产生载荷。根据冰的特征,可以通过不同的海冰管理技术在一定程度上减轻或完全避免冰载荷。

3.5.1　冰

在冰体的数种类型中,以下三种类型可能会对所有系泊浮式结构形成较大威胁。

1. 冰山

冰山是在开阔的水面自由漂浮的从冰川或冰架上脱落的大块淡水冰,可能会逐渐冻结成浮冰群。当冰山漂浮到较浅的水域时,可能会与海床接触,这一过程被称为海床凿冰。冰山有大约90%的部分都在海水表面以下。

2. 平整冰(浮冰群)

平整冰又称浮冰群,可以定义为上下表面均未变形的海冰,是未曾受形变影响的海冰,因此相对平坦。平整冰通常有颗粒状的上层,然后是过渡区域,而冰盖的其余部分基本是柱状的颗粒。浮冰群是由不同大小、形成时间各异的碎冰在风和洋流的作用下混合挤压而成的,一般会覆盖几乎整片海面。在冬季,浮冰群最大可以覆盖约5%的北极水域和8%的南极水域。

3. 冰脊

冰盖/浮冰之间相互作用产生线状的冰脊。风和海流作用会使平整冰或浮冰群堆积形成冰脊;当冰盖/浮冰受到外部应力彼此之间相互作用而引起运动时,冰盖就可能变形成为冰脊。

这几种冰体中的任何一种都可能对系泊作业构成挑战,这些问题之前只在有限数量的浮式钻井和生产作业中得到了解决。但由于北极环境在季节和年际的变化上经常有大的波动,如冰山、浮冰和脊状冰/筏状冰等特定冰体的发生和几何形状的变化应根据现场的实地测量或附近地点的历史数据来确定。为了选择和设计系泊系统,需要确定冰体发生的频率、概率分布和尺寸等统计数据。

3.5.2　冰诱导力和海冰管理

对于各种类型的冰体,可以使用 ISO 19906[22] 规范中的简化方法来预测浮动结构上的冰载荷,这是目前公认的最权威的冰载荷预测指南。该方法提供的计算公式可以有效地进行参数分析,可以作为一种便捷的冰载荷初步计算法。然后,将计算出的冰载荷与其他方法(如全尺寸测量、模型实验或数值模拟)预测的冰载荷进行对比,以得出系泊设计所需的冰载荷。现有的全尺寸测量数据非常有限,且采集数据的成本非常高。模型实验在冰载荷预测中的应用越来越广泛,但由于尺度效应,冰体的特征和船舶的特性难以建模。数值模拟是一项很有前景的技术,但需要模型实验或全尺寸数据来验证。

在为易结冰区域设计系泊系统时,应注意系泊部件的布置[23]。例如,根据冰相互作用的情况,布置系泊缆时应避免直接暴露在飞溅区及其下方。布置导缆器的位置时也应尽量减少此类影响,或者也可采用局部的海冰管理技术。需要注意的是,冰体对系泊缆的影响也会导致其他系泊部件的损坏。

系泊系统的设计通常能够抵抗小型浮冰的载荷,但无法抵抗冰山和冰脊的冲击载荷。因为系泊缆的承载能力非常有限,所以浮式系统最好设计成不与冰山、冰脊或大型浮冰群等冰体发生作用。通常采用部署破冰船打破周围厚冰或派遣拖船将冰山拖走等海冰管理手段[24-25]。根据在波弗特海的浮动钻井作业中获得的海冰管理经验,建立了一种技术手段:首先由系泊船上游的大型破冰船将整冰碎成大块冰,然后再由吨位较小的破冰船将这些大块冰破碎成可以在系泊船周围流动的碎冰。

另一个解决方案是采用可分离的系泊系统,该系统可使浮式生产船驶离冰山、冰脊或大型浮冰等冰体。关于可分离转塔式系统的详细信息,请参见第 2 章。为了避免由于系泊断开而导致的生产停工,除了采用可分离式系泊系统外,还需要制定海冰管理方案。该方案包括在预警区域内进行检测、监视、破冰和拖曳冰等一系列操作,这需要某些程序来保护生产井/钻井。在纽芬兰岛以东的加拿大大大浅滩附近的多冰地区(Terra Nova 和 White Rose),已经为一些 FPSO 安装了可分离式系泊系统[26]。

3.6　环境载荷的其他方面

本节将仅对环境载荷的某些具体方面进行简要的介绍,感兴趣的读者可以进行更多相关背景知识的阅读。

3.6.1　风、浪和流的方向组合

对于具有多点系泊的半潜式平台和 Spar,风、浪、流同向通常是进行系泊系统设计时要考虑的环境载荷方向的最关键组合。对于多点系泊系统的 FPSO,与横浪方向同向和近同向的风、浪、流组合通常最为危险,因而应仔细评估。

对于单点系泊的 FPSO,风、浪、流同向的条件并不是主导条件,因此在系泊设计中要同时考虑同向和非同向两个条件。理想情况下,应根据指定地点的设计数据得出相应的环境载荷方向组合。但实际上,这种给定地点的环境数据通常无法获取。在这种情况下,确定环境方向组合应至少包括以下内容:

(1)同向条件——同向的风、浪、流;

(2)交叉条件——风向与波浪来向成 30° 夹角,流向与波浪来向成 45° 夹角。

对于所有组合,环境载荷方向应相对于系泊缆方向以 15°左右的间隔旋转,以确保涵盖所有可能出现的情况。

值得注意的是,这种做法与由美国船级社(American Bureau of Shipping, ABS)、挪威船级社(Det Norske Veritas,DNV)和法国船级社(Bureau Veritas,BV)

等推荐的环境载荷方向组合的现行做法有所不同。例如,BV 建议考虑大偏角的流与风、浪相结合的情况,并引入了载荷折减系数。

3.6.2 波浪周期的敏感性研究

在典型的设计基础中,设计波浪由有义波高、谱峰周期和波浪谱定义。但是有义波高和谱峰周期之间的关系并不固定。设计基础中定义的是与有义波高相关的最可能波浪周期。对于某些类型的系泊系统,波浪周期可能比波浪高度对动力响应的影响更大。

为了获得系泊系统设计中最关键的设计工况,应认真考虑波浪周期的变化。最严谨的方法是分析所有可能的波高和周期组合的系泊系统动力学,这通常意味着要从 100 年一遇的波高和周期组合算起。由于这种方法非常耗时,因此只建议用于详细设计阶段。而在简化方法中,系泊系统设计应至少分析波浪能量峰值周期变化±10%的情况。

3.6.3 浪-流相互作用

众所周知,波浪漂移力受海流速度的影响。二阶传递函数(quadratic transfer functions, QTF)可以用于表征不规则海浪中的二阶响应,在强海流作用下应通过修正二阶传递函数以反映海流的影响。在某些情况下,强海流作用会显著影响平均波浪漂移力和浮体的慢漂运动。

Aranha[27]将波浪漂移阻尼表示为零速度时 QTF 的对角项与浮体前进速度的函数。同样地,也对海流速度(也可以看作相对船舶的前进速度)加入了针对波浪漂移力的修正。结果表明,浪-流相互作用对浮体受到的波浪漂移力有影响。

3.7 思 考 题

1.设计系泊系统时要考虑的三个最重要的环境载荷是什么?

2.请解释什么是风谱?列举两个海洋工程作业分析常用的风谱。

3.除了模型实验外,还有什么常用的方法可用来评估浮式结构由波浪引起的运动?在评估了船舶的运动之后,获得的哪些数据可以用于系泊分析?

4.哪种环境载荷会导致浮式结构的涡激运动?哪种类型的结构最容易受到涡激运动的影响?

5.请列举至少两种类型的冰体,简要说明它们是如何影响系泊设计的。

参 考 文 献

[1] API, Derivation of Metocean Design and Operating Conditions, first ed. , API RP 2MET, 2014.

[2] API, API RP 2SK Recommended Practice for Design and Analysis of Station-keeping Systems for Floating Structures, third ed. , American Petroleum Institute (API), 2005.

[3] Norwegian Technology Standards Institution, NORSOK Standard: Actions and Effects: N – 003, Rev. 1, Norwegian Technology Standards Institution, Oslo, 1999.

[4] Z. Zhong, L. Yong, C. Dusan, F(P)SO global responses in the west of Africa squall environment, in: ASME 2005 24th International Conference on Offshore Mechanics and Arctic Engineering, American Society of Mechanical Engineers, 2005.

[5] A. Duggal, et al, Response of FPSO systems to squalls, in: ASME 2011 30th International Conference on Ocean, Offshore and Arctic Engineering, American Society of Mechanical Engineers, 2011.

[6] F. Legerstee, et al, Squall: nightmare for designers of deepwater West African mooring sys – tems, in: 25th International Conference on Offshore Mechanics and Arctic Engineering, American Society of Mechanical Engineers, 2006.

[7] OCIMF, Prediction of Wind and Current Loads on VLCCs, second ed. , Oil Companies International Marine Forum (OCIMF), 1994.

[8] ABS, Rules for Building and Classing Mobile Offshore Drilling Units. Part 3 Hull Construction and Equipment, 2016.

[9] API, Planning, Designing, and Constructing Tension Leg Platforms, third ed. , API RP 2T, 2010.

[10] G. L. DNV, Recommended Practice Environmental Conditions and Environmental Loads, DNVGL-RP-C205, 2017.

[11] I. R. Young, Wind Generated Ocean Waves. , Elsevier, 1999. ISBN 0-08-043317-0.

[12] H. L. Tolman, in: M. F. Mahmood (Ed.), CBMS Conference Proceedings on Water Waves: Theory and Experiment (PDF), Howard University, Washington, DC, 13−18 May 2008, World Scientific Publications, 2010. ISBN 978−981−4304−23−8.

[13] C. Mei, ISBN 9971−5−0773−0 The Applied Dynamics of Ocean Surface Waves., World Scientific, Singapore, 1989.

[14] C. Mei, ISBN 0−521−58798−0 Mathematical Analysis in Engineering., Cambridge University Press, 1997.

[15] L. Moskowitz, Estimates of the power spectrums for fully developed seas for wind speeds of 20 to 40 knots, J. Geophys. Res. 69 (24) (1964) 5161−5179.

[16] K. Hasselmann, T. P. Barnett, E. Bouws, H. Carlson, D. E. Cartwright, K. Enke, et al., Measurements of wind−wave growth and swell decay during the Joint North Sea Wave Project (JONSWAP), Ergänzungsheft 12 (1973) 1−95.

[17] O. M. Faltinsen, Sea Loads on Ships and Offshore Structures, Cambridge University Press, 1990.

[18] J. N. Newman, Marine Hydrodynamics, MIT Press, Cambridge, MA, 1977.

[19] W. Ma, et al, Vortex induced motions of a column stabilized floater, in: Proceedings of the DOT International Conference, 2013.

[20] A. Gordon, Circulation of the Caribbean Sea, J. Geophys. Res. 72 (24) (1967) 6207−6223.

[21] D. Roddier, T. Finnigan, S. Liapis, Influence of the Reynolds number on spar vortex induced motions (VIM): multiple scale model test comparisons, in: ASME 2009 28th International Conference on Ocean, Offshore and Arctic Engineering, American Society of Mechanical Engineers, 2009.

[22] ISO, "Petroleum and Natural Gas Industries—Arctic Offshore Structures", ISO 19906, First Edition, 2010−12−15.

[23] C. Makrygiannis, R. McKenna, B. Wright, T. Sildnes, W. Jolles, M. Mørland, et al., Ice management and operational strategy for floaters in ice, in: Proceedings of the International Conference on Port and Ocean Engineering Under Arctic Conditions, no. POAC11−057, 2011.

[24] A. Palmer, Arctic Offshore Engineering., World Scientific, 2013.

[25] J. Hamilton, et al, Ice management for support of arctic floating operations,

in: Proceedings of the Arctic Technology Conference, 2011.

[26] G. B. Howell, A. S. Duggal, G. V. Lever, The terra nova FPSO turret mooring system, in: Proceedings of the Annual Offshore Technology Conference, 2001.

[27] J. Aranha, Second-order horizontal steady forces and moment on a floating body with small forward speed, J. Fluid Mech. 313 (1996) 39-54.

第4章 系泊设计

本章将介绍系泊系统设计方法,并专注于移动式海上装置和永久性生产设施的系泊。系泊系统设计必须要符合沿海国家的规定、行业标准和船级社规则(如适用)。此外,系泊系统的设计还需要满足业主(或项目)的具体要求。

系泊设计是一个逐步迭代的过程,它是需要进行综合考虑的系统方法。设计过程主要包括以下步骤:

(1)收集项目性能规范和浮式系统信息;

(2)定义环境条件和负载工况;

(3)对浮体进行水动力学分析;

(4)对初步的系泊设计进行系泊分析;

(5)检查规范和设计标准的符合性;

(6)选择系泊部件和设备。

本章将对系泊系统设计过程、设计注意事项和典型的设计标准进行介绍。系泊分析细节有关内容将在下一章中介绍。

4.1 设 计 基 础

当一个新的设计项目开始时,业主/运营商(即客户)会为每个工程学科(如船体、系泊和立管等)准备一个设计基础。设计基础,也称为设计前提,包含工程承包商要遵循的所有基本信息和要求。承包商的系泊工程师根据设计基础开始系泊系统设计。设计基础的主要内容包括以下几项。

1.系泊系统设计信息

(1)作业位置和作业水深;

(2)船型和负载工况;

(3)海洋气象条件和设计载荷工况;

(4)立管、脐带缆和输油管线信息;

(5)使用的设计分析软件。

2. 系泊系统设计约束条件

(1)海底管线等水下基础设施布置;

(2)海底分布地图,如较为敏感的海洋物种栖息地等。

3. 系泊系统设计准则

(1)设计寿命;

(2)设计标准;

(3)船舶偏移限制;

(4)强度标准;

(5)疲劳标准;

(6)腐蚀裕量;

(7)锚设计要求。

4. 可交付成果

虽然设计基础包含很多条目,但系泊设计的主要目标可以归结为以下几个方面:

(1)在正常作业和极端风暴条件下,浮式结构保持在指定的漂移范围内。浮式结构的漂移必须控制在一定范围内,不能使立管和脐带缆过度拉伸。

(2)为系泊系统提供足够的强度和疲劳寿命,保证系泊系统的可操作性和可靠性。

4.1.1 输入数据收集

在开始系泊系统设计时,需要收集基本的设计输入数据,包括浮式结构的主尺度参数、设计环境条件、浮体的作业要求等。这些输入数据主要可分为以下几组。

1. 运营性质

(1)操作类型:有人或无人操作;

(2)持续作业时间或设计寿命。

2. 环境条件

(1)水深和海床概况;

(2)在极端(最大设计)工况和作业工况下的风、浪/浪涌、流海况及其传播方向,如表 4.1 所示;

(3)长期分布的环境条件,包括波浪散布图;

(4)海底附生物。

表4.1 设计环境举例

项目		单位	100年一遇波浪 JONSWAP	100年一遇海风 JONSWAP	100年一遇海流 JONSWAP	1年一遇 JONSWAP
波浪	波浪谱 γ值		3.3	3.3	3.3	3.3
	有义波高	m	12.9	12.5	11.7	7.7
	最大波高	m	21.5	20.8	19.5	12.9
	谱峰周期	s	16.1±2	15.6±2	14.6±2	13.4±1.5
风	风谱 1 h均值	m/s	39.4	42.6	38.2	30.40
	1 min均值	m/s	49.6	53.6	48.2	38.30
流	海面流速	cm/s	161	172	209	105
水深	100 m	cm/s	161	172	209	105
	200 m	cm/s	138	148	179	93
	300 m	cm/s	115	123	149	80
	400 m	cm/s	98	104	126	70
	500 m	cm/s	81	86	104	61
系数	600 m	cm/s	70	75	91	56
	700 m	cm/s	60	64	77	52
	800 m	cm/s	53	56	67	49
	900 m	cm/s	45	48	57	46
	1 000 m	cm/s	45	48	57	46
水深	0.1 h	m				
	0.2 h	m				
	0.3 h	m				
	0.4 h	m				
	0.5 h	m				
系数	0.6 h	m				
	0.7 h	m				
	0.8 h	m				
	0.9 h	m				
	1.0 h	m				
潮汐	最高水位	cm	146	146	146	129
	最低水位	cm	-120	-120	-120	-115

3.浮体的特性

(1)浮式结构的主尺度,包括船体型线图;

(2)对应相关浮体所有工况吃水的排水量、重心位置、质量、惯性矩;

(3)上甲板结构布置和上层建筑布局,与受风面积相关的甲板设备和建筑物的尺寸和具体位置;

(4)对于转塔系统,还包括转塔的位置和尺寸;

(5)立管的特性。

4.施工现场信息

(1)岩土信息,例如由岩芯样本取出的土壤特性;

(2)地理位置;

(3)现有的地面和水下设施或基础设施。

4.2 设 计 过 程

对于要部署在特定海上油田位置的浮式结构,其系泊系统是根据浮体的特性、现场情况、极端环境、作业模式等进行设计的。新的系泊系统设计过程需确定以下内容:

(1)系泊系统的类型;

(2)系泊剖面图;

(3)系泊方式(包括抛锚半径、缆绳数量和展开角度);

(4)系泊缆组成;

(5)锚的类型;

(6)船上设备。

4.2.1 系泊系统选型

系泊系统的选型是系泊系统设计的第一步。如第 2 章所述,系泊系统的类型包括多点系泊和单点系泊。多点系泊系统能够固定浮体的艏向,广泛地应用于半潜式和柱式平台等非船形浮式结构的系泊。细长船体结构通常采用单点系泊系统。值得注意的是,多点系泊系统仍可用于风、浪、流具有方向性且相对风平浪静环境下的船形结构,否则通常选用转塔式单点系泊系统。

如第 2 章所述,系泊系统的类型中可分离式是另一种设计选择。在大多数情况下,系泊系统与浮体是永久连接的,即连接、断开不是计划的操作要求。在特殊情况下,特别是在有冰山或热带气旋的恶劣环境中用于 FPSO 的系泊系统通常设计成可分离的形式。

大多数系泊系统的设计都是被动式的。也就是说,在正常的操作过程中不需要人工干预。然而,系泊系统可以设计为通过使用推进器或船上绞车来实现主动的人工手动干预。

4.2.2　系泊布置轮廓选择(悬链式或张紧式)

图 4.1 所示为用于浮式生产系统最常见的系泊布置轮廓类型:

(1)具有全链条设置的悬链线式系泊系统(最适合非常浅的水域);

(2)具有锚链-钢丝绳-锚链设置的悬链线式系泊系统;

(3)具有锚链-钢丝绳-锚链设置的张紧式(或半张紧式)系泊系统;

(4)具有锚链-聚酯纤维-锚链设置的张紧式(或半张紧式)系泊系统(最适合超深水域)。

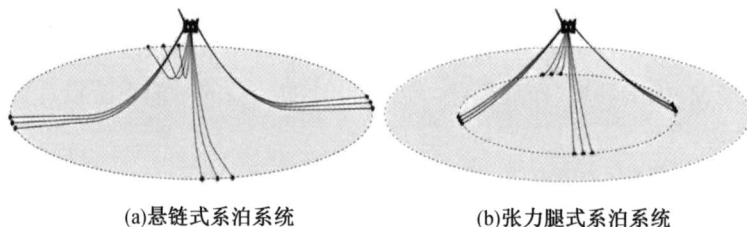

(a)悬链式系泊系统　　　　　(b)张力腿式系泊系统

图 4.1　悬链式和张力腿式系泊系统

根据水深和作业环境选择技术上可行且经济有效的系泊系统类型。其他还需要考虑的因素包括立管和脐带缆对船舶偏移产生的限制。关于系泊轮廓选择的进一步要求如下:

(1)对于水深小于 500 m 的水域——悬链线式系泊系统是最经济有效的选择。全链和锚链-钢丝绳-锚链形式要同时考虑。对于水深超过 300 m 的情况,后者可能更具经济效益。

(2)对于 500~1 000 m 的水深——可考虑所有四种类型。立管类型或周围的其他结构带来的偏移约束可能会影响系泊的选择。

(3)水深为 1 000~2 000 m 时——张紧式系泊系统是最具经济效益的选择。应同时考虑锚链-聚酯纤维-锚链和锚链-钢丝绳-锚链形式。

(4)对于水深大于 2 000 m 的环境——特别是在恶劣环境下,采用聚酯缆的张紧式系统可能是最具经济效益的选择。虽然也可以考虑锚链-钢丝绳-锚链系统形式,但随着水深的增加,它会变得更重。

系泊方案的选择可能涉及两种或多种类型的比较。一般来说,悬链线式系泊系统需要比张紧式系泊系统具有更大的 R/D 值(抛锚半径/水深)。更大的水深(例如超过 1 000 m)时,因为系泊缆非常长,悬链线式系泊系统往往成本更高。在较浅水域,张紧式系泊系统的成本可能更高,这是因为短缆的高刚度会产生非常大的张力,因而需要尺寸非常大的系泊组件。

张紧式系泊系统可以提供比悬链线式系泊系统小得多的船舶偏移量。因此,它们通常被要求使用钢制的悬链立管。这些立管要求船舶偏移量小,这样立管不会出现局部屈服的情况。柔性立管可以承受更大的偏移量,并且可以与任何系泊系统相结合。张紧式系泊系统在极端条件下的船舶偏移量通常很小,为水深的5%左右,而悬链线式系泊系统的船舶偏移量要大得多。

4.2.3　系泊模式设计

系泊系统配置的确定通常是通过改变参数直到找到符合法规和功能要求的经济有效的系统方案来完成的。以下是设计过程中的关键步骤,这些设计步骤可以不按照所排列顺序进行。为了达到最终需要的形态,可能需要通过改变不同组合中的参数来进行多次迭代。收敛到最佳的系泊系统设计通常将包括一个涉及多个周期的"匹配过程"。这个匹配过程通常在项目的早期概念阶段(也称为 pre-FEED 阶段)完成。

1. 确定抛锚半径(即锚距)

对于深水张紧式系泊系统,锚缆长度可从 $R/D=1.4$ 开始,即抛锚半径是水深的 1.4 倍。对于浅水悬链线系统,抛锚半径(即抛锚距离或抛锚范围)通常要大得多。较大起始半径的要求是为了有足够的锚链长度搁置在海床上,以实现悬链式效应并确保锚没有被拉起。图 4.2 给出了基于近期工程数据中不同水深下参考的 R/D 值。

需要注意的是,锚点的位置选择和系泊系统的布置还受到如作业地的地表轮廓、锚点处的土壤组成特征、海底设施的布置以及海洋气象环境的方向等其他因素的影响。

2. 确定缆绳的数量(和尺寸)

这一步只是对经济有效系泊系统下的缆绳数量进行估算。通常会借鉴以前的工程项目来进行第一轮设计。一般来说缆绳的数量应该保持在最低限度,因为更少的导缆器/绞车和更短的设备安装时间可能是最具经济效益的设计方案。如果在选定的数目下所需缆绳的尺寸超过临界值,那么应增加缆绳的数量。目前,市场上可提供的锚链尺寸最大直径为 220 mm 左右。

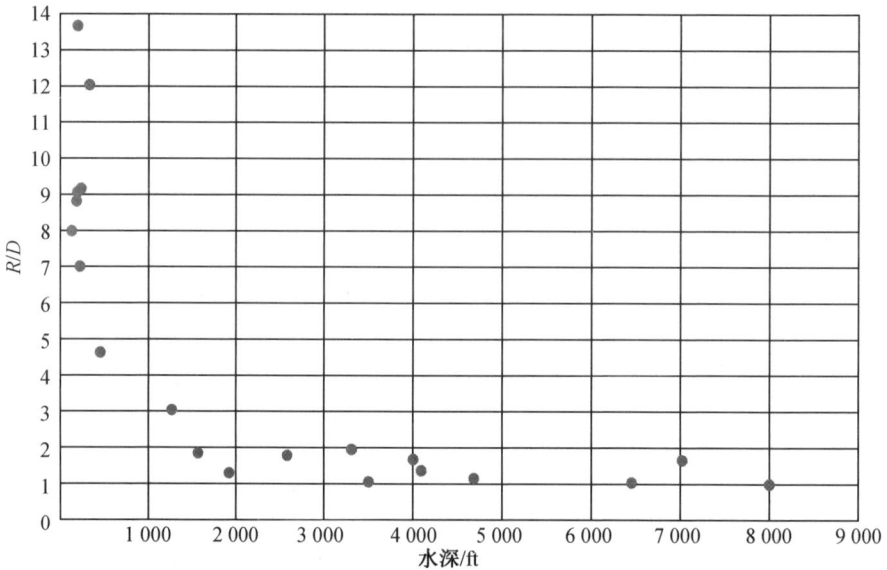

图 4.2　现有工程中的一些抛锚半径与水深之比(即 R/D)

这一步也确定了给定数量的系泊缆的最小缆绳尺寸。系泊缆尺寸必须通过系泊分析反复核查。缆绳的预张力也要进行核查,以确保它们大致保持在最小破断负荷(minimum breaking load,MBL)的 10% 到 20%。需要注意的是,预张力是系泊缆在理想环境(无风、无浪、无流)下的张力。系泊工程师希望在满足船舶平衡要求的同时尽量降低预张力。由于钢丝的水下质量更大,使用钢丝绳的深水系统可能比使用聚酯缆索的系统有更大的预张力,因而船舶偏移量较小的系统的预张力也相对较大。

图 4.3 所示为半潜式平台不同数量和规格缆绳下的不同系泊模式。显然,如果需要满足单缆破损条件的安全系数,那么图 4.3 的 4×1 模式将无法通过规范的检核。对于无人值守气象站或可再生能源平台等一些低风险失效的特殊装置,图 4.3 的 4×1 模式仍然是可行的方案。缆绳较少的系泊模式,如图 4.3 的 4×2 模式通常由破损工况下的安全系数决定。对于更多的缆绳,系泊系统设计将受完整工况下安全系数的约束,冗余检查可能变得不太重要。这种趋势是相当直观的,失去一条缆绳对拥有大量缆绳的系泊系统的影响较小。

需要注意的是,如果使用 8 点系泊,系泊专家通常选择 8×1 均匀分布模式,而不是图 4.3 中的 4×2 群集模式。这是因为在 4×2 群集模式中一条缆绳断开时，其相邻未断开的缆绳与其余的 6 条缆绳相隔很远，这 6 条缆绳对其几乎没什么帮助。当 8×1 均匀分布模式中一条缆绳断开时，相邻的缆绳仍然有可能分担负载。但是，当 4×2 集群模式中一条缆绳断开时，与其一组中的另一条缆绳也可能断开，因为它没有足够的强度来独立承受负载[1]。

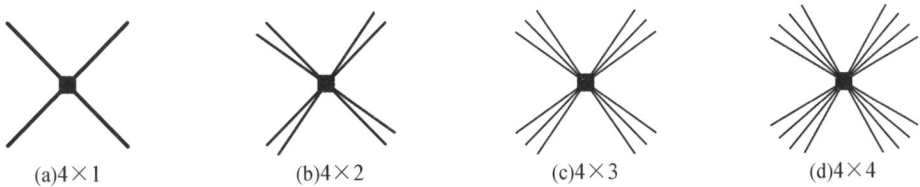

(a)4×1   (b)4×2   (c)4×3   (d)4×4

图 4.3　半潜式平台的各种系泊模式

3. 确定分组和分布角度

该步骤首先确定系泊模式是否存在约束条件，如大型立管经过的通道或附近的浮式/水下基础设施。如图 4.4 所示，浮式生产系统可以采用均布式或集群(分组)式系泊模式。在这种情况下，多点系泊系统意味着所有系泊缆之间的角度相似，因此它们也被称为"均布式"系泊系统。集群式系泊系统有 3 组或 4 组系泊系统，每组系泊系统有紧密的系泊缆。它们也被称为分组式系泊，对于半潜式平台系泊系统必须分为 4 组，而 Spar 可以分 3 组或 4 组。是否采用分组以及如何分组将取决于具体工程项目。一般来说，对于具有大量系泊缆(例如超过 9 条)的系统宜采用集群式系泊系统，以增加立管的空间(图 4.4(a))及分担负载。对于集群式系泊系统，相邻缆绳之间的展开角通常为 3°~5°。

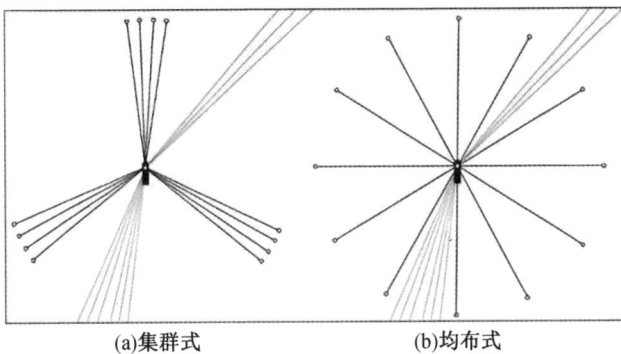

(a)集群式   (b)均布式

图 4.4　集群式和均布式的系泊模式对比

典型的系泊设计通常采用系泊缆对称分布,即所有系泊缆在系泊腿之间以相同的角度均匀分布。非典型的系泊设计可以将系泊缆分组,为立管和脐带缆创造空间。在某些情况下,设计师会充分考虑海洋环境的方向性或者立管的分布,从而以非对称方式布置系泊。采用非均匀分布或抛锚半径可以降低系泊系统成本,但可能会稍微增加工程和安装作业的工作量。

注:系泊缆分布的区域可能会受到海底油田布局、邻近设施距离、海底条件、立管形态等因素的限制,在极少数情况下还会受到区块租赁边界的限制。在选择系泊系统分布时,设计师还应考虑水下设施以避免发生碰撞。

4.2.4　系泊缆组成设计

系泊腿由若干个船外部件和船上设施构成,从上到下通常包括以下部件:

(1)系泊绞车、锚链提升器、止链器;

(2)导缆器;

(3)锚链、钢丝绳或聚酯缆;

(4)连接器(H型卸扣、三角板、德尔塔板、卸扣、球型抓手、插销等);

(5)浮标或配重物(如适用);

(6)锚。

水深是决定系泊缆组成和系泊缆材料选择的重要因素。如本书第9章所述,常用的系泊缆材料有锚链、钢丝绳和聚酯缆。从设计的角度来看,缆绳材质的选择取决于构件的特性,尤其是构件在海水中的相对密度。

一般来说,锚链非常沉重和昂贵,但具有高度耐操作性和耐磨损性。在浅水区,沉重的锚链产生的悬链式(重力)效应,限制了船舶的偏移和运动。因此,在浅水区,系泊缆往往由"全链条"构成。

对于永久性系泊系统,通常在系泊系统的上部采用锚链。这是因为顶部的锚链可以用止链器锁得很牢固,并在一处停留多年。而临时系泊系统需要频繁地使用线性绞车以适宜的速度收放钢丝绳(详情请参阅第10章)。在工程中需要对上端锚链长度予以特殊考虑,主要包括以下内容:

(1)导缆器和第一连接器之间的长度。10~15 m的最小公差用于锚链重新定位(即周期性地移动链节来旋转磨损点)。

(2)额外长度以适应聚酯缆的伸长。

(3)额外长度以考虑到锚点位置的公差。

(4)额外长度用于聚酯试验嵌件的段长度(如适用)。

(5)额外长度允许船在钻井作业时的偏移量(如适用)。

　　钢丝绳的质量比锚链轻,而且耐磨损性好,因此通常用于系泊系统的悬垂部分。在浅水系泊系统中,也可将其放置在海床上,以产生弹簧效应,进而缓解系泊缆的动态张力。一般不建议将钢丝绳放在触地点,因为这样可能会导致钢丝绳产生过度弯曲。

　　聚酯缆通常用于深水系泊以减少系泊设备的自重,并可以吸收缆内部船舶运动下的缆绳张力。聚酯缆易受海底磨损,因此仅用于系泊缆的悬垂部分。一般而言,聚酯缆和钢丝绳在任何情况下都不应接触海底。聚酯缆也需要保持在水下,并与海平面保持一定距离(比如 100 m),以避免任何坚硬的海洋生物附着堆积。安装在美国水域的永久系泊系统需要聚酯插入件测试[2]。由于有人认为聚酯是一项相对新的技术,因此可以通过回收测试插入件来进行检查,从而降低与新技术相关的不确定性。测试插件的长度通常为 15~20 m。

　　需要注意的是聚酯缆有一个缺点,即由于磨合和蠕变而产生的永久伸长。新聚酯缆长度延长 4%~6%。一般采取的措施是在安装过程中,通过预载(拉伸)管线尽可能地消除嵌入导致的延伸。蠕变是指在持续的张力下绳子长度的增加。在永久系泊的服役寿命内,蠕变伸长一般小于绳长度的 1%[3-4]。在服役寿命的某一特定时刻,可能需要绞紧顶链,以使系泊缆恢复到其设计长度和张力。

　　系泊腿通常由不同材料段构成。系泊设计包括为不同段选择最合适的材料。当部件的长度、尺寸(直径)和材料确定后,系泊缆的组成就确定了。

　　在浅水系泊系统中,可部署配重块和水下浮筒。配重块是为了增加系泊系统的回复力。如图 4.5 所示,当浮体受到环境推力时,它必须在移动之前抬起触地段中的配重块。水中悬浮的浮筒通常用于避开海底的障碍物。水中悬浮浮筒也可用于减少水下转塔设施浮标的有效载荷,并避免钢丝绳触地。

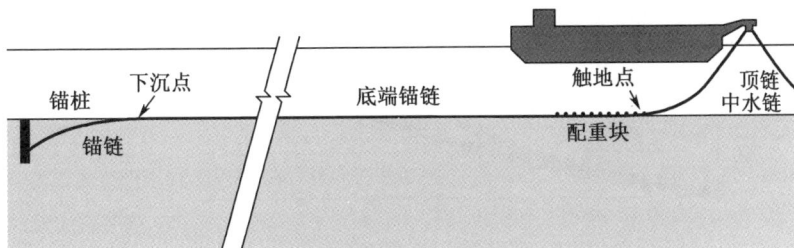

图 4.5　浅水系泊系统中触地段带有配重块的系泊缆剖面图

4.2.5　系泊设计优化

系泊系统的优化通常是根据缆绳的数量和尺寸进行的。由于安装占系泊系统总成本的很大一部分,所以减少系泊缆的数量可以减少安装时间,从而降低成本。随着缆绳数量减少,每条系泊缆的尺寸会略有增加,但较大构件尺寸对成本的影响通常较小。

虽然缆绳的数量是可以优化的几个参数之一,但是还有抛锚半径、锚链段长度、预张力等其他参数也可以优化。

系泊系统设计过程与系泊分析需要高度结合。每个设计变更都必须通过系泊分析来计算安全系数、船舶偏移量和锚升角。因此,设计过程是反复迭代的过程。要达到高度优化的最终设计,可能需要大量的设计和分析循环。

如图 4.6 所示,一旦系泊设计进行优化并最终确定,就可以绘制出系泊系统的力-位移(即力偏移)曲线。力-位移曲线是系泊系统的重要特性之一。它定义了船舶偏移量与系泊系统水平回复力之间的关系。需要注意的是,对于聚酯系泊系统,聚酯拉伸刚度随时间变化,因此力-位移曲线不是一条直线。有经验的系泊工程师通常通过查验力-位移关系曲线来判断系泊系统是否设计正确并有较好的固定位置的性能。

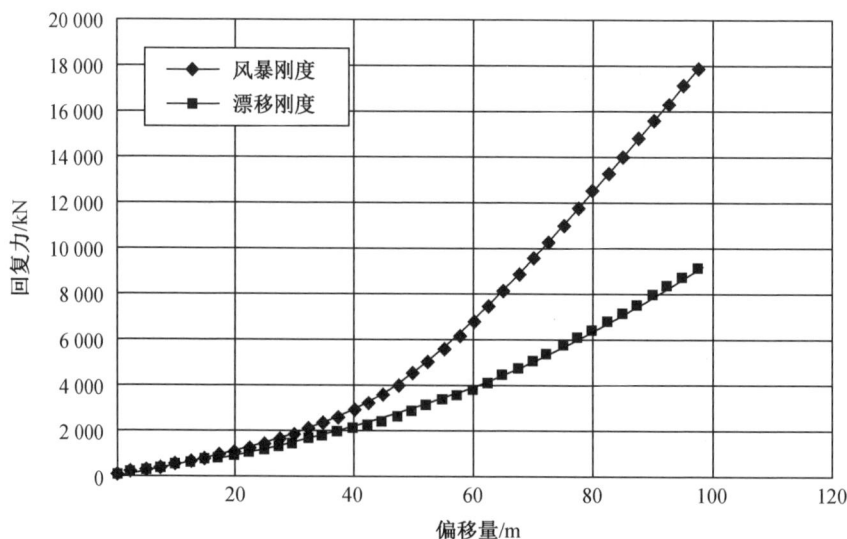

图 4.6　聚酯系泊系统分析模型生成的力-位移曲线

4.3 设计注意事项

为开发符合行业标准和船级社规定的最佳系泊形态,在系泊系统设计过程中至少需要调整船舶偏移、缆绳张力、疲劳损伤和碰撞规避四个变量。

4.3.1 限制船舶偏移

立管和脐带缆会对允许的船舶偏移量有所限制。在浅水区,船舶极端偏移量与水深之比要大得多,且立管/脐带缆容易过度拉伸。因此,浮式船舶必须保持较小的漂移半径。相比之下,在深水区,相同的船舶偏移量和波浪影响下的船舶运动对立管/脐带缆影响会小很多。这一现象在一定程度上解释了为什么柔性立管通常用于浅水区。

当波频运动与系泊系统无关时,船舶的静态偏移和慢漂(即低频)运动取决于缆线形态、预张力、缆材料、系泊缆分布等许多因素。一般来说,张紧的系泊能更好地限制船舶偏移。缆绳材质的高抗拉刚度也可减少船舶偏移量。以下方法可减少船舶偏移:

(1)在深水中选择张紧式系泊模式;

(2)增加缆绳预张力;

(3)使用更多数量的系泊缆;

(4)使用轻质系泊缆材料,尽量减少悬链的影响;

(5)在触地区使用配重块或重链;

(6)沿着极端环境方向布置缆绳。

4.3.2 尽量减小缆绳张力

系泊缆张力可通过系泊分析进行预测,必要时可通过模型实验进行验证。在设计过程中,系泊工程师需要增加缆绳直径或调整系泊形态,直至张力安全系数达到行业标准和船级社规定。换句话说,使系泊缆张力保持在设计极限内,大多数规范的要求为,完整和破损工况下分别为60%和80%的最小破断负荷。系泊工程师会尽量减小缆绳张力,因为缆绳的张力可能会引发连接件磨损和金属疲劳等各种问题。然而,减小缆绳张力往往意味着材料成本的增加,所以这是权衡系泊优化的一部分。使缆绳张力最小化的方法一般包括:

(1)选择最适合水深的系泊模式;

(2)使用更多系泊缆;

(3)根据环境方向选择最优的缆绳分布方式;

(4)选择聚酯缆等较轻和低刚度的缆绳材料;

(5)采用顺应式系泊结构。

4.3.3 减少疲劳损伤的积累

现场使用寿命是一个重要的设计参数。因为疲劳是最显著的失效模式之一(详见第13章),所以系泊系统必须具有足够的疲劳寿命,包括疲劳安全系数,需要超过现场使用寿命。在锚链、钢丝绳和聚酯缆中,锚链最容易疲劳失效。提高疲劳寿命的途径有以下几种:

(1)降低动态张力——疲劳损伤随动态张力变化增加3~5倍。降低动态张力是减少疲劳损伤的有效手段。这可以通过改进船体设计来实现,从而减少船舶运动和涡激运动。

(2)增加缆绳尺寸——这几乎是令疲劳寿命指数提高最有效的方法。然而,张力变化的增加可能引起缆绳尺寸的增加,从而导致疲劳损伤。

(3)采用更好的导缆器设计——双关节(双轴)、低摩擦轴承和/或更长锚链管的导缆器可以减轻平面外弯曲疲劳。

(4)使用非链式系泊材料——钢丝绳和聚酯缆比锚链具有更好的张力、拉伸疲劳耐久性。

4.3.4 避免碰撞和干涉

系泊系统通常需要设计在水下设施较为拥挤的场地中。因此,系泊布局必须适应水下设施和输油管线。系泊缆不应与立管、水下设施或船体发生碰撞。需要对系泊缆和立管进行合理设计,从而使得两者之间在任何环境条件下都能保持一定间隙,尤其是在系泊缆位于立管顶部时,不允许存在系泊缆与立管两者交叉的情况。系泊缆与船体也不允许发生碰撞。当浮体出现较大的横摇和纵摇时,这种情况可能会发生;当船舶过度牵拉系泊缆导致背风缆与船首碰撞时也会发生此类现象。此外,工程中还要求锚与其他设施保持一定距离(如150 m)。可以用来避免碰撞和消除水下设备干扰的方法有以下几种:

(1)修改系泊缆之间的分布角度,为立管提供更大的空间;

(2)通过使用更短更紧的系泊模式来减小抛锚半径,将系泊缆抬高到海底设施或管道上方;

(3)在系泊缆上镶入浮标,以升高或改变缆线轮廓;

（4）为了防止外部转塔系泊系统与船首发生碰撞，应切断船首突出部分或延长转塔轴承结构（悬臂）；

（5）为了防止内转塔系泊系统与船底发生碰撞，可使用重链材料或重块增加导缆器的倾斜角（与水平方向的夹角）。

4.4　设　计　基　准

目前有许多公认的应用于系泊设计的规范和标准，在进行系泊系统设计时通常需要引用多个参考资料，此外还应遵循工程中特定的设计要求。应注意的是需要使用统一的设计标准、输入数据、分析方法和安全系数。在某些情况下，特别是不常见且设计标准中没有完备设计要求的系泊系统，设计师应通过专业判断来确保系泊系统的安全性。

4.4.1　设计规范

以下简要总结了系泊系统设计和分析中常用的设计规范和指南[5, 7-10]：

（1）American Petroleum Institute Recommended Practice（API RP）2SK "Recommended Practice for Design and Analysis of Stationkeeping Systems for FloatingStructures"。

（2）ISO 19901-7 "Petroleum and Natural Gas Industries—Specific Requirements for Offshore Structures, Part 7：Stationkeeping Systems for Floating Offshore Structures and Mobile OffshoreUnits"。

（3）Det Norske Veritas（DNV）OS E301 "Position Mooring"。

（4）American Bureau of Shipping（ABS）"Guide for Building and Classing Floating Production Installations"。

（5）Bureau Veritas 493-NR "Classification of Mooring Systems for Permanent and Mobile Offshore Units"。

系泊设计标准通常定义了系泊缆的强度、疲劳寿命，以及浮体与立管和脐带缆距离的最低要求。

4.4.2　船舶偏移要求

偏移量受限于特定的工程项目，通常由立管设计决定。浮体的漂移量必须在允许的范围内，以避免过度拉伸立管。因此，需要对系泊系统和立管进行整体设计,从而确保系泊系统与立管两者之间的匹配。换句话说,当浮体在环境载荷作用下发生偏移时,立管不会发生过度拉伸。此外,在作业过程中,浮式结构周围可能存在其他结构和设施,因此浮体在一定方向上的偏移量必须受到限制。一般情况下,由于系泊系统的柔性较大,浮体在较深的水中也会产生较大的偏移。然而,当以水深的百分比来衡量时,浅水区的偏移百分比更大些。

4.4.3 强度设计基准

永久或临时系泊系统的环境条件数据来自海洋气象环境。设计条件被定义为设计系泊系统所针对的风、浪和海流的组合。在实际工程中,一般通过使用多组设计条件,例如 100 年一遇的波浪与相应风和海流耦合、100 年一遇的风与相应波浪和海流耦合,以及 100 年一遇的海流与相应波浪和风耦合来近似表示。考虑系泊系统时,应规定风、浪和海流的最恶劣的方向组合。对于永久系泊系统,应使用 100 年或以上的响应周期。用于考虑环境设计条件的响应周期应是在位系统设计使用寿命的几倍。因此,如果一个设施的设计寿命超出通常的 20 年,那么可能需要考虑使用一个超过 100 年的响应周期。

对于临时系泊,如果采用响应周期为 5~10 年的设计环境,那么在飓风季节,当临时系泊设备位于其他设施附近时,应根据接近程度使用至少 10~20 年的响应周期,并考虑与海面、中深度或海底基础设施或设备接触的可能后果[5-6]。

API RP 2SK 中规定的强度安全系数是锚泊系统设计中最常用的参数。请注意,系泊是利用冗余校验的少数工程学科之一[1],其做法是检验系泊设计是否能满足完整工况下的第一安全系数。如果证明可以满足,再根据较低的安全系数和单根缆绳损坏情况对设计进行进一步检查。冗余校验是防止任何不合格系泊设计的第二道有效防线,特别是那些具有较少缆绳的系泊设计[1]。最低安全系数的要求如表 4.2 所示。

表 4.2　API RP 2SK 推荐的安全系数

工况	强度安全系数	
	使用准静态分析法	使用动态分析法
完整工况	2.00	1.67
一根缆绳破损工况	1.43	1.25

需要注意的是,如果采用准静态分析法则需要更高的安全系数。在准静态分析中,系泊缆的载荷是通过波浪引起的浮体在水平方向运动的静力偏移量来计算的,而不考虑系泊缆的质量、阻尼和流体加速度的动力响应。这种方法在早期较浅水域系泊设计中被普遍采用。动力分析中则考虑了附加质量、阻尼、流体加速度和系泊系统与流体之间的相对速度等因素的影响。现代系泊设计几乎都是以动力分析为基础的,并且应采用相应的张力安全系数。

4.4.4 疲劳设计基准

疲劳设计的准则是采用适当的安全系数使锚泊构件的疲劳寿命超过使用寿命。与强度分析相比,疲劳分析更多考虑了与 $T\text{-}N$ 或 $S\text{-}N$ 曲线相关的不确定性,因此通常使用比强度设计标准中的安全系数(例如 1.25~2.00)更大的安全系数(例如 3.00~10.00)作为疲劳设计标准。

对于永久系泊系统,疲劳设计条件由一组代表当地环境的长期统计环境数据组成,并考虑风、浪和海流的大小和方向,还包括系泊部件的 VIM 疲劳性评估。对于移动式系泊系统,不需要进行疲劳评估,因为在系泊部件达到疲劳极限之前,会根据检测结果对其进行更换。

如果系泊系统是根据 API 标准设计的,则可采用常用的 $T\text{-}N$ 曲线计算系泊构件的名义张力疲劳寿命。当使用 API 标准时,疲劳安全系数为 3.00[5]。值得注意的是,ABS 使用与 API 类似的标准,但将无法检查和处于关键区域的系泊组件的安全系数从 3.00 提高到 10.00[7]。

$$NR^M = K$$

式中　N——循环次数;

　　　R——拉伸范围(双振幅)与参考断裂强度(reference brecking strength,RBS)的比值;

　　　M——$T\text{-}N$ 曲线的斜率;

　　　K——$T\text{-}N$ 曲线的截距。

对于链式系泊系统,R3、R4 和 R4S 链条采用相同尺寸的 ORQ 链节的最小断裂强度(minimum breaking strength,MBS)。对于钢丝绳,RBS 与 MBS 相同。

如果系泊系统是根据 DNV 规范设计的,则需根据相邻系泊缆的疲劳损伤比来计算安全系数。当采用 DNV 规范时,用下列方程式计算系泊腿组件的疲劳能力[8]。疲劳安全系数为 5.00~8.00(详情请参阅第 6 章)。

$$N_c(s) = a_D \cdot s^{-m}$$

式中　$N_c(s)$——在应力 s 作用下发生失效的应力范围的个数;

s——应力范围(双幅值),单位 MPa,定义为张力除以名义截面面积;

a_D——截距;

m——斜率。

4.4.5 可操作性的要求

可操作性(可服务性)的设计条件由船东定义,通常指定 1 年的响应周期。在规定的条件下,在位系统应将船舶保持在一定的偏移范围内,以保证设备(如加工单元、钻井/生产立管、舷梯桥、卸载系统等)的安全运行。作业条件的环境标准应当告知负责钻井、卸载或者生产作业的人员,以便作业能够及时停止。

4.5 工程分析和规范检查

系泊工程分析的主要目的是验证初步设计是否满足标准、法规和工程规范的所有设计要求。根据直觉初步设计的系泊系统必须通过工程分析进行验证。工程分析应包括风、浪、流的稳态载荷计算、浮体的低频和波频响应、船舶偏移和系泊缆张力的预测。根据设计标准和项目具体要求对结果进行检查。

4.5.1 系泊分析载荷工况

系泊设计过程中的一个重要步骤是设计载荷工况的选择。根据浮体、系泊系统和环境条件的特性,应考虑多种设计载荷工况,以捕捉最关键的工况。系泊系统的设计通常能够承受 100 年一遇甚至 1 000 年一遇的极端风暴。最大设计和生存条件下的载荷工况由系泊工程师定义,考虑所有可能的立管和浮体载荷工况的组合以及作业和安装的所有阶段。在某些情况下,还需要分析作业工况下的系泊性能。

FPSO 的系泊系统设计应考虑浮体吃水的变化,至少要分析满载吃水和空载吃水两种装载条件。一般来说,空载吃水受风影响更大,而满载吃水受波浪和海流影响更大。研究这两个极端吃水可以确保捕捉到最极限的条件。有时,为了进行极限和疲劳分析有必要对中间载荷条件进行研究。表 4.3 给出了载荷工况的部分例子。

表 4.3　系泊分析载荷工况

设计条件	环境 （载荷工况）	系泊缆条件	强度安全系数 （API RP 2SK）
最大设计工况 （即极端工况）	100 年一遇（工况 1）	完整无损	1.67
最大设计工况 （即极端工况）	100 年一遇（工况 2）	完整无损	1.67
最大设计工况 （即极端工况）	—	完整无损	1.67
最大设计工况 （即极端工况）	100 年一遇（工况 N）	完整无损	1.67
最大设计工况 （即极端工况）	100 年一遇（工况 1）	一条系泊缆破断	1.25
最大设计工况 （即极端工况）	100 年一遇（工况 2）	一条系泊缆破断	1.25
最大设计工况 （即极端工况）	—	一条系泊缆破断	1.25
最大设计工况 （即极端工况）	100 年一遇（工况 N）	一条系泊缆破断	1.25
生存工况 （即坚固性检查）	100 年或 1 000 年一遇 （由船东/操作人员特殊指定）	完整无损	1.00

　　对于多点系泊系统,来自船宽方向的同向和近同向风、波浪和海流的组合现象通常是最关键的,需要进行评估。对于转塔式系泊系统,应考虑非同向条件。风、浪和海流的方向组合可以基于特定区域的设计数据。

　　根据规范要求,系泊设计载荷工况应包括系泊完整工况和单根缆绳破断工况。为了获得缆绳破断状态下的最大张力,应在除掉负载为第二大的缆绳的情况下进行分析。为了获得破断状态下的最大偏移量,应在除掉负载最大的缆绳的情况下进行分析。对于推进器辅助系泊,可以考虑推进器输出对平均环境负荷的贡献,而对受损系泊工况的分析则应包括一个推进器失效的情况。

　　工程分析还包括系泊疲劳分析,以验证在考虑安全因素时所有系泊构件的设计疲劳寿命均超过现场使用寿命。对于疲劳分析,可以假设浮体 50% 的时间为满载吃水工况,50%的时间为空载吃水工况。

4.6　思　考　题

1. 如果设计一个水深为 3 000 m 的系泊系统,请问哪一种系泊模式合适？为什么？

2. 简叙 4×1(和 3×1)系泊模式缺点,以及安装工程中会采用 4×1 或者 3×1 系泊模式的情景。

3. 请指出集群(分组)式系泊模式比均布式多点系泊模式具有的至少一种优势。

4. 请指出至少两种在系泊设计中不增加系泊缆数量的情况下来减少船舶偏移量的方法。

5. 请指出一种在工程中常用的系泊设计规范,以及该规范中规定的强度安全系数。

参 考 文 献

［1］　K. Ma, A. Ku, C. Chen, T. Kwan, D. Chen, Safety factors in mooring design standards—calibration for consistent reliability, in: Proceedings of the 23rd Offshore Symposium, Society of Naval Architects and Marine Engineers (SNAME), Houston, February 2018.

［2］　BSEE (MMS), Synthetic mooring systems, in: Notice To Lessees NTL No. 2009-G03, 2009.

［3］　H. A. Haslum, J. Tule, M. Huntley, Red Hawk polyester mooring system design and verifi- cation, in: OTC 17247, Offshore Technology Conference, Houston, TX, 2-5 May 2005.

［4］　M. Huntley, Polyester mooring rope: length determination and static modulus, IEEE OCEANS 2006, Boston, MA, 2006, pp. 18-21.

［5］　API RP 2SK, Recommended Practice for Design and Analysis of Stationkeeping Systems for Floating Structures, 2005.

［6］　K. Ma, R. Garrity, K. Longridge, H. Shu, A. Yao, T. Kwan, Improving reliability of MODU mooring systems through better design standards and practices, in: OTC 27697, OTC Conference, May 2017.

[7]　ABS, Rules for Building and Classing of Floating Production Installations, American Bureau of Shipping, 2014.

[8]　DNV OS E301, Position Mooring, 2010.

[9]　BV 493-NR, Classification of Mooring Systems for Permanent and Mobile Offshore Units, 2015.

[10]　ISO 19901-7, Petroleum and Natural Gas Industries—Specific Requirements for Offshore Structures—Part 7: Stationkeeping Systems for Floating Offshore Structures and Mobile Offshore Units, 2010.

第 5 章　系 泊 分 析

上一章介绍了系泊系统设计的基本原理,本章将介绍相关的工程分析方法,用于评估系泊系统性能。下一章将介绍疲劳分析相关内容。

系泊缆的悬链线形态是所有系泊分析的基础,因此本章将首先介绍系泊系统的理论背景;其次介绍作为系泊定位系统基本组成要素的浮体、系泊缆和立管的数值模型;再次对系泊系统的现代工程分析方法进行讲解,用以预测浮体的动力学响应、系泊缆的张力以及立管载荷;最后还将介绍几款常用的工程软件。

5.1　理 论 背 景

5.1.1　系泊缆控制方程

如图 5.1 所示,为了便于了解系泊缆形态和张力形成的主要原理,对一个二维平面坐标系(只包含 x 轴和 z 轴)中系泊缆的微元进行分析。在该受力图中,P 表示系泊缆单位长度的湿重,T 表示有效张力,$\mathrm{d}l$ 表示缆线单元长度,AE 为轴向刚度,$\mathrm{d}\psi(l)$ 表示系泊缆法线方向上的位移,$\mathrm{d}\varphi(l)$ 表示系泊缆切线方向上的位移。

在工程分析中,对于链式结构以及曲率半径较大的钢丝绳或聚酯缆,其抗弯刚度和扭转刚度极小,因此可以忽略不计。

假设 F 表示作用在质量为 m 的单元上的水动力,下标 φ 和 ψ 分别代表切线和法线方向。因此,在切线和法线方向上,可以得到如下关系式:

$$-T+(T+\mathrm{d}T)\cos\,\mathrm{d}\theta-P\sin\,\theta\mathrm{d}l+F_{\varphi}\left(1+\frac{T}{AE}\right)\mathrm{d}l=m\,\frac{\mathrm{d}^{2}\varphi(l)}{\mathrm{d}t^{2}} \tag{5.1}$$

$$(T+\mathrm{d}T)\sin\,\mathrm{d}\theta-P\cos\,\theta\mathrm{d}l-F_{\psi}\left(1+\frac{T}{AE}\right)\mathrm{d}l=m\,\frac{\mathrm{d}^{2}\psi(l)}{\mathrm{d}t^{2}} \tag{5.2}$$

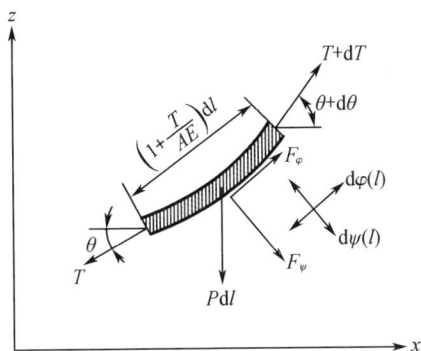

图5.1 系泊缆单元受力和位移

对于系泊缆的无穷小微元 $\mathrm{d}l$ 来说,其满足以下条件:$\cos\,\mathrm{d}\theta=1$,$\sin\,\mathrm{d}\theta=\mathrm{d}\theta$,$\mathrm{d}T\mathrm{d}\theta=0$。由此在切线和法线方向上,上述二式可以分别简化为如下形式:

$$\mathrm{d}T-P\sin\,\theta\mathrm{d}l+F_\varphi\left(1+\frac{T}{AE}\right)\mathrm{d}l=m\,\frac{\mathrm{d}^2\varphi(l)}{\mathrm{d}t^2} \tag{5.3}$$

$$T\mathrm{d}\theta-P\cos\,\theta\mathrm{d}l-F_\psi\left(1+\frac{T}{AE}\right)\mathrm{d}l=m\,\frac{\mathrm{d}^2\psi(l)}{\mathrm{d}t^2} \tag{5.4}$$

式(5.3)和式(5.4)中系泊单元上的水动力 F_φ 和 F_ψ 可以通过多种方法来计算,包括数值方法,例如求解纳维-斯托克斯方程(Navier-Stokes equations)并通过压力积分获得水动力,或采用实验方法[1-4]。在工程上,大部分数值工具通过莫里森方程计算波浪和海流中运动结构受到的水动力 F_φ 和 F_ψ。在用莫里森方程进行计算时,作用力是海流作用于固定结构的受力和静水中移动结构的受力两部分的叠加。

基于动力平衡建立的式(5.3)和式(5.4),(x,z)坐标系与(l,θ)之间具有以下关系:

$$\mathrm{d}x=\left(1+\frac{T}{AE}\right)\cos\,\theta\mathrm{d}l \tag{5.5}$$

$$\mathrm{d}z=\left(1+\frac{T}{AE}\right)\sin\,\theta\mathrm{d}l \tag{5.6}$$

通过(x,z)与(φ,ψ)之间的坐标旋转,可以建立以下关系式:

$$\mathrm{d}\psi=\mathrm{d}z\cos\,\theta-\mathrm{d}x\sin\,\theta \tag{5.7}$$

$$\mathrm{d}\varphi=\mathrm{d}x\cos\,\theta+\mathrm{d}z\sin\,\theta \tag{5.8}$$

利用式(5-3)至式(5-8),浮式结构系泊缆连接点处合适的边界条件以及海底边界条件共同构成考虑系泊缆动力学特性和弹性的控制微分方程。这些方程是非线性的,通常情况下没有解析解,因此往往需要借助有限元法(finite element method，FEM)等数值工具进行求解[5-7]。

5.1.2 悬链线静态解

受到自重的影响,系泊缆从导缆孔到海底触地点的静态形状为"悬链线"。它可以通过 Leibniz 和 Huygens 于 1691 年首次提出的悬链线方程进行描述[8]。该方程的解可以表达成简洁的双曲余弦函数。

由于系泊缆上的阻尼力和惯性力动态载荷足够小,可以被忽略,由此系泊缆的几何形态和张力分布仅为其顶端位置的函数。换句话说,要求解的是系泊缆静力学问题,系泊缆的悬链线形态只与浮式结构在海面上的位置有关。

假设作用在系泊缆导缆孔上由风、浪、流引起的平均水平环境力为 T_0。如图 5.2 所示,参考系 (x,z) 的原点位于悬链线与海床的接触点 (x_0,z_0),是零斜率点。其中,l_s 表示系泊缆的总悬垂段长度(弧长),l_T 为系泊缆的总长度($l_T = l_s + L_m$),h 表示系泊缆上的任一点到海床的垂直距离。

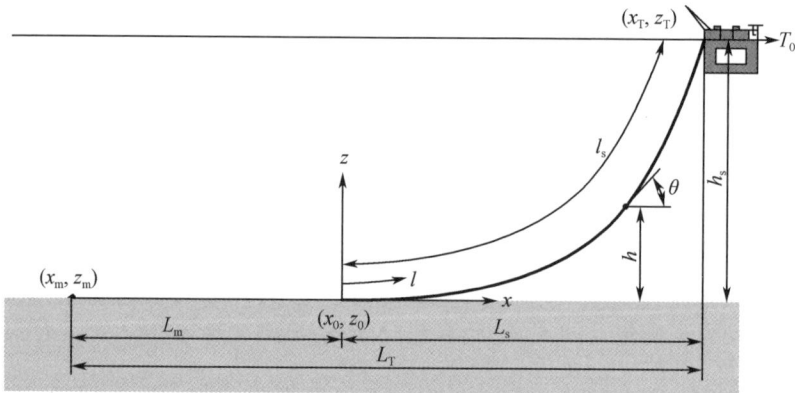

图 5.2 悬链线的几何形态

为了简化方程,假设系泊缆无弹性,即 $AE = \infty$。对于一种单一材料悬链式系泊缆,式(5.3)和式(5.4)可以写为

$$\mathrm{d}T - P\sin\theta\mathrm{d}l = 0 \tag{5.9}$$

$$T\mathrm{d}\theta - P\cos\theta\mathrm{d}l = 0 \tag{5.10}$$

给定系泊缆在海底处和顶部连接处的边界条件,式(5.9)和式(5.10)悬链线方程的解如下所示:

$$l(x) = \frac{T_0}{P}\sin h\left(\frac{P}{T_0}x\right) \tag{5.11}$$

$$h(x) = \frac{T_0}{P} \cos h\left(\frac{P}{T_0}x\right) - \frac{T_0}{P} \qquad (5.12)$$

对于给定的水平张力 T_0,利用式(5.11)和式(5.12)便可得到系泊缆的形态。系泊缆悬垂段 $l(0<l<l_s)$ 可以表示为

$$l = \sqrt{h\left(h + 2\frac{T_0}{P}\right)} \qquad (5.13)$$

该段缆线所受到的张力可以表示为

$$T(l) = T_0 + Ph \qquad (5.14)$$

下面来探讨上述悬链线方程的实际物理意义。对于浅水系泊系统中常用的纯链式的系泊缆,式(5.14)表明顶端导缆孔处的静态缆线张力随环境力线性增加。其值等于水平力与水下悬浮的系泊缆线所受重力之和。

对于移动式海上钻井平台,如果采用不具有垂直承载能力的拖锚,估算最小缆长以避免锚固处的上拔力至关重要。最小缆长可以通过悬链线长度 l 与总张力 T 之间的关系式得到:

$$l = h\sqrt{\left(2\frac{T}{Ph} - 1\right)} \qquad (5.15)$$

举例说明,假设一个 5 in 的 R4 studilink 型链式系泊系统,在水深 50 m 处的系泊缆湿重为 $P = 3.0$ kN/m。该类型链的 MBS 为 14 955 kN,预张力通常设置为 MBS 大小的 20%,即 $T = 2\ 991$ kN。为避免受到垂直方向上的力,基于式(5.15)可以得到从导缆孔到触地点系泊缆的最小缆长为 $l = 312$ m。

式(5.11)和式(5.12)中的解通常适用于单一材料的无弹性悬链线。而对于复合材料的悬链线来说,在求准静态解时,应考虑弹性伸长[9-11]。

5.1.3 系泊缆刚度

系泊缆作用在浮式结构上的力可以分解为水平力 T_H 和垂向力 T_V。这两个力的大小与浮式结构的偏移有关。浮式结构偏离其平衡位置的距离越大,反作用力 T_H 也越大。类似于简单的弹簧系统,可以将浮式结构的偏移量与系泊缆的反作用力之间的关系称为系泊缆刚度。同理,有时会将反作用力称为回复力。

系泊刚度是力与位移之间的比例关系。当缆线顶部的张力增加时,它将产生轴向伸长以及整体的几何变形。因此,系泊刚度包括轴向刚度 AE 以及几何刚度两个方面。图 5.3 所示为系泊缆的准静态分析。

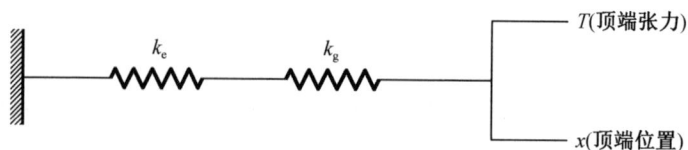

图 5.3　悬链线式系泊缆的准静态分析图

悬链线的总刚度 (k_T) 可以表示为弹性刚度 (k_e) 和几何刚度 (k_g) 的组合：

$$\frac{1}{k_T} = \frac{1}{k_e} + \frac{1}{k_g} \tag{5.16}$$

可以将弹性刚度对系泊缆刚度的贡献 k_e 定义为 AE 除以缆线总长度 l 的函数，即 AE/l。

为了理解几何刚度，假设系泊缆为非弹性，即 $k_e = +\infty$。假设浮式结构在平衡位置附近只有微小振动。η_1 和 η_3 分别表示在 x 和 z 方向上的水平及垂直运动，由此可以得到

$$T_H = (T_H)_M + k_{11}\eta_1 \tag{5.17}$$

$$T_V = (T_V)_M + k_{33}\eta_3 \tag{5.18}$$

式中，k_{11} 和 k_{33} 分别为水平和垂直方向的刚度。为了得到 k_{11} 和 k_{33} 的显式表达式，需要知道由微小位移变化 $\mathrm{d}\eta$ 引起的 $\mathrm{d}T$ 的微小变化。根据图 5.2 所示的几何关系，可以得到 $L_T = l - l_s + x$。将其与式(5.12)和式(5.13)结合得到：

$$L_T = l - \sqrt{h\left(h + 2\frac{T_H}{P}\right)} + \frac{T_H}{P}\mathrm{arccosh}\left(\frac{Ph}{T_H} + 1\right) \tag{5.19}$$

将上述方程对 T_H 进行微分，得到系泊缆整体几何变形引起的系泊缆水平刚度的解析表达式：

$$k_{11} = \frac{P}{\left(\mathrm{arccosh}\left(\frac{Ph}{T_H} + 1\right)\right) - \left(2 \Big/ \left(\sqrt{1 + \left(2\frac{T_H}{Ph}\right)}\right)\right)} \tag{5.20}$$

在垂直方向上，根据式(5.13)得到 $T_V(l) = Pl = P\sqrt{h^2 + 2(T_0/P)h}$，因此将该方程对 h 微分，得到垂向几何刚度：

$$k_{33} = \frac{Ph + T_0}{\sqrt{h^2 + (2(T_0/P)h)}} \tag{5.21}$$

5.1.4　系泊缆动力学

由波频(wave frequency, WF)运动引起的系泊缆张力如下式所示：

$$M \frac{\mathrm{d}^2 r}{\mathrm{d}t^2} + B \frac{\mathrm{d}r}{\mathrm{d}r} + Kr = F(r, t) \tag{5.22}$$

式中 M——包括附加质量在内的质量；

$\quad\quad B$——阻尼；

$\quad\quad K$——刚度矩阵；

$\quad\quad F$——外部激振力；

$\quad\quad r$——距离平衡位置的位移矢量，$r = (x, y, z)$。

图 5.4 所示为包含附加质量、阻尼和刚度的动力学分析。

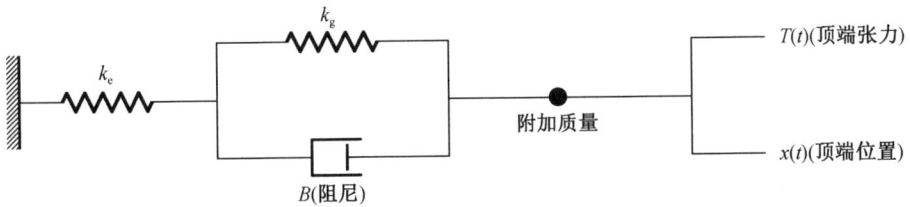

图 5.4 悬链线式系泊缆动力学分析图

有限元法是求解系泊缆动力学方程的常用方法[6-7,12]。

5.1.5 系泊系统

如图 5.5 所示，一个系泊系统是由多条缆绳与海上浮式结构相连构成的。

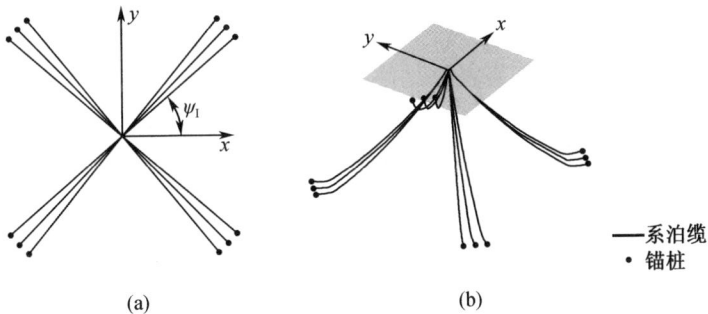

(a)　　　　　　　　　　(b)

图 5.5 多点系泊系统

浮式结构物的运动可表示成六自由度的运动方程：

$$\sum_{j=1}^{6} \left[(M_{ij} + M_{aij}) \frac{\mathrm{d}^2 \eta_j}{\mathrm{d}t^2} + B_{Lij} \frac{\mathrm{d}\eta_j}{\mathrm{d}t} + B_{Qij} \left| \frac{\mathrm{d}\eta_j}{\mathrm{d}t} \right| \frac{\mathrm{d}\eta_j}{\mathrm{d}t} + K_{ij} \eta_j \right] = F_i \tag{5.23}$$

式中，i 和 j 分别表示力和运动的六个方向，$i = 1, 2, 3, 4, 5, 6$ 分别指纵荡、横荡、垂荡、横摇、纵摇和艏摇方向；B_L 和 B_Q 分别是线性阻尼系数和二阶阻尼系数。式(5.23)右侧为环境力，包括风、浪、流的平均环境力，波浪和风的波频与低频(low-frequency, LF)力以及波流相互作用。详细论述请见第3章。对于带有立管、脐带缆和输送管线的浮式结构物，静态和动态拉力也应考虑在式(5.23)中。

对于二阶阻尼项，有时可以将非线性二次项线性化，并将两项阻尼项写成

$$\left(\boldsymbol{B}_L + \boldsymbol{B}_Q \left| \frac{d\boldsymbol{\eta}}{dt} \right| \right) \frac{d\boldsymbol{\eta}}{dt} = \boldsymbol{B} \frac{d\boldsymbol{\eta}}{dt} \tag{5.24}$$

二阶阻尼项的线性化对于频域分析是十分有必要的，详见参考文献[13-14]。

除流体黏性阻尼外，还有势流阻尼和结构阻尼等其他阻尼。势流阻尼与物体受迫振动形成辐射波产生的附加质量相似。

对于半潜式平台、Spar 或 FPSO 等大型海洋结构，运动阻尼是由波浪辐射阻尼、船体表面摩擦阻尼、涡流阻尼、来自舱底龙骨和其他附件的黏性阻尼以及来自立管和系泊缆的黏性阻尼构成的。

式(5.23)的左侧，应考虑系泊缆的附加质量、阻尼和刚度。刚度矩阵 $\boldsymbol{K}$ 和阻尼矩阵 $\boldsymbol{B}$，包含了浮式结构六运动自由度下所有系泊缆的影响。对于纵荡和横荡，系泊系统的总刚度系数如图5.5所示。

纵荡：

$$k_{11} = \sum_{l=1}^{n} k_l \cos^2 \psi_l \tag{5.25}$$

横荡：

$$k_{22} = \sum_{l=1}^{n} k_l \sin^2 \psi_l \tag{5.26}$$

固有频率(周期)和临界阻尼是浮式结构运动的基本特性。当外部激振力周期接近浮式系统的固有周期时，会发生明显的共振运动。在系泊分析中，可能需要使用自由衰减模型实验结果校准总阻尼与临界阻尼的比率。浮式系统的固有频率 f 和临界阻尼 B_C 定义为总质量($M+M_a$)和刚度 k 在六自由度下的函数。

固有频率：

$$f = \sqrt{\frac{k}{M+M_a}} \tag{5.27}$$

临界阻尼：

$$B_C = 2\sqrt{(M+M_a)k} \tag{5.28}$$

5.2　系 统 模 型

5.2.1　浮体模型

进行系泊动力分析时,需要输入浮式结构的质量、重心、质量惯性矩和回转半径等参数。系泊分析还需要了解浮式结构的水动力系数和运动特性。对于如半潜式平台或 FPSO 等大型浮式结构物,可通过辐射/绕射分析获得平均波浪漂移系数、附加质量、势流阻尼和运动响应幅值算子(response amplitude operators, RAO)。有关浮体载荷和运动的具体解释见第 3 章。

辐射/绕射计算程序中假设流体为非黏性,因此黏性漂移力无法通过频域分析获得。它需要在辐射/绕射分析结果中加入黏性漂移的修正。在时域分析中,可以利用莫里森模型估计黏性漂移力。该模型包含了代表船体构件的莫里森单元。莫里森单元建模的范围应包含平均水线以上足够高的地方,以捕捉到真实波浪高度。

运动响应幅值算子可直接用于频域分析中的波频运动计算。除了应用运动响应幅值算子,时域分析还可以在附加质量和延迟函数的组合中使用力的响应幅值算子。延迟函数表示流体的记忆效应,可以从附加质量项和阻尼项中获得。

5.2.2　系泊缆模型

系泊缆模型定义了系泊缆的特性,包括几何形状、重量和轴向刚度。通过定义导缆孔坐标、锚点坐标、分段长度、单位质量和每段刚度可以确定悬链线的形态。另外,分析人员可以预测预张力,并运用软件计算抛锚半径(从导缆孔到锚的水平距离)。

实际上,在没有任何环境载荷的情况下,系泊缆的悬链线形状只与以下三个变量有关。只要定义了三者中的任意两个,就可以计算另一个。

(1)抛锚半径,即从导缆孔到锚的水平距离;

(2)系泊缆长度,即具有一定质量的各个分段长度总和;

(3)顶部预张力,即零环境载荷下导缆孔处的张力。

系泊构件的制造商通常会提供系泊缆的属性数据。对于系泊分析而言,最小断裂强度、湿重和轴向刚度是系泊构件最基本的属性。如果没有制造商数据可用,表 5.1 中提供的公式可用于建模[7,15-18]。

表 5.1　系泊构件的最小断裂强度、湿重和轴向刚度

系泊组件类型		MBS/kN	湿重/(N/m)	轴向刚度/kN
链	R3	$0.022\ 3d^2(44-0.08d)$	有螺纹:$0.187d^2$ 无螺纹:$0.171d^2$	有螺纹:$101d^2$ 无螺纹:$85.4d^2$
	R3S	$0.024\ 9d^2(44-0.08d)$		
	R4	$0.027\ 4d^2(44-0.08d)$		
	R4S	$0.030\ 4d^2(44-0.08d)$		
	R5	$0.032\ 0d^2(44-0.08d)$		
钢丝绳(螺旋股)		$0.9d^2$	$0.043d^2$	$88.7d^2$
聚酯缆		$0.25d^2$	$0.001\ 7d^2$	$1.1d^2$

注:d 为系泊组件(链、钢丝绳或聚酯缆)的公称直径,单位为 mm。聚酯缆刚度的详细建模见第 5.3 节。

可见,具有相同 MBS 的钢丝绳要比锚链轻。聚酯缆的单位质量甚至比钢丝绳还要小,其在水中浮力几乎可以抵消重力。聚酯缆的轴向刚度也比钢丝绳和锚链低得多,这些内容将在下节进一步讨论。

对于永久系泊系统,在建模时要考虑系泊链或无护套钢丝绳的腐蚀和磨损裕度。对于链式系泊缆而言,可以通过适当增加链条直径来提高腐蚀和磨损裕度。如果无法获得特定地点的腐蚀数据,则可以应用行业标准中推荐的腐蚀裕度[19-21]。保守起见,依据被腐蚀链的 MBS 来计算安全系数是一种常用的做法。而未腐蚀的链条则用于模拟管道性能,包括质量、拖曳力直径和弹性模量等缆线参数。

对于永久系泊系统,建模还需要考虑海洋附生物。海洋附生物的厚度和相对密度取决于作业地点,通常会在设计基础中作为海洋气象数据提供。如果没有数据可用,则可以使用规范提供的推荐数值[19, 21]。分析中通常需要考虑有无海洋附生物两种情况。

系泊构件的拖曳力系数 C_d 和附加质量系数 C_m 取决于 Re、Kc 和表面粗糙度等参数。某些船级社规范根据前期经验对这些系数进行了规定[22]。表 5.2 列出了不同系泊缆和立管构件的水动力系数典型值。相应分段的公称直径 d 用于拖曳力和附加质量的估算。

表 5.2 典型系泊构件水动力系数

分段	C_d		C_m	
	法线方向	切线方向	法线方向	切线方向
无挡链	2.4	1.15	2.0	1.0
有挡链	2.6	1.4	2.0	1.0
聚酯缆	1.6	0.1	1.0	0.1
铠装钢丝绳	1.0	0.1	1.0	0.1
裸露立管/脐带缆	1.0	0.1	1.0	0.1

5.2.3 立管模型

在有立管、脐带缆和输油管线的情况下,它们会对浮体产生附加刚度、载荷(横向拉力)、阻尼和惯性效应。部分浮式生产单元设有不对称分布的钢悬链线立管或输油管线,可能对系泊系统施加较大的立管或输油管线载荷。在这种情况下,应考虑它们的影响。

浮式生产单元可能一开始就部署了一些立管,在运营期间还可能需要接入新的立管。在立管建模中,需要考虑现有立管的预期安装顺序和未来接入立管的所有可能方案。

5.2.4 环境与海底模型

如第 3 章所述,需要在分析中输入风、浪、流激振力。大多数先进的系泊软件采用风谱计算动态风效应。波浪通常用波浪谱建模来表达,使用流速来计算稳定的海流力。进行时域仿真时,应用莫里森单元模拟船体上的海流力,可能需要调整流速或拖曳力系数以考虑屏蔽效应。

如果海底较为平坦,一般可以将海床建模为平面。但是当海底在系泊铺设范围内出现明显的坡度或形状变化时,需要考虑预先进行海底测深。

5.2.5 分析过程

典型的系泊分析包括以下工作:

(1)环境荷载的计算;

(2)浮体水动力学分析以确定水动力系数;

(3)系泊静态分析;

（4）系统低频运动分析；

（5）系统动力学分析以确定浮式结构的运动响应和线张力。

图5.6所示为一个典型的系泊系统设计与分析过程。系泊分析既可以采用频域法，也可以采用时域法。图5.6所示为一种频域分析方法，需要以运动响应幅值算子作为输入文件。

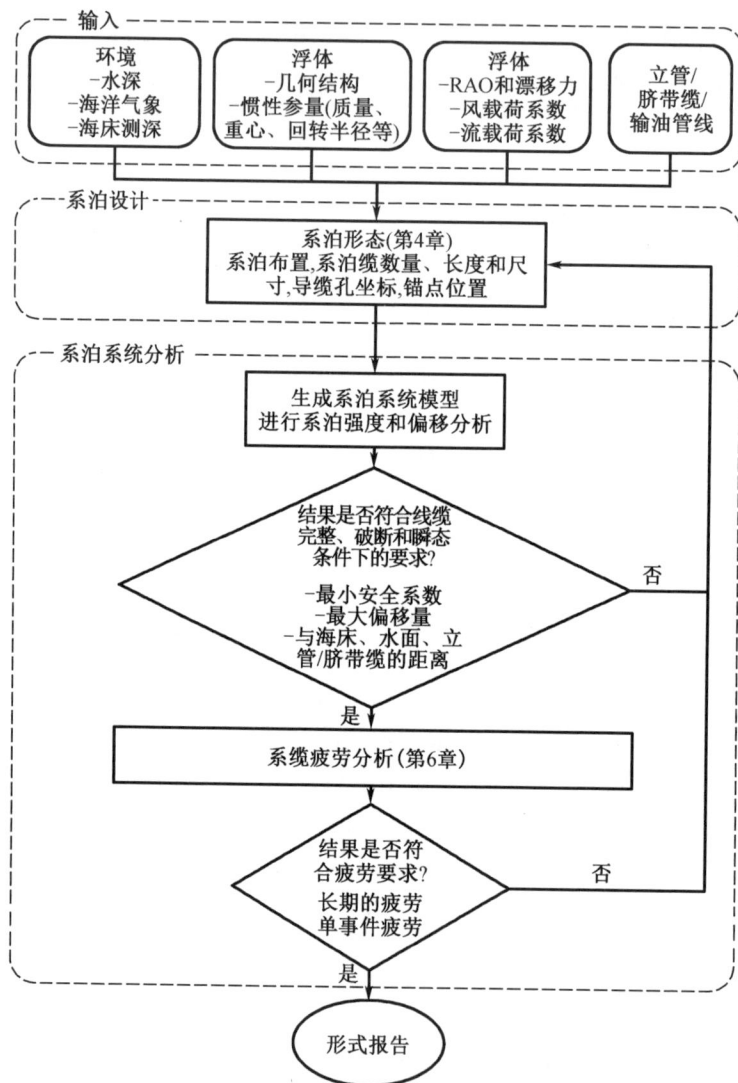

图5.6 典型的系泊系统设计与分析过程

5.3 聚酯缆刚度模型

聚酯缆由黏弹性材料制成,因此其刚度不是常数,而会随荷载持续时间和大小、荷载循环次数和频率、荷载历史而变化。同时,在长期服役后,聚酯缆会硬化。其在服役过程中承受的载荷超过一定水平时,如果不再重新张紧(即缩短系泊缆),将导致缆绳长度的永久性伸长,使整个系泊系统更加柔软。

聚酯缆具有两种本质不同的刚度模式。当缆绳快速加载时,其刚度变高,定义为动态刚度;当缆绳缓慢加载时,刚度较低,定义为静态刚度。由于缆绳的这种特性,无法建立能精确表达聚酯缆刚度特性的模型。目前,简化模型在工业界被广泛应用。该模型需要反映缆绳的最主要特征,同时能进行缆绳张力和船偏移的保守预测。常用的两种模型为上下限刚度模型和动静刚度模型[23-25]。

5.3.1 上下限刚度模型

为了满足工业界对聚酯缆实用刚度建模的需求,引入了上下限刚度模型[19,23]。该模型将下限(安装后)和上限(风暴中)刚度作为近似值。下限表示静态刚度,上限则表示动态刚度。然后用下限和上限值分别计算船的最大偏移和系泊缆张力。图 5.7 展示的是典型的上限刚度(30 MBS)和下限刚度(10 MBS)。注意:5.2 节中介绍的基于系泊缆直径的近似值,很少在具体的工程中使用。

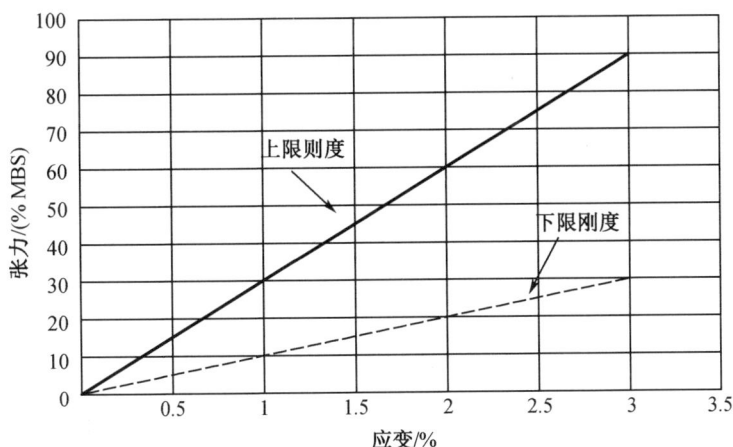

图 5.7 聚酯缆的上下限刚度模型

该模型因简单而在工程中广泛应用。但是,它也存在某些缺点。首先,没有应用系统方法确定上下限刚度,往往基于经验获值。其次,聚酯缆具有复杂的刚度特性,其值是关于荷载持续时间、大小、振幅和历史的函数。仅仅用两个边界值来表征这些复杂行为,可能会导致过于保守或非保守的分析结果。

在使用上下限刚度模型时,需要进行两次系泊分析,一次采用下限刚度,另一次采用上限刚度。确保两次分析时预张力相同尤其重要。然后,通过第一次分析确定船的最大偏移,通过第二次分析确定最大系泊缆张力[23]。

5.3.2　动静刚度模型

由于聚酯缆的动态刚度可以达到静态刚度的 2~3 倍,因此亟须建立一个动静刚度模型[26]。如图 5.8 所示,相比于使用一个常刚度,该模型用两个斜率代表刚度。静态刚度用于载荷曲线从最初到平均载荷的初始区域。动态刚度用于预测循环加载的部分,包括低频和波频[23]。该模型更加准确地模拟了聚酯缆系泊所面临的实际工况。恶劣环境下的系泊缆通常会经历稳定的平均载荷和平均载荷附近振荡的动载荷。典型静态刚度在 10~15 倍 MBS 范围内,而典型动态刚度在 25~35 倍 MBS 范围内。

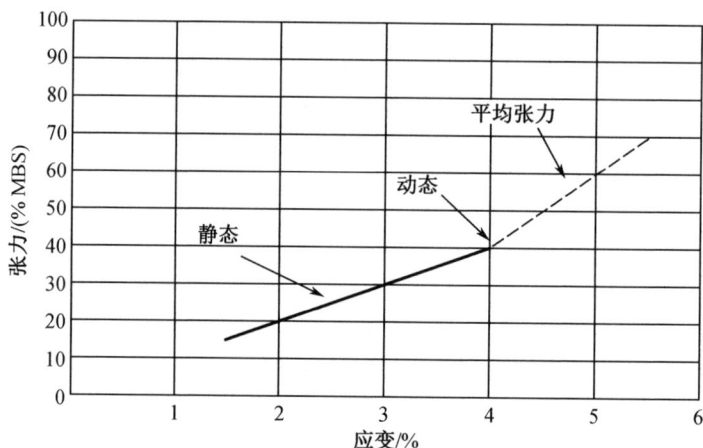

图 5.8　聚酯缆动静刚度模型

此外,静态载荷持续作用下的缆绳会继续伸长或发生蠕变,而准静态刚度恰恰考虑到了静态载荷下的附加伸长。准静态刚度低于弹性静态刚度,是比静态刚度更合适的模型[23]。静态(或准静态)刚度是关于安装荷载、静态荷载大小和持续时间,绳龄和蠕变性能的函数,可以通过试验来确定[23]。

表 5.3 给出了满足不同分析目的的聚酯缆刚度值。在未获得缆绳生产方测试的刚度值之前,这些值可用于初步分析。

表 5.3 满足不同分析目的的聚酯缆刚度示例

目的	静态刚度	动态刚度(低频和波频)
用于计算船舶偏移	10 MBS	20 MBS
用于计算系泊缆张力	20 MBS	30 MBS
用于计算疲劳损伤		

理想情况下,通过描述聚酯缆的荷载–伸长率关系,可以将聚酯缆的荷载–伸长率特性建模为非线弹性。Del Vecchio 方程可以用来表示动态刚度,但值得注意的是,其会使系泊分析变得更为复杂。对于聚酯缆,Del Vecchio 方程将聚酯缆的动态刚度(比模量)表示为[24,27]

$$SM = C + \alpha L_m + \beta T + \gamma \log P$$

式中　SM——比模量,定义为刚度与 MBS 之比;

　　　C——常数;

　　　L_m——平均载荷占 MBS 的百分比;

　　　T——载荷振幅占 MBS 的百分比;

　　　P——载荷周期,单位 s;

　　　α、β、γ——平均载荷系数、载荷振幅系数和载荷周期系数。

这些系数通过缆绳试验测定,结果取决于缆绳的结构和使用的聚酯纱。值得注意的是,Del Vecchio 方程只适用于动态刚度。

对于动静刚度模型,也需进行两次系泊分析。一次是静态刚度分析,另一次是动态刚度分析。确保两次分析时预张力相同尤其重要。然后,第一次分析的平均响应(张力和偏移)与第二次分析的动态响应相结合,以得到最终结果[23]。

5.4　准静态分析和动态分析

准静态分析和动态分析的主要区别在于处理浮体波频响应的方法不同。动态分析计算了随时间变化的导缆孔运动,并输入到系泊缆动态分析中,计及了系泊缆相对于流体的附加质量、拖曳力、阻尼力和加速度的时变效应[28]。相反,准静态分析忽略了作用在缆绳上的惯性力和阻尼力。系泊缆的形态和沿系泊缆的张力分布仅是关于顶端位置的函数。图5.9阐述了系泊缆准静态分析与动态分析的差异。

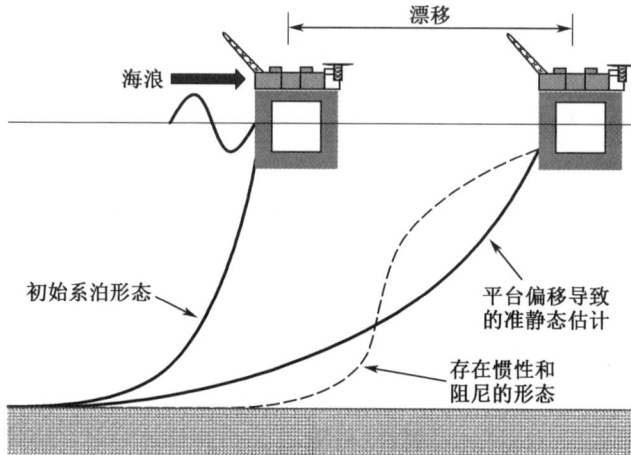

图5.9　准静态分析与动态分析的差异

准静态分析颇为简单。然而,其只适用于计算平均偏移和低频浮体运动引起的系泊缆响应,想要预测由于波频浮体运动引起的系泊缆响应时,需要采用动态分析。Kwan 等[28]在研究了包括墨西哥湾和北海的半潜平台及船舶在内的13 个浮体后,发现使用两种方法得到的结果可能差距显著。

通常建议对永久系泊系统和移动式海上钻井装置系泊系统进行动态分析。如果波频影响可以忽略不计,仍然可以采用准静态分析,例如那些安装在保护水域的系泊系统。随着计算能力的提高,准静态分析所节省的时间基本可以忽略不计。

5.5　频域分析

频域分析由于具有显著的高效性被广泛使用。例如,用于移动式海上钻井装置的系泊系统设计中,为钻井船移位分析提供快速的解决方案。频域分析也常用于需要进行大量载荷工况评估的疲劳损伤计算。

在频域分析中,系统响应可以采用叠加原理表示为静态分量及与频率有关分量的叠加。浮体的运动可以分为平均运动、波频运动和低频运动三种,对应的系泊缆张力也可类似划分。在频域分析中,浮体和系泊系统通常进行解耦分析,即分别求解浮体运动和系泊缆张力。

5.5.1　响应传递函数

波频和低频系泊分析中都涉及响应传递函数这一极其重要的概念。响应传递函数将波频分析中的入射波浪谱或低频计算中的风谱与我们感兴趣的响应谱联系起来。

为了更详细地介绍这个概念,将运动 η 的响应传递函数表示为 $H(\omega)$。在满足线性假设的基本条件下,类似运动 η 的其他响应,如波浪漂移力,也可通过响应传递函数进行表达,从而使响应可以通过不同频率分量叠加得到。物理意义上,$H(\omega_i)$ 是浮体在单位波幅下波频 ω_i 上的响应。例如,波幅 a_i 下的入射波,其浮体运动 η_j 响应为 $H(\omega)a_i$。实际上,入射波和响应传递函数之间可能存在相位差,但为了简便计算,这里将其忽略。

在第 3 章中曾讲到波浪谱密度函数与波幅的平方成正比。波幅 a_i 和波浪谱密度函数 $S_w(\omega_i)$ 的关系为

$$\frac{1}{2}a_i^2 = S_w(\omega_i)\Delta\omega \tag{5.29}$$

式中　a_i——波幅;

　　　$\Delta\omega$——固定采样频率间隔。

由于我们假设在不同频率下的所有响应都可以线性叠加,所以运动 η 的响应谱为

$$S_\eta(\omega) = |H(\omega)|^2 S_w(\omega) \tag{5.30}$$

定义了运动响应谱后,我们可以很容易求得运动响应谱的标准差和有义值、最可能的最大值、期望极值等统计参数。在频域分析中,获取响应传递函数 $H(\omega)$ 是关键的一步。

对于波频运动,利用辐射/绕射理论计算传递函数(响应幅值算子)。对于低频运动,则需要通过求解围绕平均位置 $\bar\eta$ 振荡的线性运动方程来计算,即

$$M\frac{d^2\eta}{dt^2} + B\frac{d\eta}{dt} + C\eta = F^{LF} \tag{5.31}$$

式中,M、B、C 和 F^{LF} 分别代表线性的有效质量、阻尼、刚度和低频载荷。由于上式为线性方程,且 η 可表示为正弦或余弦函数,因此通过一定的数学变换,可以得到以下低频运动的传递函数:

$$H^{\mathrm{LF}}(\omega)=(-\omega^2\boldsymbol{M}+\mathrm{j}\omega\boldsymbol{B}+\boldsymbol{C})^{-1} \qquad (5.32)$$

5.5.2 频域分析过程

API RP 2SK 提供了用于多点系泊系统和单点系泊系统频域分析过程[19],分别建立了平均响应、低频响应和波频响应三方面描述浮体响应的一般方程。

(1)定义要分析的风、浪、流载荷条件;

(2)在系泊浮体上施加平均环境载荷以确定浮体的平衡位置;

(3)基于平衡位置的系泊刚度,确定浮体低频运动;

(4)通过水动力学分析得到的响应幅值算子确定浮体的波频运动;

(5)在已预测的浮体运动的基础上,通过动力学分析计算系泊缆张力和船舶偏移;

(6)校核缆绳张力和船舶偏移是否符合设计标准。

物理意义上,运动/张力的低频和波频分量之间是相互作用的。由于两者的分析是单独进行的,因此很难将这两个分量结合起来。在现有的行业实践中,通常根据 API RP 2SK 标准计算风暴或飓风期间的极端偏移和张力[19]。最大偏移量 η_{max} 可以通过下式确定:

$$\eta_{\mathrm{max}}=\eta_{\mathrm{mean}}+\max(\eta_{\mathrm{LFmax}}+\eta_{\mathrm{WFSig}},\eta_{\mathrm{LFSig}}+\eta_{\mathrm{WFmax}})$$

式中,下标 LF 和 WF 分别表示低频和波频的分量;下标 Sig 和 max 分别表示有义值和最大值。最大张力 T_{max} 由下式计算得到:

$$T_{\mathrm{max}}=T_{\mathrm{mean}}+\max(T_{\mathrm{LFmax}}+T_{\mathrm{WFSig}},T_{\mathrm{LFSig}}+T_{\mathrm{WFmax}})$$

这种交替组合低频分量和波频分量最大值和有义值的方法较为保守。

应特别注意系泊系统的低频阻尼。低频运动是窄频带运动,因为它主要受系泊浮式结构固有频率下的共振响应影响。因此,其运动幅值高度依赖于系泊系统的刚度和阻尼。低频阻尼有三个主要来源,分别是结构的黏性阻尼、结构的波浪漂移阻尼和系泊(和立管,如果有的话)系统阻尼。

对于半潜平台或船舶来说,如果无法通过直接计算或模型实验获得阻尼数据,则其纵荡、横荡和艏摇方向上的附加线性阻尼系数可以通过 BV 推荐的经验公式获得[29]。对于处于工作吃水深度的半潜平台,其在纵荡和横荡方向上的线性阻尼系数约为对应方向临界阻尼的 10%,在艏摇方向上的线性阻尼系数约为临界阻尼的 5%。对于船型浮式结构,其线性阻尼系数与系泊缆布置和船体形状有关。

5.5.3 频域分析的局限性

频域分析方法具有以下局限性:

(1)运动方程线性化。当频域分析方法用于浅水系泊、系泊缆上有配重块或浮标以及其他具有明显非线性的情况时,需要额外注意。同时,能否线性化也取决于响应幅值。

(2)无法直接从分析中获得实际极值分布,所有极值都是根据推测的统计分布计算得出的。

(3)低频和波频分量的组合是依据经验公式得出的。

对于采用单点系泊系统的、可随风向改变方位的浮式结构,时域模拟仿真或模型实验可能是最合适的办法。这是因为浮式结构可能会产生较大的低频艏摇运动。而为了基于频域方法进行系泊分析,必须对浮式结构的航向做出特定假设。常用的一种方法是使用设计航向计算出系泊系统的响应,将设计航向看作浮式结构在平均环境载荷作用下的平衡状态艏向加上或减去低频艏摇运动有义值。

5.6　时　域　分　析

5.6.1　时域分析方法

时域分析通过数值积分求解浮体和系泊系统在时域中的响应。它可以进行以下非线性建模:

(1)几何非线性:与系泊缆形态的大幅度变化有关。

(2)海床非线性:系泊缆与海床之间的相互作用。

(3)直接流体载荷:与相对速度的平方成比例。

因此,与频域分析相比,时域分析被认为更耗时但更准确。

此外,时域分析方法可用于进行船舶与系泊/立管系统的平均响应和低频、波频响应的耦合仿真分析。开展这种耦合仿真需要能够实现船舶、系泊缆和立管响应运动方程同步求解的时域系泊分析。

在时域分析中,对系统动力学方程进行数值求解需要将系泊缆离散为一系列微元。大多数商业软件工具使用有限元方法[30],并将缆线简化为细长构件或一系列集中质量点[7,31]。集中质量法是有限元方法中的一种。该方法与典型有限元方法的区别在于,在集中质量法中,缆线被分为若干节点,并将这些节点看作有质量点和弹簧;而在典型有限元方法中,缆线质量沿整个单元长度分布,从而形成连续的质量方程。除了有限元法外,还有一些其他方法,例如有限差分法——它可以同时在时间和空间上进行离散化。尽管算法多种多样,但是只要进行足够精细的离散化,大多数模型都可以达到相似的结果。

5.6.2　分析过程

API 推荐的时域分析过程总结如下[19]:

(1)定义要分析的风、浪、流载荷条件。

(2)确定船舶的风力和海流力系数,以及包括船舶、立管和系泊设备在内的系统水动力模型。

(3)使用时域系泊软件进行风暴持续期间的时域仿真。使用不同的种子数生成波浪和风的时历并重复几次。

(4)使用统计分析方法确定系泊缆张力和船舶偏移的预期极限值。

(5)检查系泊缆张力和船舶偏移量是否符合设计标准。

仿真时长与多种因素有关,例如波浪周期和低频响应、非线性程度以及系统阻尼等。3 h 的持续时间通常足以得出波频响应的标准偏差,因为对于 10 s 的波浪周期,3 h 意味着约 1 000 个周期。但是,深水系统的低频响应周期通常可以达到几分钟,因而 3 h 的模拟中包含的低频周期可能少于 50 个,不足以提供较高的统计置信水平。这种情况下就需要更长的仿真时长或进行多次重复仿真。

在每次时域仿真中特定响应参数(船舶偏移、缆张力等)的极值会有所不同。因此,需要进行多次重复仿真才能保证预测的响应极值具有足够的置信度。

总之,时域分析需要对模拟时长内时历数据进行统计学处理,以预测船舶偏移、缆线张力、锚载荷或触底段缆线长度的极值。

5.6.3　小结

时域分析的优势在于它能够将包括质量、阻尼和刚度项以及时变载荷在内的所有系统非线性因素建模作为输入项,但其计算可能耗时很长。然而,随着计算技术的进步,时域分析越来越受欢迎,其代表了未来的研究方向。时域分析在用于分析关键载荷工况、验证频域分析以及强非线性系统时,体现出的作用更为显著[19]。

5.7 非耦合分析和耦合分析

传统意义上,浮式结构运动分析和系泊分析是以非耦合方式分别进行的。这意味着会将运动分析的输出直接当作系泊分析的输入,而在浮式结构运动分析中通常对系泊缆和立管进行简化以最大程度减少计算量。然而,在实际中,浮式结构和系泊缆/立管存在物理上的耦合,尤其是当系泊缆/立管数量较多或浮式结构(船舶)相对较小时。因此,耦合分析为整个系统提供了正确的物理意义上的模型。

5.7.1 非耦合分析

如图 5.10 所示,非耦合分析包括以下两个步骤。

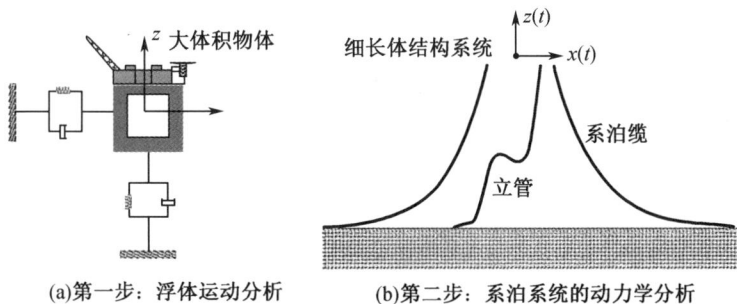

(a)第一步:浮体运动分析　　　　(b)第二步:系泊系统的动力学分析

图 5.10 非耦合分析——浮体运动分析和系泊系统的动力学分析分别进行

第一步:浮体运动分析。计算浮体偏移和运动时,将系泊缆对浮体的作用以非线性的位置相关力(即刚度)的形式建模。换句话说,不考虑系泊缆动态载荷对浮体运动的反馈作用。

第二步:系泊系统的动力学分析。在系泊缆的顶端施加由于浮式结构运动而引入的强制位移。

非耦合分析在对浮式结构的波频和低频运动进行分析时,进行了三个主要简化:

(1)假定浮体运动不受系泊系统动力学的影响。

(2)忽略或线性化来自系泊缆和立管的阻尼力。阻尼力对于准确预测低频运动很重要。

（3）忽略系泊和立管系统上的直接海流力。

非耦合分析的缺陷在有强海流、大量系泊缆和立管的深水条件下尤为明显。在这种情况下,系泊系统的动力学响应非常显著。由于系泊缆和立管引起的阻尼很大,作用在系泊缆和立管上的直接海流力也很大,因此非耦合分析可能无法准确预测系统响应。

5.7.2　耦合分析

如图5.11所示,在耦合分析中,浮体连同其系泊缆和立管的动力学响应是同步求解的,这样就可以考虑到所有的动力相互作用[32-33]。具体来说,系泊缆/立管力、阻尼力与惯性力产生的耦合作用取决于以下分量[21]:

（1）回复力:系泊和立管系统的静回复力,为浮体偏移的函数。

（2）回复力:流载荷及其对系泊和立管系统回复力的影响。

（3）回复力:海底摩擦(系泊缆或立管触地时)。

（4）阻尼力:由系泊和立管系统运动(尤其是横向)和海流等原因产生的阻尼力。

（5）阻尼力:由于与船体/立管接触产生的摩擦力。

（6）惯性力:由系泊和立管系统产生的附加惯性力。

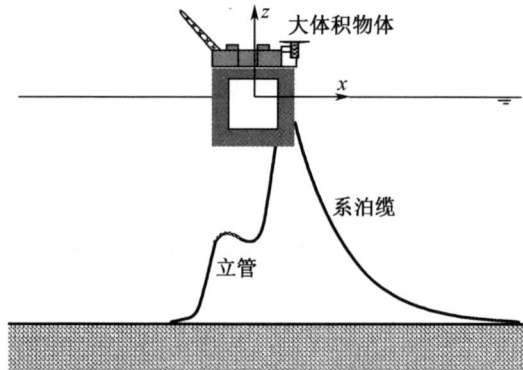

图5.11　耦合分析——浮体与系泊缆立管的动力学响应同步分析

时域分析用于展示每个时刻下浮体/系泊缆/立管的耦合响应。通过这种方式,可以充分考虑系泊缆、立管以及浮体间的相互作用,并且能够同步得到浮体运动和系泊缆及立管动载荷的精确结果。参考文献[32-36]中介绍了许多耦合分析的进展情况及数值方法具体的实现过程。

5.7.3　行业惯例

非耦合方法在海洋工程中得到了广泛应用。如果经过正确校准和验证,它也是一种非常有价值的方法。基于模型实验和项目经验进行经验调整从而建立的非耦合模型依然不失为一种实用工具,特别是在项目的早期工程阶段。耦合模型提高了精度,更有物理意义。它通常用于验证非耦合分析,特别是对于需要控制设计荷载的工况。

当浮体和系泊缆/立管之间存在强烈的相互作用时,API 建议使用耦合分析方法[19, 20]。耦合分析的主要缺点是极为耗时。但随着计算技术的进步,耦合分析的应用范围正在逐渐扩大。

耦合分析的意义也源自深水和超深水海上作业的增加,因为在深水和超深水环境中,浮体和系泊缆/立管之间的耦合作用更显著。并且为了进行设计验证,开展带有完整系泊系统的模型实验,其难度也更大。而耦合仿真可以与模型实验综合应用,形成混合模型实验方法,详见第 7 章。

5.8　响　应　分　析

传统系泊系统的设计分析方法是获取一个特定的 N 年(如 100 年) 一遇海洋气象事件中的极端响应。这种方法称为设计环境条件法。该方法假设 N 年一遇极端响应恰好发生在 N 年一遇环境条件下。

然而,一个带有系泊系统的浮式结构所产生的动力学响应很可能不仅取决于主要的环境条件(如风速),还取决于波高、波浪周期和方向等其他因素。因此,N 年一遇环境条件下产生的未必是真正的 N 年一遇"最大"响应,即传统的方法可能会低估最大响应。

响应分析(response-based analysis, RBA)用包括风、浪、流在内的真实海洋气象事件长期数据库,直接计算得到响应统计数据并预测 N 年一遇的极端响应。因此,从理论上讲,RBA 提供的响应预测更为准确。

RBA 技术已经在结构设计中使用多年,用来研究海上结构的失效概率[37-38]。对于系泊系统分析,RBA 可以让人们更好地了解响应带来的风险[39-40]。由于 RBA 需要处理大量载荷工况或海况,所以相较于传统方法,其需要花费更多时间。

RBA 的详细流程不在本书讨论范围之内,感兴趣的读者可自行查阅相关文献。

5.9 系泊软件

目前,可以用于浮体和系泊动力学分析的软件包有多种。其中三种在石油和天然气行业常用的软件工具分别为 Orcina 公司的 OrcaFlex[7]、挪威船级社的 DeepC/SESAM[6,31,41-42] 和法国船级社的 Ariane[12]。

5.9.1 OrcaFlex 软件

OrcaFlex 是由 Orcina 公司开发的一款海上动力学软件,可进行全面的时域和频域分析。它能够对多种海上系统进行静力学和动力学分析,在软件中这些海上系统通常包括浮式结构物、浮筒等边界条件,以及线缆结构的有限元建模。该软件能够通过莫里森方程计算波浪载荷,辐射/绕射力的计算需要输入相应的响应幅值算子和二阶传递函数。OrcaFlex 利用离散化的集中质量法,通过显式或隐式时间步进法求解线缆的拉力、弯矩和扭矩。

5.9.2 DeepC/SESAM 软件

SESAM 软件套装包括 Mimosa、Simo、Riflex 和 DeepC 一系列程序[6,31,41-42]。它既可通过 DeepC 进行耦合分析,也可通过 Mimosa 进行频域系泊分析。

DeepC 是包含 Riflex 和 Simo 的软件包。Simo 是一个用于模拟浮式结构和悬浮载荷组成的复杂系统的运动和定位响应的时域程序。Riflex 是一个时域管缆动力学仿真程序,用于分析挠性立管系统,同时也适用于系泊缆。将两者组合使用后,DeepC 能够分析环境对浮式结构和系泊缆的影响。程序基于非线性有限元理论进行缆线的张力、弯矩以及扭矩的求解,内设线性杆单元和混合杆单元,可以将质量矩阵集中以高效计算。

Mimosa 是一种用于对系泊浮式结构进行静力学和动力学分析的交互式程序。其采用频域方法计算浮体运动和动态系泊张力,能够计算环境载荷、位移、浮体运动和系泊张力。

5.9.3 Ariane 软件

Ariane 是法国船级社开发了 30 多年的系泊软件。目前发布的 Ariane8.1 版本是一款高效的静态/时域多体系泊分析软件,基于复杂解析算法对系泊缆进行求解。每个浮体单元可以考虑至多六自由度上的运动,并且能考虑低频和波频响应之间的水动力耦合。除此之外,Ariane8.1 还可研究多体水动力耦合。应用不同的波浪漂移载荷公式,可以正确地评估深水或浅水的波浪载荷,也可以考虑波和流之间的相互作用。

除环境载荷外,Ariane8.1 还能计算护舷、锚链、推进器或用户自定义载荷。例如,其中包含了动力定位模块,可以用于分析海上作业。Ariane8.1 中的一些假说设定使其能在相对较短的时间内计算大量的环境工况,可用于散布分析。Ariane8.1 还包含系泊缆动力学模块(基于 Wood Group Kenny 开发的 Flexcom 软件)以及疲劳分析模块。

5.9.4 其他工具

除了以上三款软件,还有以下几种先进的软件工具:

(1)ANSYS 公司开发的 AQWA[43];

(2)Wood Group Kenny 开发的 Flexcom[44];

(3)Bentley System 开发的 MOSES[45];

(4)Dynamic System Analysis 开发的 ProteusDS[46];

(5)Compass 开发的 SeaFEM[47];

(6)DHI Group 开发的 WAMSIM[48];

(7)得克萨斯农工大学和 Offshore Dynamics 公司开发的 HARP[49];

(8)查尔姆斯理工大学开发的 MooDy 程序[50]。

这些软件中有很多都包含一整套用于浮式结构仿真的应用程序。它们的功能可能不仅是系泊分析,还可用于浮体水动力学和全局性能分析、立管设计和分析、安装和作业分析等。

5.10 思 考 题

1.简要说明在典型的系泊分析中,为了确定系泊缆张力和船舶偏移,需要建立什么样的模型?

2.使用电子表格或其他工具绘制一根直径 3 in 的系泊缆在 100 m 水深下对应的悬链线。

3.聚酯缆的刚度设定不像钢组件的刚度那样容易理解,解释一下为什么计算船体偏移和计算缆线张力时要分别使用两个刚度值?

4.准静态系泊分析与动态系泊分析有什么区别?列举出一个动态系泊分析

的优点。

　　5. 频域分析的主要前提假设和限制是什么？举例说明在什么样的情况下不应该使用频域分析？

　　6. 非耦合分析与耦合分析的主要区别是什么？

　　7. 什么因素会影响系泊系统的低频阻尼？在时域分析中，低频阻尼已内置在系泊缆和浮体的莫里森单元中了，那么在频域分析中我们应该如何将低频阻尼考虑在内？

参 考 文 献

[1]　T. Sarpkaya, Experimental determination of the critical Reynolds number for pulsating Poiseuille flow, J. Basic Eng. ASME 88 (1966) 589 598.

[2]　O. S. Madsen, Hydrodynamic force on circular cylinders, Appl. Ocean Res. 8 (1986) 151 155.

[3]　P. A. Smith, P. K. Stansby, Impulsively started flow around a circular cylinder by the vortex method, J. Fluid Mech. 194 (1988) 45 77.

[4]　K. W. Schulz, Y. Kallinderis, Three-dimensional numerical prediction of the hydrodynamic loads and motions of offshore structures, J. Offshore Mech. Arctic Eng. 122 (2000) 294 300.

[5]　P. I. Johansson, A Finite Element Model for Dynamic Analysis of Mooring Cables (Ph. D. dissertation), Massachusetts Institute of Technology, 1976.

[6]　MARINTEK, Riflex User Manual. Version 4. 12-02, 2018.

[7]　Orcina, OrcaFlex Manual. Version 9. 7a. < https://www. orcina. com/ >, 2013.

[8]　M. Palomo, Describing Reality: Bernoulli's Challenge of the Catenary Curve and its Mathematical Description by Leibniz and Huygens, in: R. Pisano, M. Fichant, P. Bussotti, A. R. E. Oliveira (Eds.), Leibniz and the Dialogue Between Sciences, Philosophy and Engineering, 1646-2016. New Historical and Epistemological Insights, The College's Publications, London, 2017.

[9]　O. M. Faltinsen, Sea Loads on Ships and Offshore Structures, Cambridge University Press, 1990.

[10]　X. Xue, N. Z. Chen, Y. Wu, Y. Xiong, Y. Guo, Mooring system fatigue a-

nalysis for a semi-submersible, Ocean Eng. 156 (2018) 550 563.

[11] Y. Wu, T. Wang, O. Eide, K. Haverty, Governing factors and locations of fatigue damage on mooring lines of floating structures, Ocean Eng. 96 (1) (2015) 109 124.

[12] BV (Bureau Veritas), VERISTAR Offshore, Aiane 8.1 Theoretical Manual. <https:// www. veristar. com/>, 2018.

[13] A. Geld, W. E. Vander Velde (Eds.), Multiple-Input Describing Functions and Nonlinear System Design, McGraw-Hill, 1968.

[14] L. P. Kroliwkowski, T. A. Gray, An improved linearization technique for frequency domain riser analysis, in: OTC-3777-MS, Offshore Technology Conference, Houston, TX, 1980.

[15] DNV GL, DNVGL-OS-E302, Offshore Standard Offshore Mooring Chain, 2015.

[16] American Bureau of Shipping, Guide for Position Mooring Systems, 2018.

[17] American Bureau of Shipping, Guidance Notes on Certification of Offshore Mooring Chain, 2014.

[18] Massachusetts Institute of Technology Open Course, Design of Ocean Systems, MIT Course Number 2.019, Spring 2011.

[19] API RP 2SK, Recommended Practice for Design and Analysis of Stationkeeping Systems for Floating Structures, third ed., American Petroleum Institute, 2005. Addendum 2008; Reaffirmed 2015.

[20] ISO 19901-7, Petroleum and Natural Gas Industries Specific Requirements for Offshore Structures Part 7: Stationkeeping Systems for Floating Offshore Structures and Mobile Offshore Units, second ed., 2013.

[21] DNV GL. DNVGL-OS-E301. Offshore Standard Position Mooring, 2018.

[22] DNV GL, DNVGL-RP-C205. Recommended Practice Environmental Conditions and Environmental Loads, 2017.

[23] American Bureau of Shipping, Guidance Notes on the Application of Fiber Rope for Offshore Mooring, American Bureau of Shipping, 2011.

[24] C. J. M. Del Vecchio, Lightweight Materials for Deepwater Moorings (Ph. D. thesis), University of Reading, Reading, UK, 1992.

[25] M. Francois, P. Davies, Characterization of polyester mooring lines, in: Proceedings of the ASME 27th International Conference on Offshore Mechanics

and Arctic Engineering, OMAE 2008, Estoril, Portugal, 15 20 June, 2008.

[26] M. Francois, P. Davies, Fiber rope deep water mooring: a practical model for the analysis of polyester mooring systems, in: Rio Oil and Gas Conference IBP24700, 2000.

[27] API RP 2SM, Design, Manufacture, Installation, and Maintenance of Synthetic Fiber Ropes for Offshore Mooring, second ed., American Petroleum Institute, 2014.

[28] C. T. Kwan, F. J. Bruen, Mooring line mooring line dynamics: comparison of time domain, frequency domain, and quasistatic analyses, in: OTC-6657-MS, Offshore Technology Conference, 1991.

[29] BV (Bureau Veritas), 493-NR, Classification of Mooring Systems for Permanent and Mobile Offshore Units, 2015.

[30] O. M. Aamo, T. I. Fossen, Finite element modeling of mooring lines, Math. Comput. Simul. 53 (2000) 415 422.

[31] DNV GL, SESAM Theory Manual—DeepC Deep Water Coupled Floater Motion Analysis, Version 5.2-02, 2017.

[32] H. Ormberg, I. J. Fylling, K. Larsen, N. Sodahl, Coupled analysis of vessel motions and mooring and riser system dynamics, in: Proc., 16th OMAE Conf., Yokohama, Japan, 1997.

[33] H. Ormberg, K. Larsen, Coupled analysis of floater motion and mooring dynamics for a turret moored ship, Appl. Ocean Res. 20 (1998) 55 67.

[34] M. H. Kim, Z. Ran, W. Zheng, Hull/mooring coupled dynamic analysis of a truss spar in time domain, in: Proc., Ninth ISOPE Conf., I, Brest, France, 1999.

[35] W. Ma, M. Y. Lee, J. Zou, E. W. Huang, Deepwater nonlinear coupled analysis tool, in: Proc., OTC 2000, Paper No. 12085, Houston, TX, 2000.

[36] Y. Luo, S. Baudic, Predicting FPSO responses using model tests and numerical analysis, in: Proc., 13th ISOPE Conf., I, Honolulu, Hawaii, USA, 2003.

[37] A. M. Hasofer, L. C. Lind, Exact and invariant second moment code format, J. Eng. Mech. Div. ASCE 100 (1) (1974) 111 121.

[38] S. R. Winterstein, S. Kumar, Reliability of floating structures: extreme response and load factor design, in: Proc., Offshore Technology Conference,

OTC 7758, Houston, TX, May 1998.

[39] R. G. Standing, R. Eichaker, H. D. Lawes, B. Campbell, R. B. Corr. Benefits of applying response-based design methods to deepwater FPSOs, in: Proc. , Offshore Technology Conference, OTC 14232, Houston, TX, 2002.

[40] J. Rho, J. Lee, W. -S. Sim, H. -S. Shi, C. -D. Lee, Response-based design methods for motion of turret moored FPSO, 29th International Conference on Ocean, Offshore and Arctic Engineering, Paper No. OMAE2010-20318, pp. 205 211, Shanghai, China, June 6 11, 2010.

[41] MARINTEK, MIMOSA User's Documentation. Version 6. 3-08, 2015.

[42] SINTEF Ocean, Simo Theory Manual. Version 4. 12. 2, 2018.

[43] Ansys Inc. , Aqwa Theory Manual. <https://www. ansys. com>, 2015.

[44] Wood Group Kenny, Flexcom Technical Manual, Galway, Ireland. <https://www. woodgroup. com/flexcom>, 2017.

[45] Bentley Systems, Reference Manual for Moses, Exton, PA. <https://www. bentley. com/en/ products/brands/moses>, 2015.

[46] Dynamic System Analysis Ltd. , ProteusDS 2015 Manual, Vitoria, BC, Canada. <https:// dsa-ltd. ca/proteusds>, 2016.

[47] Compass, SeaFEM Theory Manual, Barcelona, Spain. <www. compassis. com/compass/en/Productos/SeaFEM>, 2015.

[48] DHI, Mike 21 Maritime, MIKE 21 Mooring Analysis User Guide. <https:// www. mikepoweredbydhi. com>, 2017.

[49] Offshore Dynamics Inc. , HARP Manual V3. <http://www. harponline. com/ >, 2003.

[50] J. Palm, C. Eskilsson, MooDy User Manual, Chalmers University of Technology, Goteborg, Sweden, 2014.

第6章 疲劳分析

6.1 概　　述

疲劳是指材料在波动应力和应变作用下循环累积损伤的过程[1-2]。疲劳的一个主要特征是载荷不足以引起材料发生整体塑性形变或立即失效,而是在组件经历了一定数量的负载波动,即累积损伤达到临界水平后,失效才会发生。

通常可以用双阶段理论来描述疲劳失效的过程[3-5]。第一阶段是组件表面疲劳裂纹的萌生阶段,即疲劳损伤从晶体滑移面上的剪切裂纹开始形成。第二阶段是裂纹扩展阶段,裂纹沿外加应力的法线方向发展,最终导致组件断裂。

图6.1(a)是一项疲劳试验中的链节断裂图,图(b)是实际发生的因疲劳而失效的系泊链节的横截面图。断面较光滑,可见同心环状条纹(疲劳纹)。疲劳纹从原点开始辐射,随着裂纹扩展速度加快而变得更为粗糙。每次的应力循环都会产生一条单独的波纹,最终导致整个链节失效。

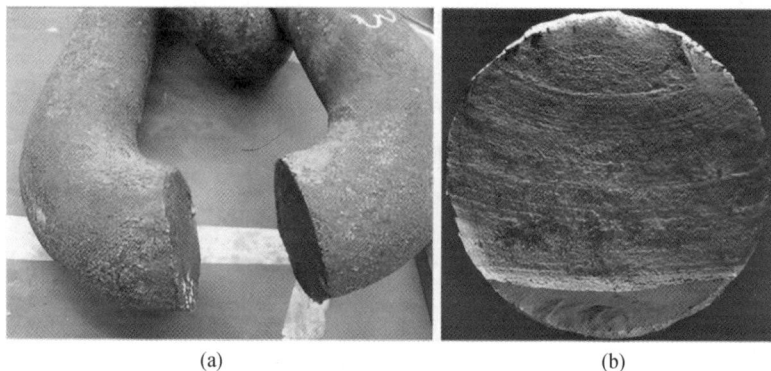

(a)　　　　　　　　　　　　　　(b)

图6.1　链节的疲劳失效[6]及断裂表面可见疲劳纹

(图片由 Sofec 提供)

近期海洋工业研究发现,疲劳是导致海上系泊系统失效的主要原因之一(如第 13 章图 13.7 所示)。因此,疲劳分析在系泊系统的设计和分析中起着至关重要的作用。

通常而言,疲劳分析有两种不同的方法:

(1)T-N 或 S-N 法:使用应力–寿命累积损伤模型来预测考虑累积疲劳损伤的疲劳寿命,也就是在特定的张力范围 T 或应力范围 S 下,经过 N 个载荷循环后发生失效。

(2)断裂力学法:使用疲劳裂纹扩展模型检查机械元件在动态载荷下的断裂行为。如果主裂纹的长度已经超过了某个临界长度,而部件的剩余强度不足,那么就会发生失效。

断裂力学法通常对疲劳寿命的预测结果更为准确。然而,在海上工业的疲劳设计中很少使用裂纹扩展法,主要存在两个难点:①初始裂纹的尺寸通常是未知的;②裂纹–应力模型实验数据的成本要高于 S-N 或 T-N 实验数据的成本。本章重点介绍了采用 Miner 法则的 T-N 或 S-N 法,该方法在海洋工业中被广泛应用于系泊设计疲劳分析。

时域或频域动态分析的数值模型是确定张力或应力范围的一种方法。另一种方法是使用模型测试数据代替动态分析(前提是这些数据完全适用于疲劳分析的要求)。由于准静态分析法在评估波频张力时存在缺陷,因此不推荐使用这种方法进行疲劳分析。

6.1.1 Miner 法则

在应力–寿命累积损伤模型中,Miner 法则(也称为 Palmgren–Miner 线性损伤假设)通常用于计算年度累积的疲劳损伤。Palmgren 于 1924 年首次提出了线性损伤累积规则的概念[7]。Miner 于 1945 年首次给出了这一规则的数学形式[8]。

根据 Miner 法则,年度累计疲劳损伤比 D 表示为

$$D = \sum \frac{n_i}{N_i} \qquad (6.1)$$

式中 n_i——张力区间 i 内的年度载荷循环次数;

$\quad N_i$——在标准化张力区间 i 内,由 T-N 或 S-N 曲线得到的失效循环次数。

设计疲劳寿命(即 $1/D$)应大于现场使用寿命与安全系数的乘积。对于使用过的系泊部件,应考虑之前的作业造成的疲劳损伤。

Miner 法则假设多个应力循环造成的总损伤等于单个应力循环造成的损伤的总和。Miner 法则的主要缺陷是未考虑载荷的序列效应,这种效应在某些情况下可能非常显著[3,5]。然而,对于海上系泊系统而言,通常可以忽略载荷的序列效应。因此,Miner 法则成为包括美国石油学会、国际标准化组织、美国船级社、挪威船级社和德国劳埃德船级社等机构[9-12]在内的行业标准和船级社规范中推荐的方法。

6.2 系泊部件的抗疲劳性

对于任何系泊部件,无论是链条、钢丝绳、聚酯缆还是连接器,其强度都可以很容易地通过单个变量来表示。然而,抗疲劳性并不容易定义。抗疲劳性可以通过疲劳曲线来表示,而这些曲线由若干个参数定义。以下是定义疲劳曲线的两种方法:

(1)$T\text{-}N$ 曲线:其中的张力范围 T 可以通过合适的 RBS 进行标准化,N 表示允许的循环次数。

(2)$S\text{-}N$ 曲线:其中的应力范围 S 定义为张力除以标称横截面积,N 表示允许的循环次数。

在这两种方法中,两个变量都以曲线的形式绘制在图表上,用来表示系泊部件的抗疲劳性。$T\text{-}N$ 曲线和 $S\text{-}N$ 曲线是根据系泊部件的疲劳实验数据通过回归分析得到的。如果没有系泊组件的具体测试数据,那么依据目前的行业惯例是使用预先定义的 $T\text{-}N$ 曲线(例如美国石油学会(APIRP-2SK)规范)[9]或 $S\text{-}N$ 曲线(挪威船级社(DNVGLOS-E301)规范)[10]。需要注意的是,由于此 $T\text{-}N$ 曲线和 $S\text{-}N$ 曲线都是几年前开发的,可能不包含最新的测试数据(例如近年来获得的大尺寸链条或更高等级材料的测试数据)[13-14]。如果获得疲劳数据的实验流程已被批准,那么船级社也可以批准制造商为特定类型的系泊部件提供设计曲线。

6.2.1 链条、连接器和钢丝绳的 $T\text{-}N$ 曲线

如果系泊系统是按照美国石油学会标准设计的,则使用 $T\text{-}N$ 曲线的通用形式来计算系泊部件的标称张力疲劳寿命:

$$NR^M = K \tag{6.2}$$

通过对数运算将以上公式线性化,得到

$$\log N = \log K - M \log R \tag{6.3}$$

式中,N 是循环次数;R 是张力范围(双振幅)与 RBS 的比值;M 是 T-N 曲线的斜率;K 是 T-N 曲线的截距。对于 R3、R4 和 R4S 普通或连接链环,RBS 取相同尺寸的油钻井质量级(ORQ)普通链环的 MBS。钢丝绳的 RBS 与 MBS 相同。

设 L_m=钢丝绳平均载荷与 RBS 的比值,M 和 K 的值如表 6.1 所示。

表 6.1　美国石油学会推荐的 T-N 曲线 M 和 K 值[9]

组件	M	K
普通有挡链环	3.0	1 000
普通无挡链环	3.0	316
贝尔特(Baldt)和肯特(Kenter)连接环	3.0	178
六股/多股绳	4.09	10 (3.20-2.79 L_m)
螺旋绞线绳	5.05	10 (3.25-3.43 L_m)

链条疲劳比钢丝绳疲劳更关键。在挡链环中使用螺柱可以减少螺柱连杆上的应力集中。因此,有螺柱的挡链环比没有螺柱的挡链环具有更好的抗疲劳性能。然而,实际使用多年后,带螺柱的挡链环会经常发生螺柱松脱的情况。当螺柱发生松动或断裂时,螺柱的焊脚处会发生较高的应力集中,反而降低了链环的抗疲劳性。鉴于此,带螺柱的挡链环抗疲劳优势能否发挥取决于这些因素。

美国石油学会在其疲劳方法中建议的安全系数为 3.0。值得注意的是,一些行业实践建议对不可检查组件使用 10.0 的安全系数,对可检查组件使用 3.0 的安全系数[11]。有的船外系泊部件是无法探查的,因此被视为不可检查组件,需要采用 10.0 的安全系数。

6.2.2　链条和钢丝绳的 S-N 曲线

根据挪威船级社规则设计的系泊系统,使用下面的公式来计算系泊缆的疲劳能力[10]:

$$N_c S^m = a_D \tag{6.4}$$

通过对数运算将以上公式线性化,得到

$$\log N_c = \log a_D - m \log s \tag{6.5}$$

式中,$N_c(s)$ 是在应力 s 下发生失效的应力循环次数(将负载除以标称横截面积

后即得到应力范围 s(双振幅),其单位为 MPa);a_{D} 是 S-N 曲线的截距参数;m 是 S-N 曲线的斜率。

表6.2给出了 S-N 曲线的参数。

表6.2　挪威船级社推荐的系泊部件 S-N 曲线[10]

组件	a_{D}	m
有挡链	1.2×10^{11}	3.0
无挡链	6.0×10^{10}	3.0
六股绳	3.4×10^{14}	4.0
螺旋绞线绳	1.7×10^{17}	4.8

疲劳设计的标准由下式给出:

$$1 - d_{\mathrm{c}} \cdot \gamma_{\mathrm{f}} \geqslant 0 \tag{6.6}$$

式中,d_{c} 是设计寿命期间由于循环载荷作用而累积的特征性疲劳损伤;γ_{f} 是疲劳设计安全系数。

疲劳设计安全系数涵盖了疲劳分析中的一系列不确定性,并由下式给出:

$$\gamma_{\mathrm{f}} = 5 \qquad 当 d_{\mathrm{F}} \leqslant 0.8$$

$$\gamma_{\mathrm{f}} = \frac{5 + 3.0(d_{\mathrm{F}} - 0.8)}{0.2} \qquad 当 d_{\mathrm{F}} > 0.8$$

式中,d_{F} 是相邻疲劳损伤的比值,表示相邻两根绳的特征疲劳损伤 d_{c} 之间的比值,取较小损伤除以较大损伤。d_{F} 必须等于或小于 1。

上述 S-N 曲线被推荐用于系泊部件。此外,DNVGL-RP-C203 规范还为镀层结构和桩推荐了不同的 S-N 曲线,这些曲线更为通用[15]。

6.2.3　聚酯缆的 T-N 曲线

现有的数据和经验表明,聚酯缆在典型的系泊载荷水平下经过数百万次循环加载作用也没有损伤累积[16]。基于上述情况,业界得出的结论是聚酯缆比链条和钢丝绳具有更好的抗疲劳性。因此,美国石油学会建议,对系泊系统的疲劳分析应侧重于钢制部件而非聚酯缆部件。在对聚酯缆段进行疲劳分析时,美国船级社规范中推荐的 M 和 K 值可以用来表示聚酯缆的 T-N 曲线。表6.3列出了具体的数值。

表 6.3　美国船级社推荐的聚酯缆 M 和 K 值

组件	M	K
聚酯缆	5.2	25 000

需要注意的是,在进行疲劳分析时,应以保守的方式对聚酯缆的刚度进行建模。由于疲劳损伤主要是由波浪引起的运动造成的,因此使用风暴刚度(即最高刚度)来计算系泊缆的张力。

轴向压缩疲劳可能是纤维绳处于压缩情况下的一种失效模式。业界的经验表明,芳纶缆会发生轴向压缩疲劳,但聚酯缆并不存在这一问题。因此,对于聚酯缆而言,无须就这种失效模式进行疲劳分析[16-17]。

6.2.4　T-N 和 S-N 曲线的比较

挪威船级社提供了一些通用的 S-N 曲线,如用于海上钢结构的 B1 曲线,该曲线也可用于对平面外弯曲疲劳或系泊连接器结构疲劳的评估。

就系泊链疲劳而言,挪威船级社 S-N 曲线与美国石油学会 T-N 曲线的对比如下。将相应的标称应力范围 S 乘以部件的标称横截面积(链条为 $2\pi d^2/4$,钢丝绳为 $\pi d^2/4$,其中 d 为部件的直径),即可计算得到张力范围 R。若通过链条的总截面积将应力转化为张力,并取 ORQ 普通链条的 $MBS=[0.021\ 1D^2(44-80D)\times10^6]$,则可根据 S-N 曲线和 T-N 曲线得到不同尺寸无挡链的失效循环次数比值,具体如图 6.2 所示。

对于无挡链,美国石油学会 T-N 曲线和挪威船级社 S-N 曲线的对比如图 6.3 所示[18]。总体而言,S-N 曲线给出了比 T-N 曲线更高的疲劳寿命,如图 6.2 所示,两者之间的比值在 1.3~3.5。然而,挪威船级社在 S-N 曲线中使用的安全系数为 5.0~8.0,而美国石油学会在 T-N 曲线中使用的安全系数则是 3.0。应用了相应的安全系数后,美国石油学会和挪威船级社的两套疲劳标准其实得到了相近的疲劳寿命。

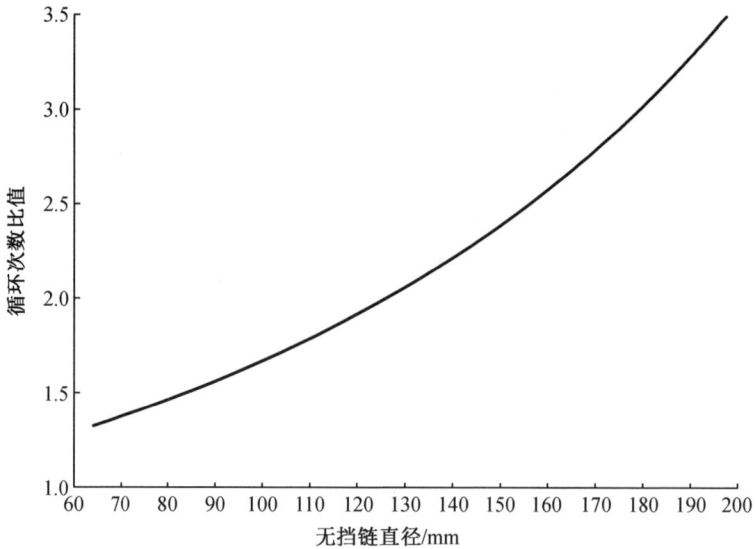

图 6.2　基于 *T–N* 和 *S–N* 曲线得到的循环次数比值

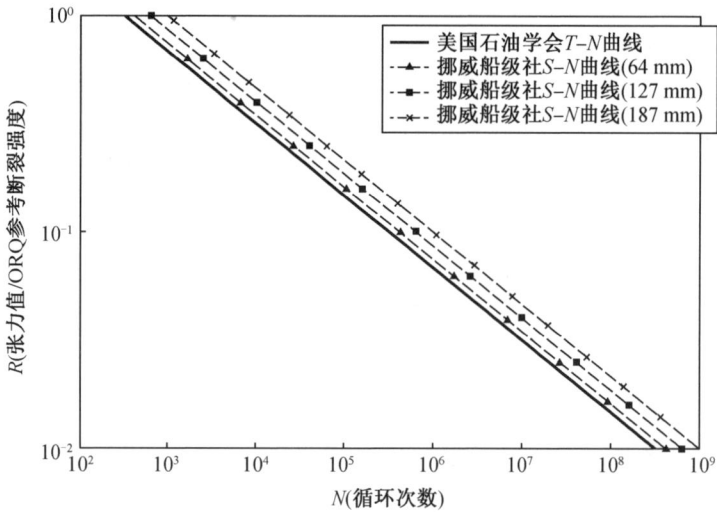

图 6.3　不同直径无挡链 *T–N* 和 *S–N* 曲线的对比

6.3　频域疲劳分析

预测系泊系统疲劳的最有效方法是利用频域分析推导出每个短期海况中的张力变化,然后通过封闭解计算出累积疲劳损伤。在频域方法中,分别分析波频和低频张力的变化,可以通过美国石油学会、国际标准化组织和船级社规章规范推荐的简单求和法、组合频谱法和双窄带法[9-12]三种方法推导出整体疲劳损伤。

这三种方法的分析过程将在以下各节中介绍。需要指出的是,系泊响应的时域疲劳分析也可以使用封闭解,即张力变化也可以从张力时间历程统计中得出并用到封闭解中。然而,从时域疲劳分析中得出张力时间历程时,实际上通常采用的是循环计数方法(如雨流计数法,具体见第 6.4 节)。

6.3.1　简单求和法

简单求和法假设总损伤是低频和波频疲劳损伤的总和。环境状态 i 下的波频和低频疲劳损伤可通过以下公式进行估算,该公式基于张力峰值的瑞利分布:

$$D_i = \frac{n_{\mathrm{W}i}}{K}(\sqrt{2}R_{\mathrm{W}\sigma i})^M \cdot \Gamma\left(\frac{(1+M)}{2}\right) + \frac{n_{\mathrm{L}i}}{K}(\sqrt{2}R_{\mathrm{L}\sigma i})^M \cdot \Gamma\left(\frac{(1+M)}{2}\right) \quad (6.7)$$

式中,D_i 是环境状态 i 波频和低频张力下造成的年度疲劳损伤;$n_{\mathrm{W}i}$ 是环境状态 i 下每年的波频张力循环次数;$R_{\mathrm{W}\sigma i}$ 是波频张力标准偏差的范围与 RBS 的比值,张力标准偏差的范围应取为张力标准偏差的 2 倍;Γ 是伽马函数;$n_{\mathrm{L}i}$ 是环境状态 i 下每年的低频张力循环次数;$R_{\mathrm{L}\sigma i}$ 是低频张力标准偏差的范围与 RBS 的比值,张力标准偏差的范围应取为张力标准偏差的 2 倍。平均过零频率的估计值为 $1/T_n$,其中 T_n 是船舶固有周期计算值。

每个状态下的张力循环次数被估算为

$$n_i = v_i \cdot T_i = v_i \cdot P_i \cdot 3.155\ 76 \times 10^7$$

式中,v_i 是环境状态 i 下张力频谱的过零频率;T_i 是每年处于环境状态 i 下的时间;P_i 是环境状态 i 的发生概率。

某些典型 m 值的伽马函数值于表 6.4 中给出。

表 6.4　典型 m 值的伽马函数值

M	3.0	3.36	4.09	5.05	5.2
$\Gamma\left(1+\dfrac{m}{2}\right)$	1.329	1.520	2.086	3.417	3.717
$\Gamma\left(\dfrac{1+m}{2}\right)$	1.0	1.090	1.373	2.047	2.198

如果波频和低频响应之间的张力标准偏差的比值满足以下条件,则简单求和法通常会给出可接受的疲劳损伤估计值:

$$\frac{\sigma_{WF}}{\sigma_{LF}} \geqslant 1.5$$

或

$$\frac{\sigma_{WF}}{\sigma_{LF}} \leqslant 0.05$$

式中,σ_{WF} 和 σ_{LF} 分别为波频和低频张力标准偏差。

如果低频和波频张力都对总疲劳损伤有显著影响,那么简单求和法有可能会低估疲劳损伤。如果波频和低频分量都很重要,则建议使用组合频谱法、双窄带法等替代方案。

6.3.2 组合频谱法

组合频谱法可用于计算特征损伤,该方法相对简单且保守。组合频谱法使用组合频谱的标准偏差来计算总损伤。基于张力峰值的瑞利分布,可以通过以下公式计算出海况 i 下的疲劳损伤:

$$D_i = \frac{n_i}{K} (\sqrt{2} R_{\sigma i})^M \cdot \Gamma\left(\frac{(1+M)}{2}\right) \tag{6.8}$$

式中,组合的低频和波频张力范围的标准偏差 $R_{\sigma i}$ 是根据低频张力范围 $R_{L\sigma i}$ 和波频张力范围 $R_{W\sigma i}$ 的标准偏差计算得到的,计算公式为

$$R_{\sigma i} = \sqrt{R_{W\sigma i}^2 + R_{L\sigma i}^2} \tag{6.9}$$

组合频谱中的循环次数 n_i 由式 (6.6) 计算而得,其中组合频谱的过零频率 (Hz) v_{Ci} 由下式得到:

$$v_{Ci} = \sqrt{\lambda_{Li} v_{Li}^2 + \lambda_{Wi} v_{Wi}^2} \tag{6.10}$$

式中,λ_{Wi} 是环境状态 i 下波频张力谱的过零频率 (Hz);λ_{Li} 是环境状态 i 下低频张力谱的过零频率 (Hz)。λ_{Wi} 和 λ_{Li} 由下式得到:

$$\lambda_{Wi} = \frac{R_{Wi}^2}{R_{Wi}^2 + R_{Li}^2}$$

$$\lambda_{Li} = \frac{R_{Li}^2}{R_{Wi}^2 + R_{Li}^2} \tag{6.11}$$

6.3.3 双窄带法

根据张力过程中存在的两个频带,带有双窄带校正系数的组合频谱法使用

组合频谱法的结果,并将其乘以一个校正系数 ρ_i。环境状态 i 下的疲劳损伤可通过以下公式进行估计:

$$D_i = \rho_i \frac{n_i}{K} (\sqrt{2} R_{\sigma i})^M \cdot \Gamma\left(\frac{(1+M)}{2}\right) \tag{6.12}$$

校正系数 ρ_i 由下式给出:

$$\rho_i = \frac{v_{ei}}{v_{Ci}} \left[(\lambda_{Li})^{\frac{M}{2}+2} \cdot \left(1 - \sqrt{\frac{\lambda_{Wi}}{\lambda_{Li}}}\right) + \sqrt{\pi \lambda_{Li} \lambda_{Wi}} \cdot \frac{M\Gamma\left(\frac{(1+M)}{2}\right)}{\Gamma\left(\frac{(1+M)}{2}\right)} \right] \frac{v_{Wi}}{v_{Ci}} \cdot (\lambda_{Wi})^{\frac{M}{2}}$$

$$\tag{6.13}$$

式中,下标 e 指组合张力过程的包络,归一化张力过程包络的平均过零频率(Hz) v_{ei} 由下式给出:

$$v_{ei} = \sqrt{\lambda_{Li}^2 v_{Li}^2 + \lambda_{Li} \lambda_{Wi} v_{Wi}^2 \delta_{Wi}^2} \tag{6.14}$$

式中,δ_{Wi} 是用于归一化张力过程的波频部分的带宽参数,可取值 0.1。

6.4 时域疲劳分析

从系泊系统响应的时域疲劳分析中得到的张力时间历程,可以利用雨流计数法进行分析,以获得张力变化循环情况。雨流计数法的概念最早是由 Matsuishi 和 Endo 提出的[19],这种方法将循环的过程比作雨水沿着塔(寺庙)顶向下滴落的路径。

应力(或张力)的时间历程表现为一系列的峰值和谷值。将时间历程图顺时针旋转 90°后,峰值和谷值像一座高耸寺庙上的重檐屋顶。在理解雨流计数算法时,可将雨滴想象成是在不同的屋檐之间"生成"的。如图 6.4(a)所示,一滴雨滴始于峰值处,并向下流动,其流动路径可计为半个循环。在谷值处生成的雨滴也计为类似的半个循环,如图 6.4(b)所示。这两种情况都可以通过应力轴上的投影距离得出半个循环的应力范围。通过对相同应力范围内的所有半个循环进行求和来完成雨流计数。需要注意的是,只有在下一个峰值较低时(例如峰值 5 比峰值 4 低),才允许雨滴从这个屋檐下落到下一个屋檐。

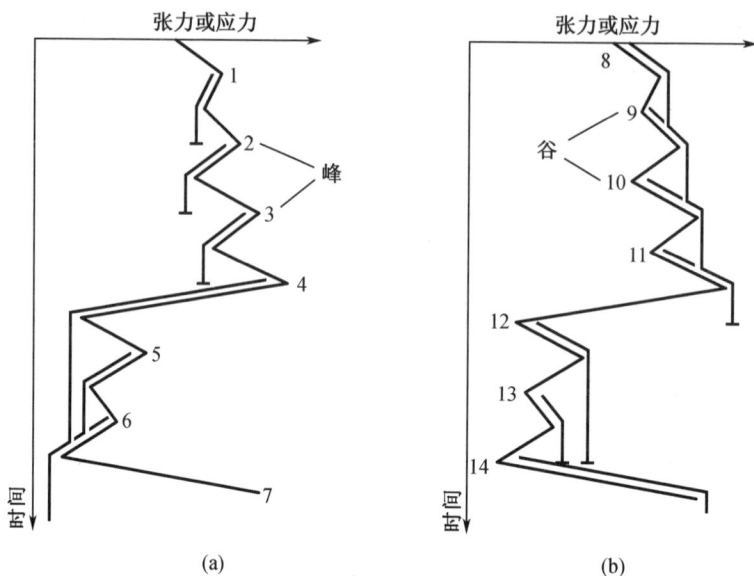

图6.4 雨流计数法的基本思路——其模拟的是塔屋檐(屋顶)上的雨滴

自雨流计数法被提出以来,获得了进一步的发展,并成为疲劳分析中常用的循环计数技术[20]。

利用雨流计数法,可以从张力的时间历程中估计出张力循环的次数和张力范围的期望值。张力时间历程可以通过时域系泊分析直接得到,也可以从低频和波频的张力组合谱中生成。在进行雨流计数后,可以通过 Miner 法则计算总损伤。

如果执行足够数量的代表波散图的时域模拟,则雨流计数技术可以提供最准确的疲劳损伤估计。但是需要注意的是,进行一系列的时域仿真可能非常耗时。

6.5 疲劳分析的流程

低频和波频张力引起的疲劳损伤计算过程包括以下步骤。

第1步,确定环境范围。使用一定数量的离散段(bin)来表示长期环境条件。每个条件都包括方向和海况,其特征参数有:①有义波高、峰值周期和方向;②洋流的速度剖面和方向;③风速和方向。应指出每种设计条件出现的概率。

第 2 步,对每个离散段进行系泊分析。可以计算出每一段中的系泊缆张力(如第 5 章中所述)。

第 3 步,确定疲劳曲线。确定适用于该系泊部件的 *T–N* 或 *S–N* 曲线。

第 4 步,计算每段的疲劳损伤。使用以下方法中的一种,计算单个环境段中由低频和波频张力造成的年度性损伤:①简单求和法;②组合频谱法;③双窄带法;④雨流计数法。对每个环境段重复此步骤,计算出相应的疲劳损伤。

第 5 步,汇总各段的疲劳损伤。对各段的疲劳损伤进行汇总,得到年疲劳损伤 *D*,然后计算系泊部件的疲劳寿命 *L*。

需要注意的是,最关键的疲劳位置通常是顶部链条。然而,不同的系泊配置、浮式结构运动特性和环境等因素都可能使该关键位置沿着系泊缆移动。因此,建议对沿系泊缆的所有过渡位置进行疲劳损伤的评估,包括导缆器处的链索、底链顶部以及接地点处的链索,具体如图 6.5 所示[21-22]。

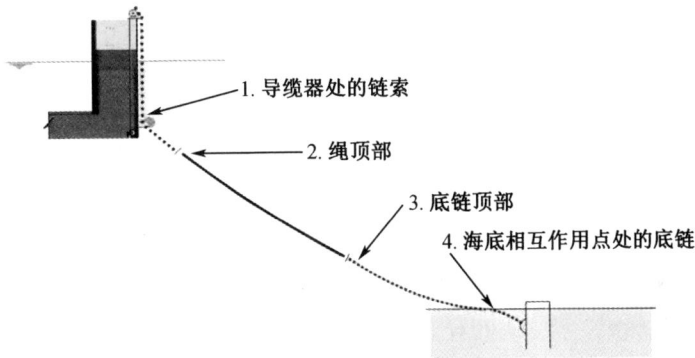

图 6.5　沿系泊缆的关键疲劳位置

6.6　涡激运动疲劳

第 3 章介绍了某些船舶类型(如 Spar 和半潜式生产平台)的涡激运动现象。涡激运动及其引起的缆索张力变化可能导致系泊缆额外的疲劳损伤。因此,这一因素应该加入总的疲劳损伤考虑范围。对于具有细长圆柱体形状的浮动结构或位于高洋流区域的锚柱来说,涡激运动的影响可能更加显著。

6.6.1　涡激运动的机理

具有圆柱形船体(如 Spar)或多根锚柱(如半潜式生产平台和 TLP)的浮体结构都可能会受到涡激运动的影响(见第 3 章中的图 3.9)。旋涡脱落过程会产生振荡力,这可能会导致六种刚体响应模式中的任何一种。然而,在系泊设计种,主要关注的是横向(横荡)和纵向(纵荡)响应。当旋涡脱落周期接近浮体结构的横向自然周期时,就会发生横向涡激运动,而浮体结构通常以周期性模式沿垂直于洋流的方向振荡。纵向涡激运动通常发生在洋流方向上,并且可能对横向涡激运动造成影响。然而,纵向涡激运动的振幅通常远小于横向涡激运动。

横向和纵向运动的振幅通常都以振幅与直径的无量纲比值 A/D 表示,其中,A 是与洋流同向或垂直的单振幅,D 是结构体的特征直径。通过绘制无量纲的"A/D-U_r"图,可以确定涡激运动发生时的洋流速度范围。

$$U_r = \frac{U_c T}{D} \tag{6.15}$$

式中,U_r 是折减速率;T 是特征周期;U_c 是洋流速度。图 6.6 给出了一座深吃水的半潜式生产平台在不同航向角下横向涡激运动锁定曲线。在此示例中,当 U_r 低于阈值 4.0 时,所有航向角的涡激运动都可以忽略不计。当洋流方向接近平台对角线方向(即 45°)时,会发生最大的涡激运动(如图中虚线所示)。存在显著涡激运动时,U_r 的范围通常被称为"锁定"范围,其中涡流脱落频率可能与部件运动的固有频率一致,从而导致共振现象的发生。在此示例中,当洋流方向为平台对角线 45°时,在 U_r 介于 6.0 至 8.0 之间发生了锁定现象。

涡激运动不仅会导致船舶发生运动,还会增加船体的阻力系数 C_d。由于船体的运动,来自洋流的阻力被放大。阻力系数的放大倍数是涡激运动响应幅度 A/D 的函数。例如,与无涡激运动时的阻力系数相比,在锁定阶段,该半潜式生产平台的阻力系数增幅最高达 20%。

A/D 和 C_d 都是大量参数的函数,如折减速率、平台形状、Spar 的船体列板配置、洋流特性和船体附件等。通常,业界的做法是进行模型测试以获得 A/D 和 C_d 曲线。然而,模型测试只能对某些参数进行建模,对其他参数则只能取近似值。因此,在解读和使用模型测试数据时应小心谨慎[9,23-27]。

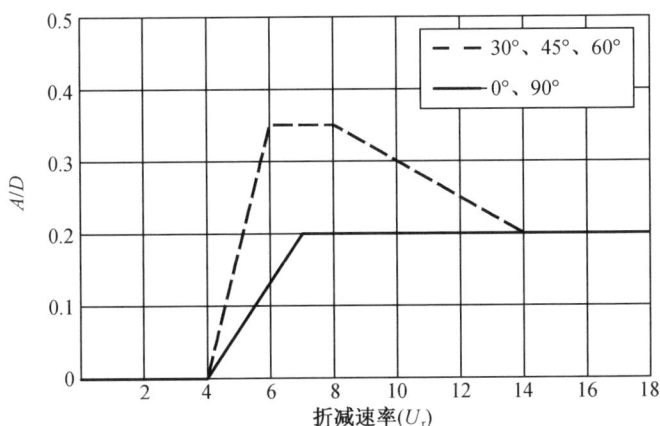

图 6.6　一座半潜式生产平台在不同洋流迎角下的涡激运动锁定曲线

6.6.2　对涡激运动疲劳的评价

涡激运动引起的系泊张力本质上是循环性的,会增加系泊系统的疲劳损伤。美国石油学会的 API RP 2SK 规则[9]给出了一种用于长期涡激运动疲劳损伤评估的分析流程,该流程侧重于评估链条在导缆器位置处的疲劳程度,但我们建议按照类似的流程对系泊缆的所有过渡位置进行疲劳损伤的评价。基于 API RP 2SK[7,9]和近期的业界惯例[18,28],该流程可概括为以下步骤:

第 1 步,确定洋流事件。长期的洋流事件可以由多个离散的洋流段来表示。每一个洋流段都由参考方向、参考洋流速率以及相关的波浪和海风条件组成,应指出每个洋流段出现的概率。

第 2 步,选择一个洋流段并获取其持续时间。选择洋流段并根据相应洋流速率和方向的出现概率计算该洋流段在一年内的持续时间 t_i。

第 3 步,通过迭代确定 A/D 和 C_d。根据估计的阻力系数 C_d 确定该洋流段中无涡激运动的系泊浮体的固有周期 T_i。

步骤 3.1,根据可用的模型测试或现场测量数据,为该洋流段指定纵向和横向 A/D 的极值。将 A/D 的极值乘以系数 g,估算出疲劳分析使用的平均 A/D 值。系数 g 应根据可用的模型实验或现场测量数据确定。

步骤 3.2,确定纵向和横向涡激运动的幅度系数 C_v,它是折减速度的函数,并且在锁定条件下的涡激运动峰值处等于 1.0。

步骤 3.3,计算该洋流段的折减速度,并通过 C_v 进一步修正纵向和横向 A/D 的平均值。

步骤 3.4,根据修正的平均横向 A/D 确定该洋流段的阻力系数 C_d。如果修

正的 C_d 值与估计的 C_d 值差异明显,则可能需要进行迭代。

第 4 步,进行系泊分析以获得张力的范围。根据修正的(更新的)纵向和横向 A/D 的平均值(步骤 3.3)和 C_d 值(步骤 3.4)进行系泊分析(使用强度设计的分析流程)。确定平均张力范围 R_i,并根据若干个涡激运动循环的缆线张力时间轨迹计算相应的平均响应周期 T_i。

第 5 步,使用 $T-N$ 曲线计算疲劳损伤的张力范围。使用合适的 $T-N$ 方程/曲线,确定与张力范围 R_i 相对应的系泊组件的失效循环次数 N_i。计算第 i 个洋流段的年度疲劳损伤:

$$D_i = \frac{(t_i/T_i)}{N_i} \tag{6.16}$$

第 6 步,重复上述步骤对其他段进行评估,并将疲劳损伤进行累加。重复第 2~5 步对其他段进行评估。对所有段的损伤情况进行加和,得到由涡激运动引起的疲劳损伤。

在图 6.7 给出的例子中,根据由海风和波浪造成的不同洋流情况下系泊系统的疲劳损伤 D_i,得出了总的疲劳损伤。预测的疲劳寿命为 $1/D_i$(年),该数值应该大于使用寿命与安全系数的乘积。

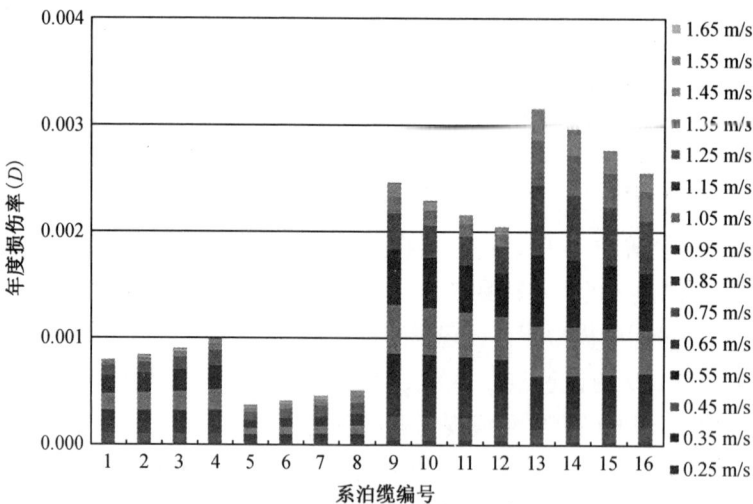

图 6.7　底链顶部的疲劳损伤与洋流速度的关系图　　　图 6.7 彩图

某些系泊系统可能会面临极端的涡激运动疲劳事件,这可能导致相当大的疲劳损伤,这个问题需要引起重视。需要注意的是,在涡激运动疲劳事件的计

算中,最差情况所采用的可能并非是百年一遇的洋流事件,而是重现周期更短的洋流事件。对于单个涡激运动事件的疲劳分析,所采用的洋流标准应是涵盖一系列重现周期的洋流事件,其中包括洋流速度、剖面、方向和持续时间(累积和衰减)等参数[9]。

强烈建议使用动态分析法对系泊缆进行张力分析。即使涡激运动的固有周期较长,大约在 100~200 s 的范围内,但由于忽略了索缆的动态变化,准静态分析得到的张力范围仍可能偏低。例如,图 6.8 显示了使用动态和准静态分析方法在导缆器处某根索缆的张力范围。在此示例中,与动态分析方法相比,准静态分析方法将张力范围低估了 13%,由此得出的疲劳损伤被低估了 44% 左右。

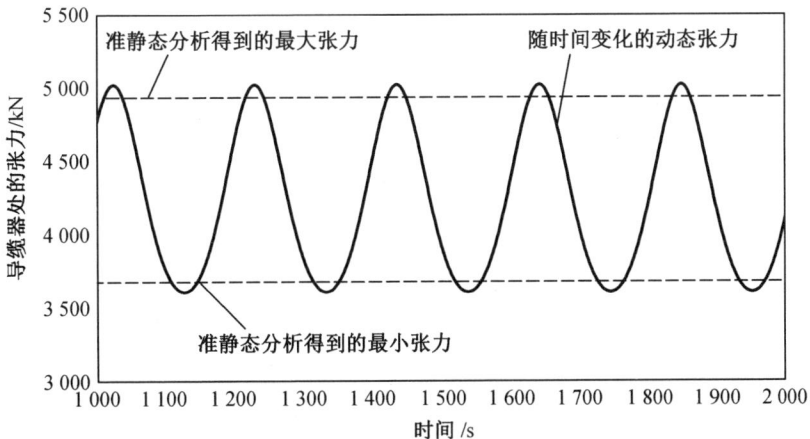

图 6.8 在一个涡激运动的洋流段中,分别由动态分析和准静态分析得到的一条系泊缆的拉力值域比较

6.7 链条的平面外弯曲疲劳

自 2002 年在吉拉索尔(Girassol)浮动平台的系泊腿上首次发现平面外弯曲(out-of-plane bending, OPB)疲劳损伤以来,系泊链的平面外弯曲疲劳已被确定为一种潜在的系泊失效机制,并引起了一定的关注[29-32]。平面外弯曲疲劳已被证实是至少三次系泊失效的主要原因[30]。本节简要讨论了平面外弯曲疲劳的机制,并总结了现有的分析方法。

6.7.1 平面外弯曲疲劳的机理

对于链节间接触面较为光滑的链条,在最初的理解中,系泊操作人员认为相邻的链节可以通过滚动和滑动来彼此旋转。然而,后来发现在所需张紧力较高的深海水域,链节之间可能会发生互相嵌锁的情况。图 6.9 显示的是吉拉索尔浮动平台的锚链筒内部链节发生的互锁情况[29-30,32]。

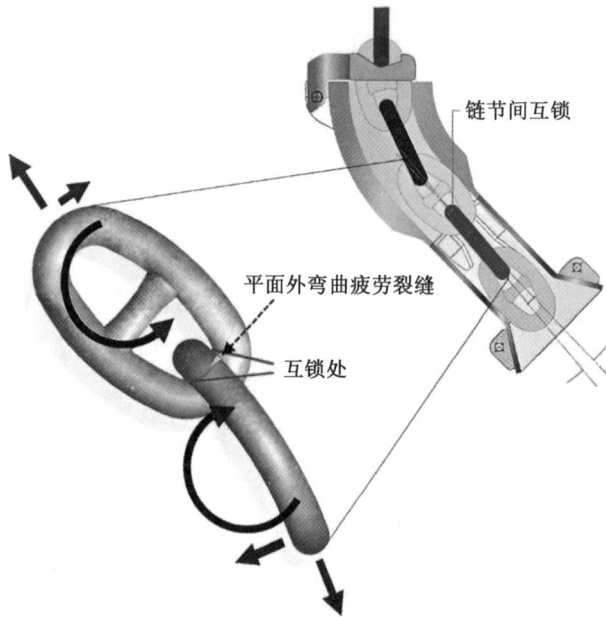

图 6.9　链条在锚链筒内部发生平面外弯曲的机制

在链条的制造过程中,通常会对链条链节施加 MBS 的 70% ~ 80% 的预负载。这种预载,特别是在链节之间的抓地区域会导致链节的塑性变形。由于预载引起的几何形状变化使得链节具有旋转刚度,换句话说,链节会相互嵌锁。结果就是两个界面无法像最初设想的那样经历滚动和滑动阶段,而是将弯曲力矩和链节角度之间的关系分为锁定、黏滑和滑动三个阶段[29]。

1. 锁定

在此阶段,链节相互锁定,接触区域无任何相对运动,表现为单个刚性梁单元。随着链节夹角的增大,弯矩呈线性增加。在锁定阶段,弯矩和链节夹角曲线的斜率被称为互连刚度。

2. 黏滑

该阶段可视为锁定和滑动之间的过渡阶段。与锁定阶段相比,弯矩与链节夹角的关系在此阶段变得更加非线性。

3. 滑动

相邻链节在接触区域的相对运动表现为滑动。在这个阶段,即使链节夹角增大,弯矩也保持恒定。

与非预载链节在滚动阶段产生的弯曲应力相比,锁定和黏滑阶段的弯曲应力明显较高。当船舶的运动导致系泊链发生平面外弯曲时,链节的弯曲会放大应力的变化,最终导致平面外弯曲疲劳失效的发生。理论上,平面外弯曲疲劳可能发生在相邻链节相对运动的任何位置。但在实际情况种,最重要的相对角度通常位于链条和浮体结构连接处。

需要注意的是,平面外弯曲疲劳和张拉(tension tension,TT)疲劳的裂纹起始点在链节上的位置是明显不同的。图 6.10 以热点图的形式对比了平面外弯曲疲劳和张拉疲劳的裂纹起始点。在只有平面外弯曲载荷的情况下,热点位于弯折区域(靠近两个链节之间的接触区域)。在只有拉伸载荷的情况下,在内弯处和链冠处存在两处不同的热点位置。

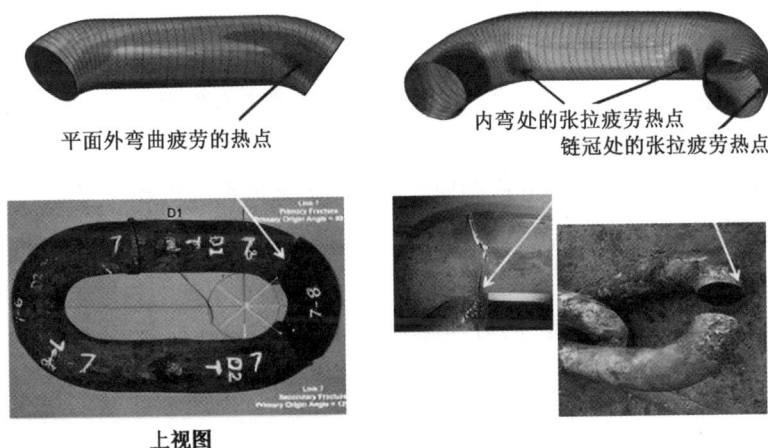

平面外弯曲疲劳的热点

内弯处的张拉疲劳热点
链冠处的张拉疲劳热点

上视图

图 6.10　平面外弯曲疲劳热点和张拉疲劳热点之间的位置比较[30]

6.7.2　平面外弯曲疲劳的评估

与已研究多年的系泊链的张拉疲劳相比,平面外弯曲疲劳还是一个较新的课题,其分析过程涉及包括系泊、结构和机械工程在内的多个学科。系泊链的平面外弯曲涉及复杂的机械原理,因此很难确定是否必须针对某种设计的导缆器或锚链筒进行平面外弯曲疲劳的评估。进行平面外弯曲疲劳分析的必要性取决于相关人员的经验和工程判断。

已经公布的一些指导意见建议进行平面外弯曲疲劳的评估,并总结了具体的方法[30,32]。然而,这些方法目前还不够成熟,尚未被视为业界的推荐做法,可能还需要进一步的研究和验证。总体而言,平面外弯曲疲劳分析的流程与结构部件的疲劳分析有些类似。平面外弯曲疲劳分析的主要步骤如下。

第1步,确定引起疲劳的海况。对发生平面外弯曲疲劳的海况进行的分析过程与张拉疲劳分析中的做法通常类似。然而,与张拉疲劳导致的损伤相比,平面外弯曲疲劳损伤在各种环境条件下发生的可能性通常较为平均[29]。因此,对平面外弯曲疲劳进行的评估通常会涉及更多环境组合、更高段分辨率的海况矩阵。

第2步,确定链节刚度和应力集中因子(stress concentration factors,SCF)。链节弯曲刚度描述了两个相邻链节之间的夹角和所产生的标称弯矩之间的关系。可以通过有限元分析(finite element analysis,FEA)评估平面外弯曲热点处的抗弯刚度和应力集中系数,也可以通过全尺度的链条检测估计链节的刚度。在早期设计阶段,如果没有进行有限元分析和链条检测,可以考虑 BV 推荐的链节刚度模型和应力集中系数[31]。法国船级社的刚度模型给出了一个经验函数,可通过链节夹角、系泊缆张力和链直径估算出弯矩值。应力集中系数取决于热点的位置。对于平面外弯曲的热点位置,推荐应力集中系数为链条预紧水平的函数,其最小值为 1.15。

第3步,进行全局响应分析和局部建模。整体响应分析和局部链节及连接处建模的目的是估计在特定的疲劳海况下链节的张力和弯矩分量的时间序列。具体的分析过程包括两部分,首先进行一次整体船舶缆线响应分析,估算出缆张力和相对的缆连接总角度的时间序列。由于数值建模的要求和分析过程的复杂性,分析通常在时域中完成。接着建立局部的链连接模型,以将总角度转换为链节之间的局部链节夹角和弯矩。通常使用链段和顶部连接的简化有限元分析模型进行建模。

第4步,计算总应力和循环计数。在整体响应分析、应力计算和循环计数之后,使用张力和主要及次要力矩分量的时间序列来计算受影响链节中的标称拉伸应力、平面外弯曲和平面内弯曲(in-plane bending,IPB)应力分量。将雨流计数法应用于总应力的时间序列,以得出各海况下的应力范围直方图。长期应力范围的直方图是根据每种海况的应力范围直方图以及相应海况的疲劳破坏概率建立的。根据 Miner 法则,通过 S-N 曲线法计算出总的疲劳损伤。平面外弯曲疲劳分析通常使用 DNV GL B1 提供的 S-N 曲线[15]。

6.8 思 考 题

1.简要说明 T-N 曲线和 S-N 曲线之间的差异。这两种曲线具有不同的疲劳安全系数。解释一下为什么安全系数的差异并不会造成问题。

2.预测疲劳损害的方法有哪些? 哪一种方法总是保守的? 哪一种方法给出的疲劳估计最准确?

3.哪种循环计数技术被广泛应用于时域疲劳分析?

4.描述一下涡激运动的机制。涡激运动对系泊疲劳有什么影响?

5.描述一下链索发生平面外弯曲的机制。系泊缆上的哪个位置容易发生平面外弯曲疲劳?

参 考 文 献

[1] A. Almar-Naess, Fatigue Handbook: Offshore Steel Structures, Tapir Academic Press, Trondheim, Norway, 1985.

[2] A. Naess, T. Moan, Stochastic Dynamics of Marine Structures, Cambridge University Press, 2012. ISBN: 9781139021364.

[3] W. Cui, A state-of-the-art review on fatigue life prediction methods for metal structures, J. Mar. Sci. Technol. 7 (2002) 43-56.

[4] P. J. E. Forsyth, The Physical Basis of Metal Fatigue, American Elsevier, New York, 1969.

[5] J. Schijve, Fatigue of Structures and Materials, Springer, 2009.

[6] K. Ma, Ø. Gabrielsen, Z. Li, D. Baker, A. Yao, P. Vargas, et al., Fatigue tests on corroded mooring chains retrieved from various fields, in: OMAE2019-95618, June (2019) 9-14.

[7] A. Palmgren, Die lebensdauer von kugellagern, 68, Verfahrentechinik, Berlin, 1924, pp. 339-341.

[8] M. A. Miner, Cumulative damage in fatigue, J. Appl. Mech 12 (1945) A-159.

[9] API RP 2SK, Recommended Practice for Design and Analysis of Stationkeeping Systems for Floating Structures, third ed, American Petroleum Institute, October 2005. Addendum 2008; Reaffirmed 2015.

[10] DNV GL, DNVGL-OS-E301. Offshore Standard Position Mooring, 2018.

[11] American Bureau of Shipping, Guide for Position Mooring Systems, 2018.

[12] ISO 19901, Petroleum and Natural Gas Industries—Specific Requirements for Offshore Structures—Part 7: Stationkeeping Systems for Floating Offshore Structures and Mobile Offshore Units, 2013.

[13] J. Fernandez, W. Storesund, J. Navas, Fatigue performance of grade R4 and R5 mooring chains in seawater, in: Proceedings of the 33rd International Conference on Ocean, Offshore and Arctic Engineering, OMAE 2014 – 23491, San Francisco, June 2014.

[14] Noble Denton & Associates, Inc, Corrosion Fatigue Testing of 76mm Grade R3 & R4 Studless Mooring Chain, H5787/NDAI/MJW, Rev 0, 2002.

[15] DNV GL, DNVGL – RP – C203, Fatigue Design of Offshore Steel Structures, 2016.

[16] API RP 2SM, Design, Manufacture, Installation, and Maintenance of Synthetic Fiber Ropes for Offshore Mooring, second ed, American Petroleum Institute, 2014.

[17] American Bureau of Shipping, Guide Notes on the Application of Fiber Rope for Offshore Mooring, 2014.

[18] Y. Wu, T. Wang, R. Eide. Governing locations of offshore mooring fatigue design, in: Proceeding of the 20th SNAME Offshore Symposium, SNAME_OS15_06, Houston, TX, 2015.

[19] M. Matsuishi, T. Endo, Fatigue of Metals Subjected to Varying Stress, Japan Society of Mechanical Engineers, Fukuoka, 1968.

[20] G. Marsh, C. Wignall, P. R. Thies, N. Barltrop, A. Incecik, V. Venugopal, et al. , Review and application of Rainflow residue processing techniques for accurate fatigue damage estimation, Int. J. Fatigue 82 (3) (2016) 757765.

[21] X. Xue, N. Z. Chen, Y. Wu, Y. Xiong, Y. Guo, Mooring system fatigue analysis for a semi-submersible, Ocean Eng. 156 (2018) 550563.

[22] Y. Wu, T. Wang, O. Eide, K. Haverty, Governing factors and locations of

fatigue damage on mooring lines of floating structures, Ocean Eng. 96 (1) (2015) 109124.

[23] M. B. Irani, L. D. Finn, Model testing for vortex induced motions of spar platforms, in: Proceeding of the 23rd International Conference on Offshore Mechanics and Arctic Engineering OMAE 2004-51315, 2004.

[24] R. T. van Dijk, A. Voogt, P. Fourchy, M. Saadat, The effect of mooring system and sheared currents on vortex induced motions of truss spars, in: Proceedings of the 22nd International Conference on Offshore Mechanics and Arctic Engineering, OMAE'03, Cancun, Mexico, 2003.

[25] K. Huang, X. Chen, C. T. Kwan, The impact of vortex-induced motions on mooring system design for spar-based installations, in: Offshore Technology Conference, 15245, Houston, TX, 2003.

[26] T. Kokkinis, R. E. Sandstro¨m, H. T. Jones, H. M. Thompson, W. L. Greiner, Development of a stepped line tensioning solution for mitigating VIM effects in loop/eddy currents for the genesis spar, in: Proceeding of the 23rd International Conference on Offshore Mechanics and Arctic Engineering, OMAE2004-51546, 2004.

[27] G. Wu, W. Ma, M. Kramer, J. Kim, H. Jang, J. O'Sullivan, Vortex induced motions of a column stabilized floater, Part II: CFD benchmark and prediction, in: Deep Offshore Technology International Conference, Aberdeen, Scotland, October 2014, 2014.

[28] Y. C. Park, A. Antony, H. Moideen, A. Jamnongpipatkul, Gulfstar—VIM and mooring chain fatigue, in: OTC-26051-MS, Offshore Technology Conference, Houston, TX, 2015.

[29] P. Jean, K. Goessens, D. L'Hostis, Failure of chains by bending on deepwater mooring systems, in: OTC 17238, Offshore Technology Conference, Houston, TX, 2005.

[30] A. Izadparast, C. Heyl, K. Ma, P. Vargas, J. Zou, Guidance for assessing out-of-plane bending fatigue on chain used in permanent mooring systems, in: Proceedings of the 23rd Offshore Symposium, Society of Naval Architects and Marine Engineers (SNAME), Houston, February 2018.

[31] Bureau Veritas, Fatigue of Top Chain of Mooring Lines Due to In-Plane and Out-of-Plane Bending, Guidance Note NI 604 DT R00 E, 2014.

[32] L. Rampi, F. Dewi, P. Vargas, Chain out of plane bending (OPB) joint industry project (JIP) summary and main results, in: Offshore Technology Conference, 25779-MS, Houston, TX, 2015.

第7章 模型实验

模型实验通常用于浮式结构及其系泊系统的设计验证。除系泊系统响应分析外,模型实验是一种有效的设计和验证工具,主要目的如下:

(1)验证浮式系统的整体性能;

(2)确定负载和响应的设计值;

(3)验证和校准数值分析的工具;

(4)发现设计中尚未考虑到的其他因素。

除了上述目的之外,模型实验还可用于确定由解析方法无法可靠预测的非线性现象引起的响应,例如波浪爬高、甲板波浪砰击、摆尾和涡旋引起的运动等。

7.1 模型实验类型

模型实验将缩小比例的物理模型置于人工实验设施的模拟环境下。通过测量缩尺模型的运动和载荷,预测原型浮式系统的响应。模型实验有多种类型,分别用于不同的实验目的,在本书中仅描述与系泊系统设计直接相关的实验。

7.1.1 水池模型实验

与系泊系统设计最为相关的实验设施是水池,也称为海洋工程水池或模型水池。海洋工程水池被广泛用于测量浮式系统的偏移量、运动响应和水动力载荷。它可以模拟风、浪、流在内的海洋环境,并测量物理模型(自由漂浮或系泊于水池底部)的响应。模型水池通常需要具有足够的尺寸和深度,以保证可以在合理的缩尺比下进行实验。这些设施能够在很宽的频率范围内产生规则波和随机波浪,并提供稳定风和湍流风以及需要的海流分布(图7.1)。

图 7.1 水池模型实验

(图片由 SINTEF/挪威科技大学提供)

在进行水池模型实验前,需要在水池中进行一系列测试,例如:

(1)静态偏移实验:推导并验证系泊刚度特性。

(2)衰减实验:验证载荷条件,并推导出自由漂浮和系泊条件下的浮式结构固有周期和阻尼。

(3)耐波性实验:推导运动传递函数。

(4)定位实验:获得浮式结构的偏移量和系泊缆/立管拉力。

7.1.2 风洞实验

风洞是通常用于研究海上结构受风(和流)载荷的实验设施。风洞具有管状基座,被测物体安装在基座中间。强大的风扇系统使空气流过物体。对实验对象进行倾斜/旋转,从而测量空气动力、压力分布或其他与空气动力相关特性(图 7.2)。

7.1.3 拖曳模型实验

拖曳水池是用于获得船舶或平台模型(如半潜式)流体动力学特性的水动力学实验设施,以用于新的设计或浮动结构的修改。拖曳水池为狭长结构,上部设有轨道,可用于不同速度的模型拖曳。它通常用于测定浮式结构的阻力系数,也可用于涡激振动实验(图 7.3)。

(a) 用于风力试验的船体和上层建筑

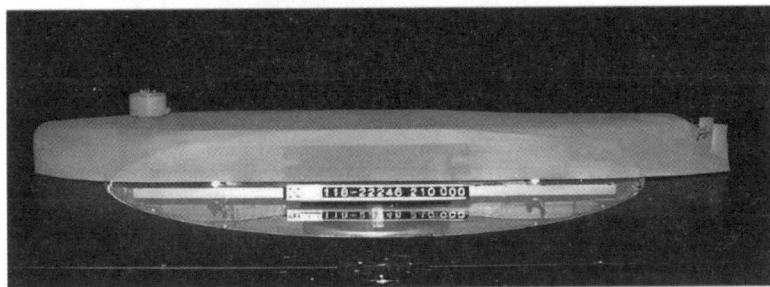

(b) 船体被翻转进行海流力试验

图 7.2 风洞实验

(图片由 NOV/APL 提供)

图 7.3 正在进行的拖曳实验

(图片由 SINTEF 提供)

7.1.4 冰池实验

冰池用于测量结冰条件下船舶和海洋平台作业时的冰载荷。冰池犹如一个巨大的冰箱,用来模拟冰冻条件。当船舶或平台在模拟冰厚、覆盖率和硬度条件下拖曳时,可确定作用于结构物上的冰载荷。如图 7.4 所示,用特殊流程将冰层冷冻,并将冰晶缩小至模型尺寸。

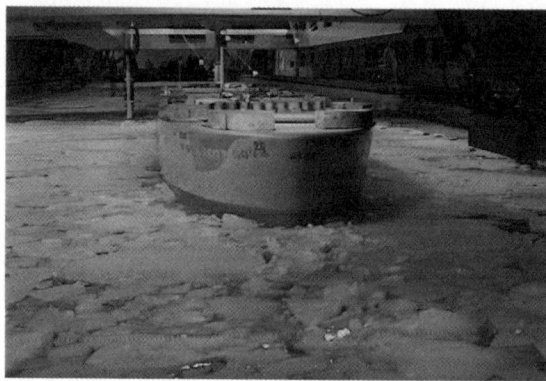

图 7.4 冰水池实验

(图片由 SOFEC 提供)

7.2 模型实验原理

缩尺模型是海洋工程中的标准工具。全尺寸平台(即原型)的尺寸可以超过 100 m,而用于实验的物理模型是实际尺寸的微缩。模型实验的优点在于应用了"相似性"的比例定律,通过对缩小比例的模型进行实验来预测原型(全尺寸结构)的响应。相似性主要包括以下三种:

(1)几何相似性:指原型和模型结构必须具有相同的形状,并且所有尺寸必须具有相同的线性比例。

(2)运动相似性(速度相似性):指流和模型的几何运动相似。

(3)动力学相似性:指力的相似性,原型和模型尺寸之间不同力的比例必须相同。

基于以上相似性,存在许多众所周知的力比。这里列举了两个无量纲数作为例子:

（1）弗劳德数 $Fr = ($惯性力/重力$)^{1/2} = u/(gl)^{1/2}$。

（2）雷诺数 $Re = $惯性力/黏性力 $= ul/\nu$。

对于以重力和惯性力为主，而且其他力的影响（例如运动黏度 ν）较小的情况，模型实验将符合弗劳德数相似。如表 7.1 所示，基于以上原理，列出了模型与原型相关的比例因子。比例因子 λ 定义为原型与模型的线性尺寸（长度）比，ρ_m 是缩尺模型的流体密度，ρ_f 是原型尺度下的流体密度。

表 7.1　弗劳德比例因子

物理参数	单位	比例因子
长度	m	λ
质量	kg	$\lambda^3 \rho_f / \rho_m$
力	N	$\lambda^3 \rho_f / \rho_m$
力矩	Nm	$\lambda^4 \rho_f / \rho_m$
加速度	m/s^2	$a_f = a_m$
时间	s	$\lambda^{1/2}$
压力	N/m^2	$\lambda \rho_f / \rho_m$

需要注意的是，模型和原型之间不可能所有参数有相同的力比。并且，在模型实验期间，只能选择性地使最相关的力比在实验模型和原型之间是相同的，而其余的则导致尺度效应。根据弗劳德数比例相似建模时，黏性力（与雷诺数有关）并不完全匹配。

综上所述，模型实验采用基于相似性定律的缩尺模型，并且在实验过程中测得的运动和载荷的响应可以根据缩尺比转换为原型比例。

7.2.1　缩尺比

模型实验缩尺比的选择有一些注意事项。模型尺度越大（即缩尺比越小），就越能可靠地模拟水的自由表面与浮式结构之间的相互作用。模型越小，实验模型与其原型之间的等效性就越低。对于尺度非常小的模型（例如 λ 大于100），在进行模型实验时会出现波高过小，以及由于造波机、气流等不稳定因素导致的水池噪声过大等一系列问题。而且模型的质量非常轻，导致质量相似也变得更加难以实现（图 7.5）。

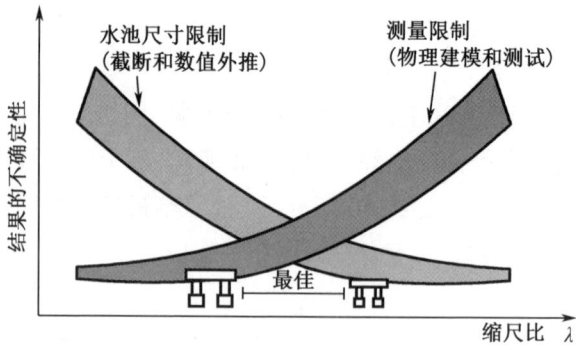

图 7.5　最佳缩尺比

截断系统的缩尺比通常在 1∶90 到 1∶40 之间。这种模型比例有以下优点：

(1)自由液面上的无黏性波浪在可接受的尺度上得以模拟；

(2)可接受或可控制的尺度效应，例如系泊缆和立管；

(3)由于尺寸和质量分布的精确模拟，容易实现精确的测量；

(4)可以更精确地模拟风、浪、流条件。

7.3　模型实验水池设施的功能

7.3.1　风生成

模型实验水池的风环境通常由一组风扇产生。根据目标风荷载，对风速进行校准以实现正确的风荷载。理想情况下，风扇可以围绕测试模型自由移动（旋转和平移运动），以模拟最佳的风环境。如图 7.6 所示，即使有大量风扇，在整个模型周围区域创建均匀风速流场始终颇具挑战。

7.3.2　造波机

造波功能是模型水池的关键功能之一。一个先进的水池应配备能够产生规则波和不规则波(包括白噪声波、波群和多向波的随机波)的造波机。方形或矩形水池通常在水池的一侧或两侧配有一组单翻板(single flip)或多翻板(multiflip)造波机。在造波机的对侧使用消波装置，以最大限度地削弱反射波。在大多数情况下，消波装置由倾斜的多孔表面组成，通过黏性耗散和波浪破碎相结合的方式吸收波浪能量。但是，消波装置壁面的部分反射不可避免。因此，在某些情况下,有必要限制实验持续的时间,以避免反射波影响模型周围的实验区域。

图7.6 造风过程

(图片由 MARIN 提供)

为了产生高质量的波浪,模型水池应具有足够的尺寸,以最大限度地减少与水池有限尺寸相关的水动力效应。如果水池相对模型的尺度足够大,则与波浪没有直接关系的壁面效应可以忽略不计。但是,无论水池的大小如何,与壁面反射波相关的影响都会持续存在。因此,必须控制反射波的产生和吸收,以模拟开阔水域(图7.7)。

图7.7 造波机

(图片由 MARIN 提供)

7.3.3　造流

在模型实验水池中生成均匀的流速剖面是一项具有挑战的任务。通常做法是沿着水池深度使用大量水泵以产生水流。为了让水池产生稳定的流,必须使水流循环。在某些水池中,水流只在水池底部循环。最好的循环方式是使水流在水池外循环,这样可以使流对波浪的影响降低到最小。但是,即使采用最先进的造流设备,也无法实现完美的均匀流。流场中不可避免地会出现5%到10%的湍流。对于一些没有造流能力的模型水池,可以在水池内部放置一组风扇以产生局部流。然而,控制水池中的局部流场分布更是难上加难。

7.4　模型实验的局限性

尽管模型实验是预测浮式结构动力响应的有效工具,但它还是有以下局限性。

1. 理论局限性

由于模型实验无法同时满足弗劳德数和雷诺数的相似条件,因此无法达到不同力之间全都相似。换句话说,各种作用力之间的比例在模型和原型尺度上不同。因此,需要根据不同的力对当前问题的相对重要性做出选择。由于波浪力是浮式结构模型实验中最重要的力,并且与重力相关,因此弗劳德数是最重要的无量纲系数,被用作系泊浮式结构模型实验的设计基础。在应用弗劳德数相似定律时,由于不符合雷诺数相似,将引起"尺度效应"。在系泊浮体模型实验中,最重要的尺度效应由黏性阻力引起。但所需的修正因子是不确定的,通过这样的补偿方式,能大大提高实验准确度。稳定流中拖曳力系数 C_d 对雷诺数的依赖关系并不适用于实验过程中的复杂流动。如果系统的耦合系泊分析表明对尺度效应敏感,则建议以适当的雷诺数设计单独"部件"的模型实验。

2. 水池尺寸限制

理想情况下,整个浮式结构及其系泊缆和立管模型都能很好地置于实验水池。但是,模型实验水池的尺寸和深度都是有限的。对于处于 3 000 m 水深的深水浮式系统来说,深度为 10 m 的深水池只能使用大约 1:300 的比例来模拟整个系统,但这样的缩尺比太小了。因此,受到水池物理尺寸的限制,系泊腿和立管必须采用截断实验。然而,用截断模型系泊系统代替未截断系统也会带来新的问题。

3. 设备性能限制

造波、造流和造风的精度受到设备性能的限制。例如,水池的造波功能通常仅局限于一定的波高、周期和波陡。此外,海流分布理论上是均匀的,但是水池产生的流速将不可避免地导致湍流。此外,模型实验的风是由一组风扇产生的,因此在整个实验域内,风速不可能完全均匀。

4. 实验工况限制

模型实验整体很耗时,从环境参数的校准到实验测试再到最终实验,可能需要很多天。水池的使用时间很宝贵,因此在模型实验过程中只能进行有限的工况实验。通常需要事先进行全面的工程分析,只对筛选出的关键工况进行水池模型实验。

7.5　系泊系统截断

7.5.1　截断目的

进行模型实验前,需要创建包括系泊缆和立管的整个浮式系统模型。在深水中,浮式系统在水中有很长的系泊缆。但由于水池物理尺寸的限制,模型水池可能无法容纳合理比尺的完整浮本系统模型。因此,如图 7.8 所示,常见的做法是采用尽可能与原型系泊系统等效的截断系泊系统。

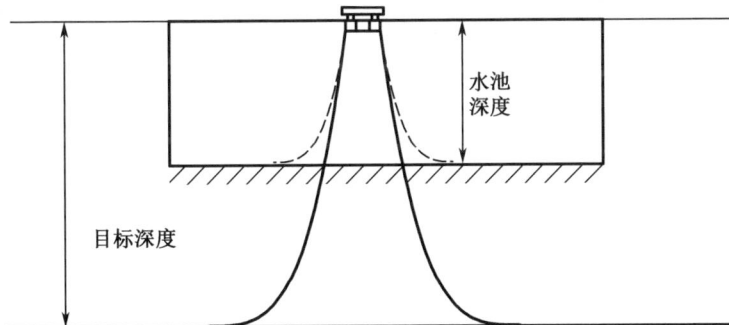

图 7.8　截断(等效)系泊缆示意图

术语"截断系泊系统"和"等效系泊系统"分别被不同团队使用,但是它们的概念基本相同。截断是指由于水池深度或空间限制而导致的系泊和立管系统尺寸的折减。截断深度或宽度以内的系泊或立管系统部分可以忽略,也可以用主动或被动模拟装置代替。等效意味着截断的模型应具有与全深度模型相同的载荷与位移特性。因此,虽然受水池空间限制,全深度模型无法实现,但等效截断模型可以模拟原型浮式系统的特性。

7.5.2　截断设计

当有必要采用截断系统时,截断设计的目的是确保特定类型浮体在自由表面处的特性尽可能接近于全深度系统。这样可以根据模型实验结果直接评估设计问题。

截断中一个基本问题是在处理截断水深和锚泊半径的约束时,要保证力、运动和偏移量与全深度实验系统相同。这意味着系统刚度中的几何刚度会由于几何尺寸的减小而变得过大。解决这一问题的常用方法是增加弹簧来引入弹性适应性。

为了进行截断设计,第一步是创建一个截断(等效)系泊系统,其静载荷-位移特性应尽可能与全深度系统的静载荷-位移特性相匹配。初始的截断设计可以基于线形几何缩放的概念,同时保持顶部和底部链的悬链效应不变。另一种方法是在水池中选择尽可能大的锚泊半径,以补偿系泊缆长度的不足。无论采用哪种方法,正确地模拟系泊水平刚度都是最重要的。

第二步是对截断系统的静载荷-位移曲线进行调整和优化。悬链线式系泊系统静载荷-位移曲线有三个区域:①悬链效应控制系统刚度区域;②系泊缆的弹性控制系统刚度区域;③两个区域之间的过渡区域。截断意味着几何效应区域减小,弹性变形区域增大。为了通过弹性变形反映悬链效应的非线性,可能需要使用非线性(阻塞)弹簧或增加悬链线质量。最后一步,对截断系统的动态响应进行检查,以确保与全深度系统的动态响应接近。

7.5.3　截断局限性

值得注意的是,任何截断系统都有其局限性。用截断系统无法精确再现全深度系统的所有准静态和动态特性(在所有六自由度上)。当有可能设计出一个符合全深度系统特性的截断系泊系统时,这仅限于特定的位移范围内(即船舶偏移量在零、均值或期望的极端位置附近)。

7.5.4　其他截断方法

前几节中介绍的系泊和立管系统截断技术是模型水池普遍采用的方法,并被海洋工业界广泛接受。但根据实验目的和验收标准的不同,还有其他的截断方法。

举个例子,为了模拟管线截断部分的响应,在水池底部截断原型系泊系统和立管,并开发一个主动或被动系统。伺服电机的主动系统可以通过力反馈和位置控制在截断点提供精确的系泊设备匹配。

由于被动系统更为简单、成本低且可靠性高,因而经常被优先选用。这些系统利用重物和弹簧来模拟系泊缆/立管截断部分的响应。

7.6　混合试验方法

7.6.1　方法简介

由于水池尺寸的限制,模型实验不能单独使用,需要进行数值分析来设计截断系泊系统,还需要通过数值分析将模型实验结果推广到全深度系统。将模型实验与数值分析工具相结合的方法就是混合试验方法。

7.6.2　基本原理

混合试验解决了整体验证复杂深水浮式系统的实际困难。它使用经过验证的数值模型来辅助设计和描述模型实验。

"模型的模型(model-of-the-model)"最初用于设计等效或截断系泊系统,并确保其能够满足模型实验目标。随着模型实验的进行,对初始的"模型的模型"进行更新,以系统地验证数值模型和物理模型之间的一致性。这自然会提高模型实验的整体质量。在试验程序结束时,使用"模型的模型"进行合理调整,将系统响应外推到全尺寸,并根据需要校准最终尺寸的设计方案。混合试验方法的过程如图 7.9 所示。

7.6.3　数值工具

混合方法成功应用的前提是经验证的浮式结构/系泊缆/立管耦合动力学数值模型可用于截断系泊系统的设计以及模型实验结果外推至原型尺度。混合方法的成功应用取决于以下条件:

(1)耦合数值模型能够使用静态偏移试验、自由衰减试验、风力/海流力校准试验和规则波试验的结果,再现缩尺模型所有测量的浮式结构/系泊缆/立管响应。

（2）耦合数值模型能够使用随机波浪试验（包括白噪声试验以及风和海流叠加试验）的结果,再现缩尺模型所有测量的波频浮式结构/系泊缆/立管响应。

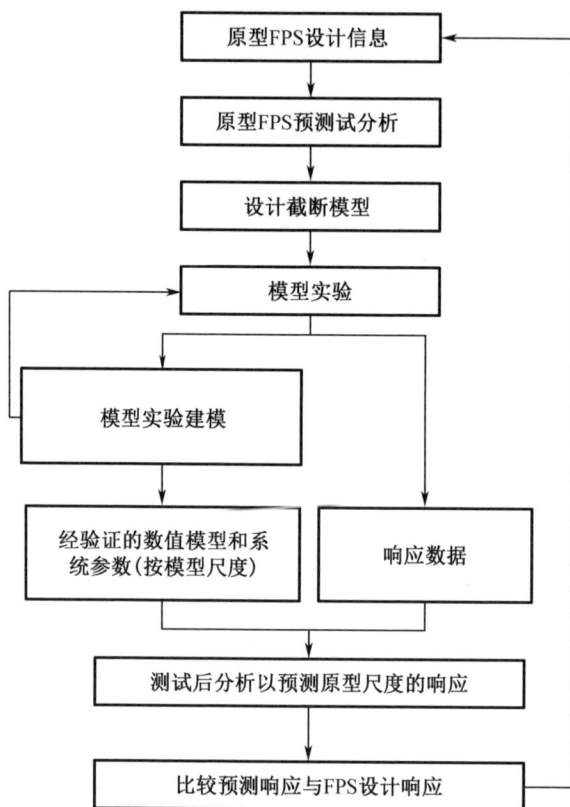

```
┌─────────────────────┐
│   原型FPS设计信息     │◄──────────────┐
└─────────────────────┘               │
          │                           │
┌─────────────────────┐               │
│   原型FPS预测试分析   │               │
└─────────────────────┘               │
          │                           │
┌─────────────────────┐               │
│     设计截断模型       │               │
└─────────────────────┘               │
          │                           │
┌─────────────────────┐               │
│      模型实验         │               │
└─────────────────────┘               │
      │        │                      │
      │        └──────────┐           │
┌─────────────────────┐   │           │
│    模型实验建模        │   │           │
└─────────────────────┘   │           │
          │               │           │
┌─────────────────┐  ┌─────────┐      │
│ 经验证的数值模型和系 │  │ 响应数据 │      │
│ 统参数(按模型尺度)  │  └─────────┘      │
└─────────────────┘       │            │
          │               │            │
┌─────────────────────────┐            │
│  测试后分析以预测原型尺度的响应  │            │
└─────────────────────────┘            │
          │                            │
┌─────────────────────────┐            │
│  比较预测响应与FPS设计响应   │────────────┘
└─────────────────────────┘
```

图 7.9　模型实验和数值分析的混合方法

7.7　模型实验实施

7.7.1　模型准备

在进行模型实验之前,需要进行广泛的工程分析,以确定模型实验惯例、模型实验尺度、截断系统的设计(如有需要)以及关键实验工况的选择。完成模型实验规范的技术文件最终定稿,并交付给模型实验水池。

制作的物理模型包括浮体以及舱底龙骨、系泊导缆器、系泊和立管组件、转塔系统和典型的上层建筑等主要附件。制作的物理模型在装载到模型实验池之前,需要对其尺寸、质量、重心、回转半径等方面进行全面的校准。物理模型必须严格按比例建立,误差一般控制在±3%以内。

制作的系泊系统和立管将固定在水池底,并连接到浮式装置上。随后,为满足测试要求,将对整个系统进行调整。为了验证系泊系统建模的正确性,应绘制系泊系统的回复力曲线(即载荷与偏移曲线),并与理论结果进行比较。

7.7.2 环境校准

在进行正式实验之前,应预先生成环境条件并与理论值进行验证。

为了进行校准,应该生成不规则的长峰波以重现由有义波高 H_s、谱峰周期 T_p 和谱峰因子 γ 定义的波谱。在整个波浪校准测试期内,应该在浮式结构静止的位置测量波高。

风应通过安装在模型装置前面的风机产生。通过调整风机转速,确保在水面上方 10 m 位置处的风载荷是正确的。产生的流场应确保作用在浮式结构和系泊模型上的任何位置,在时间和空间上都是均匀的。

7.7.3 数据采集和处理

为了表征流体动力学性能,关键的响应参数通常包括:
(1)浮体运动(从高频到低频);
(2)系泊缆张力;
(3)立管张力和/或最小弯曲半径;
(4)与系泊系统/立管/船体相关的可能的相互作用(如碰撞);
(5)相对波浪运动(如甲板上浪、波浪爬高和气隙);
(6)结构全局载荷;
(7)局部波浪冲击载荷、砰击载荷。

实验时安装水上和水下摄像机,以便对整个模型实验过程进行连续完整录制。必须对总信号进行滤波,从而分离波频和低频响应。在进行动力学实验时,应根据中间 3 h 长的窗口得出以下每个信号的测量值:
(1)平均值;
(2)标准差;
(3)最大值和最小值;
(4)最可能极值(most probable extreme,MPE);
(5)导出 MPE 的分布参数;
(6)过零周期。

7.8　思　考　题

1.假如要进行一个非冰区的浮式生产系统设计,请简述需要进行哪些类型的模型实验。

2.简要说明模型实验中的相似准则。

3.如果使用非常小的模型(即选择的比例因子非常大),请阐述模型实验可能存在的问题。

4.请阐述进行模型实验时,有时必须使用截断系泊模型而不是全深度系泊模型的原因。

参　考　文　献

[1]　B. Buchner, Numerical simulation and model test requirements for deep water developments, in: Deep and Ultra Deep Water Offshore Technology Conference, Newcastle, March 1999.

[2]　C. Stansberg, S. Karlsen, E. Ward, J. Wichers, M. Irani, Model testing for ultradeep waters, OTC 16587, Houston, TX, 2003.

[3]　E. Ward, V. Hansen, Model-the-model: validating analysis models for deepwater structures with model tests, OTC 15350, Houston, TX, 2003.

[4]　O. Waals, R. Van Dijk, Truncation methods for deep water mooring systems for a catenary moored FPSO and a semi taut moored semi submersible, DOT, New Orleans, LA, 2004.

第8章 锚固基础

8.1 概　　述

8.1.1 锚固基础分类

浮式结构对系泊系统施加多种载荷,包括悬链线式系泊缆的水平载荷、半张紧式和张紧式系泊缆的水平载荷和垂向载荷、张力腿平台的垂向上拔载荷。此外,锚固基础的土壤类型和属性也有不同,如软黏土、硬黏土、沙、砾石等。因此需要通过综合工程分析选择锚固基础的类型,并设计锚固基础的布置。图8.1 所示为海洋工程中常用的锚固基础类型,主要包括[1]:

(1)重力锚。

(2)锤击桩锚。

(3)嵌入式拖曳锚。

(4)吸力锚。

(5)重力安装锚,包括鱼雷锚、深贯锚、多向受荷锚等。

(6)法向承力锚,包括吸力贯入式板锚

对于永久系泊浮式结构,最常用的是吸力锚和锤击桩锚[2],而对于温和环境下的小型浮式装置,常用的是高效的拖曳锚和法向承力锚。鱼雷锚是一种重力安装锚,是一种概念相对较新的锚,已被广泛用于移动式海上钻井装置和永久系泊中。锚固基础的设计需要全面的岩土工程分析,包括现场勘查、土壤特性分析、基础安装分析和基础承载力评估。

对于移动式海上钻井装置,最常用的是嵌入式拖曳锚,它可以在没有专用设施的情况下进行部署和回收。通过调节锚爪角度,它可在软黏土、硬黏土、沙土等各种土壤条件下工作。然而,其承受垂向载荷的能力有限。法向承力锚可用于承载较大的垂向载荷。对于垂向载荷非常大或严禁锚移动的情况,可采用锤击桩锚或吸力锚。由于作业的临时性,除非作业地点邻近其他设施,否则一般不会进行彻底的土壤调查。

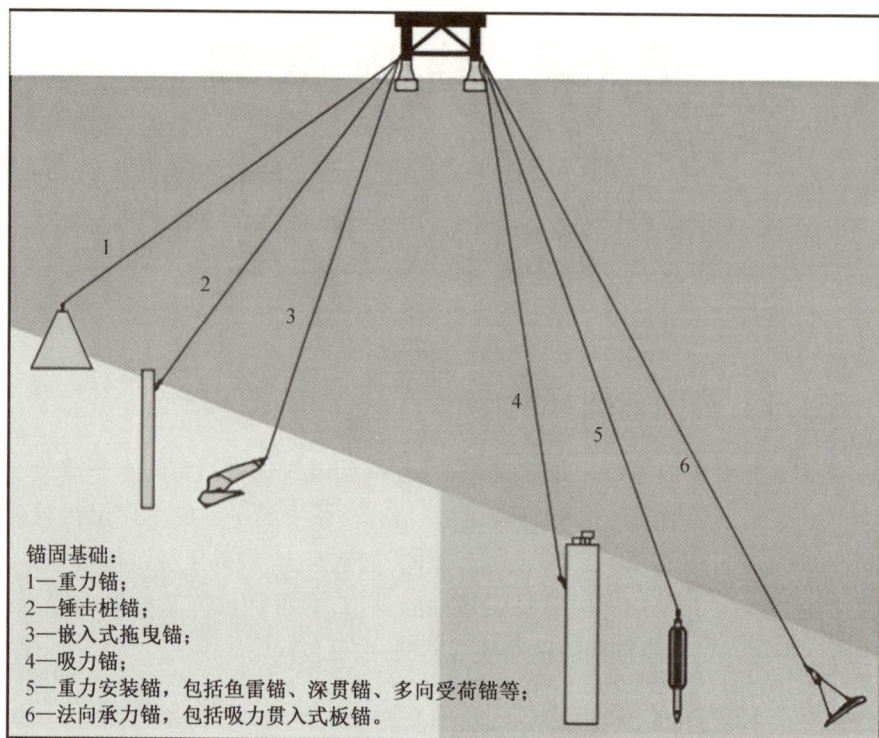

图 8.1 海洋工程中常用的锚固基础类型

（图片由 Vryhof Anchor 提供）

　　对于不能贯入海床的情况,如岩石海床,上述锚固基础不再可用。在这种情况下,可使用由钢筋混凝土或废钢等制作的重力锚。重力锚的垂向承载力与其湿重相当,因此其承载力相对较小,约为几吨(1 tf＝9 800 N)。其水平承载力可以通过湿重乘以适当的摩擦系数来计算。然而,由于重力锚的承载力有限,因此其很少用于系泊作业。

8.1.2　锚固基础设计要求

锚固基础设计主要考虑以下两个方面。

1. 结构设计

针对以下载荷进行锚固基础设计评估:

(1)锚缆施加的最大载荷;

(2)运输和安装锚固基础过程中施加的最大载荷;

（3）锚固基础在整个生命周期内承受的疲劳损坏。

2. 海床土体设计

通过以下分析进行锚固基础设计评估：

（1）海床土体与锚固基础相互作用分析，确定海床土体作用在锚固基础上的支反力，以作为锚固基础设计的输入；

（2）海床土体承载力分析，确定锚固基础所需埋入的深度和尺寸，以达到预期的承载力；

（3）检查锚固基础入土和拆除的能力，以实现所需的埋置和移除。

锚固基础在海床土体中的失效机理取决于多种因素，包括锚固基础的几何形状、载荷倾角、载荷附着点的深度，以及海床土体抗剪强度。对于锤击桩锚，其与锚链的连接点通常位于泥线以下，以获得最佳的承载力。

8.1.3　土壤特性

在项目的工程和安装阶段之前，通常要进行现场勘查。它为确定锚点的位置和锚的尺寸提供了必要的信息，如海底地形、地形（水深测量）、土壤属性等。然而，一些移动式海上钻井装置在作业时可能只是简单地使用大多数可用的信息，而不进行现场勘查。现场勘查活动包括地表和岩土调查，可能包括海底调查、设施定位、土壤取样和土壤测试。关于现场勘查的更多讨论见 11.1 节。

土壤主要按粒径大小进行分类。一般情况下，锚设计中遇到的土壤类型为沙和黏土，粒径为 0.1 μm 至 2 mm。但是，系泊位置也存在粒径大于 2 mm 的土壤，如砾石、鹅卵石、巨砾、岩石等。

土壤强度一般用土壤的抗剪强度参数来表示。不排水抗剪强度是锚设计的关键土壤参数之一。黏土类的土壤一般以不排水抗剪强度、浸没单位质量、含水量和塑性参数来表征。不排水抗剪强度值通常在实验室中测量。现场可根据锥贯试验和十字板剪切试验的结果进行估算。沙土的力学抗力主要表现为浸没单位质量和内摩擦角。这些参数是在实验室中确定的。

典型的深水土壤沉积物由软黏土和偶见砂层组成。在过去的几千年里，海平面变化了 300 ft（1 ft＝0.304 8 m）或更多。在近岸地区，特别是河口附近，土壤沉积速度相对较快，土壤沉积速度超过孔隙水的排出速度。这种情况导致土壤非常脆弱，或者出现所谓的"欠固结状态"。在深水或远离沉积物源的地方，土壤沉积物的沉积速度可能非常缓慢（每千年几毫米），因此在沉积过程中孔隙压力值保持在静水压力值。这就产生了通常固结的黏土。这些土的抗剪强度随深度的增加而基本呈线性增加。

8.2 吸力锚

如图 8.2 所示,吸力锚为大直径圆筒形桩锚,直径一般为 4~6 m。吸力锚的安装首先依靠结构自重嵌入一定深度,然后,通过"吸力"嵌入预定安装深度。吸力实际上是通过锚顶盖上的阀门泵产生的压差。吸力锚比锤击桩锚更具优势,主要原因是吸力锚不需要沉重的水下锤。吸力锚的长径比的选取在很大程度上取决于安装过程的安全性。其最佳长径比通常在以下范围内[3]:

(1)对于密实沙土,长径比小于 1.5。

(2)对于硬黏土,长径比在 1.5~3 之间。

(3)对于软黏土,长径比大于 5。

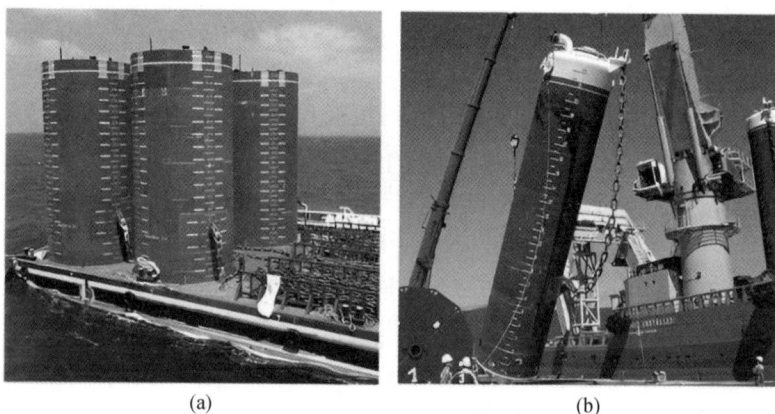

(a)　　　　　　　　　　(b)

图 8.2　吸力锚

(图片由 SPT Offshore 提供)

吸力锚一般采用薄壁设计,典型的直径-壁厚比在 125~160 之间,而锤击桩锚的直径-壁厚比为 10~40[3]。为了防止安装过程中的结构失稳和使用过程中的结构失效,需要使用各种内板加强筋和环形加强筋。吸力锚主要用于悬链线式和张紧式系泊系统,也被用于承受垂向载荷(如张力腿平台)。

8.2.1　吸力锚的承载力

吸力锚的承载力的分析模型有 3 类[4]:

(1)极限平衡或塑性极限分析方法:包括土体破坏机制的模型。

(2)半经验方法:高度简化的土壤阻力模型,包括梁柱模型。注意,这些方法(如梁柱模型)不是首选方法,因为吸力锚与锤击桩锚的破坏机理不同。

(3)有限元分析:高级数值分析模型。

对于深水永久系泊系统,设计的重点是吸力锚的极限承载力,而不是载荷位移。建议采用有限元分析或极限平衡方法,并根据有限元模型进行塑性极限分析。对于以水平载荷为主的悬链线式系泊系统,如果没有其他方法,可以采用梁柱分析等半经验方法。

系泊缆连接点的深度对其承载力有很大的影响。最大承载力将随长径比、土壤强度及其他土壤参数的变化而变化。当系泊缆连接点位于最佳位置时,吸力锚在破坏载荷下不旋转而只是平移。如果土壤是由通常固结的黏土组成的,如墨西哥湾的典型土壤,那么最佳连接点通常位于桩顶下方约 2/3 的位置。

8.2.2　吸力锚的安装

最初,吸力锚在顶部贯通,以在自重贯入时方便海水溢出。嵌入过程中受到的抗力主要为作用于桩壁(内、外)的土壤剪应力和作用于桩端的土壤力。一旦吸力锚在自身重力的作用下静止,桩顶就会被密封,桩内的压强就会通过遥控潜水器(ROV)慢慢调低。简单地说,海水被抽出来产生负压(即吸力)。黏土是相对不渗透的,所以土壤的压力梯度可以忽略不计。这种压差迫使吸力锚嵌入土壤,直到达到目标嵌入深度(图 8.3)。在安装过程中要进行仔细的监测,以确保土体不会失效,不会向上隆起,降低内压不会引起吸力锚的屈曲变形。发生任何一种情况时都需要移除吸力锚。必须采取措施确保吸力锚的方向和倾斜度保持在公差范围内。可以通过将水泵回到桩内来收回吸力锚。

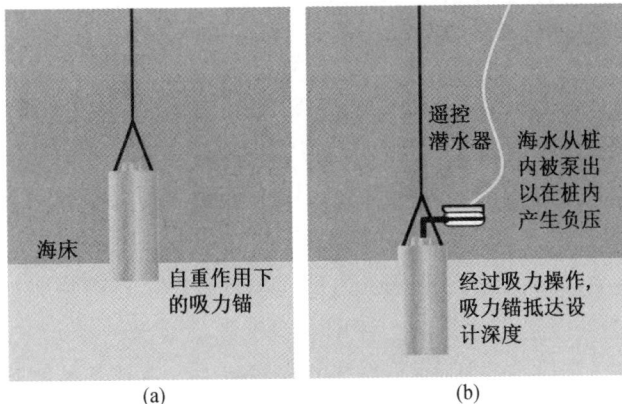

海床

自重作用下的吸力锚

(a)

遥控潜水器

海水从桩内被泵出以在桩内产生负压

经过吸力操作,吸力锚抵达设计深度

(b)

图 8.3　吸力作用下吸力锚的嵌入机理

吸力锚可根据水平位置、垂直位置和朝向要求准确放置。其安装过程受到严密监控,安装期间记录的数据用于验证设计或修正承载力。通常情况下,吸力锚的安装位置受到良好的控制,并且设计时有现场土壤数据分析的支持,因此不需要进行吸力锚承载力载荷试验。

与常规锚设计相似,吸力锚的安装预测模型相对简单。利用土壤的重塑抗剪强度估算土壤的抗剪承载力,利用常规承载力理论估算桩端的阻力。在任意深度估计总土壤阻力,以确定桩重和负压组合需要克服的阻力。在这个预测过程中,最大的不确定性是估算内部加强筋的阻力。预测模型为安装团队提供了预期情况,包括可能的不确定性范围。

8.3 锤击桩锚

如图8.4所示,锤击桩锚为大直径(1~3 m)开口管,制作相对简单,可安装在各种土壤条件下。锤击桩锚可以被打入海底100多米,高强度的土壤使得单根桩体形成非常大的抗拔力,可以达到5 000多吨。因此,原则上,与其他替代方案相比,锤击桩锚非常适用于张力腿平台(抵抗直接上拔)。锤击桩锚也可用于抵抗水平或倾斜载荷,因此也是张紧式或悬链线式系泊系统的良好选择。由于桩锤在深水中的打桩和操作很困难,因此通常不在超深水中使用锤击桩锚。尽管如此,锤击桩锚已被应用于2 400 m的水深。

8.3.1 锤击桩锚的承载力

锤击桩锚设计的关键是桩的轴向承载力。对轴向桩承载力的估算可考虑两种情况。第一种情况下,假定土塞(入桩土壤)保持在原位不动,而桩穿过土塞和外部土体。在该模型中,土壤的抗剪性能主要表现为外部阻力(外表面摩擦阻力)和内部阻力(内表面摩擦阻力),以及桩端上的反向承载阻力。为便于计算,通常假定桩内外侧单位面积的摩擦阻力相等。第二种情况下,假定土塞随桩身一起移动,从而使整个桩端发生反向承载破坏。这种情况一般适用于长桩,只有外表面摩擦阻力起作用。在两种情况下计算桩的承载力,并取最小值进行设计。在通常固结的黏土中,端部的抗拔阻力仅占外部桩侧阻力的一小部分,因此经常被忽略。当然,详细的计算取决于土壤类型和设计参数。

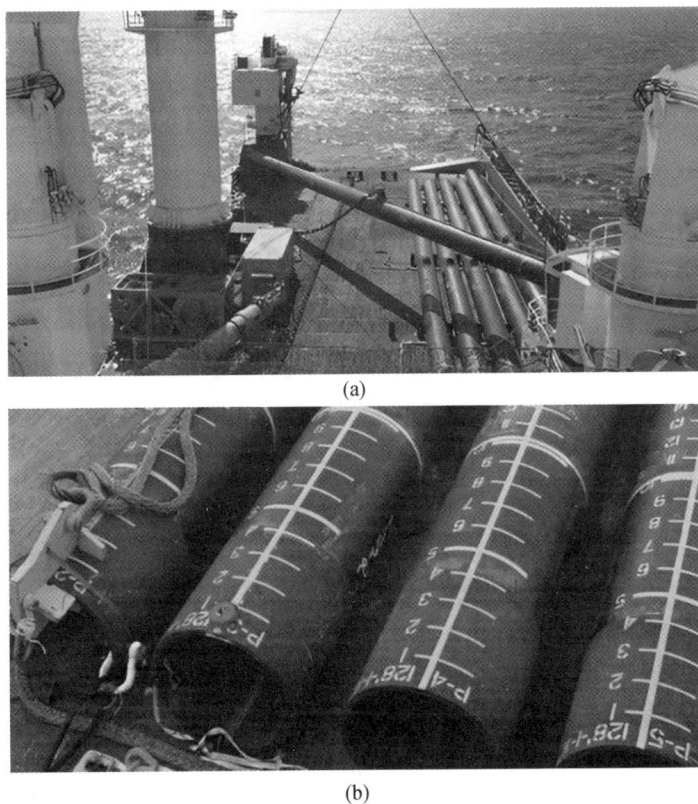

(a)

(b)

图 8.4 锤击桩锚

(图片由 InterMoor 提供)

　　锤击桩锚也可用作锚以抵抗侧向载荷或倾斜载荷,尽管它们的这一作用通常没有那么有效。最早对侧向载荷桩进行建模的尝试之一是将土壤理想化为线性弹簧层。在该模型中,桩上各点的土阻力之间不存在耦合,即桩上任一点的土壤阻力与该点的位移成正比。尽管这种行为明显过于简单化,但该模型似乎确实捕捉到了系统的基本物理特性,具有非常良好的稳健性,并且得到了广泛的应用。

　　梁柱法是目前较为常用的一种半经验方法,其土壤沿桩周边界以非耦合非线性弹簧的形式表示。土壤弹簧是基于实尺度的横向载荷试验。土壤行为的特点和可测量的土壤属性相关联,如土壤类型和强度参数[5]。

8.3.2　锤击桩锚的安装

　　陆上打桩的方法包括用蒸汽、空气或柴油驱动的冲击锤,已有陆上技术应用到离岸桩的安装实例中,如使用附加在桩上的随桩段将压力波从水面传输到桩上。这种方法在水深约300 m的地方技术上是可行的。在20世纪70年代中期,对更深水深的打桩技术的开发推动了水下液压锤的发展。水下液压锤的发展,使得无须将随桩段置于水面便能完成打桩操作成为可能,也使得在深水区(高达2 400 m)打桩成为可能。在锤击桩锚的安装中,有各种各样的安装锤可供选择。此外,锤击桩锚的运输和安装通常需要大型驳船。

8.4 嵌入式拖曳锚

如图8.5所示,嵌入式拖曳锚是一块通过钢丝绳或锚链拖曳嵌入海床的承重板(称为锚爪)。锚爪通过由一个或多个板组成的锚柄连接到锚链上。锚的埋入通过控制系泊缆张力作用路线来实现,通过设置锚爪及锚柄角度,使土体破坏发生在与锚爪大致平行的位置处,从而使锚在被拖拽时向下移动。嵌入式拖曳锚通常根据土壤类型设计几种可能的锚爪-锚柄角度。在硬黏土和沙中,锚爪和锚柄间角度通常设置在30°左右,而在软质黏土中通常设置在50°左右。

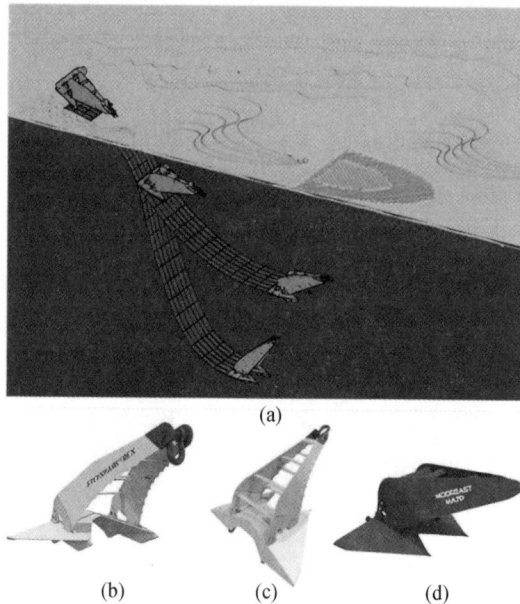

图8.5 典型的嵌入式拖曳锚

(图片由 Vryhof Anchor and Mooreast 提供)

传统的嵌入式拖曳锚最初用于移动系泊作业。新一代的嵌入式拖曳锚技术有了长足的进步,锚爪可以在各种软土条件下发挥出更强的承载作用。由于易于安装和性能良好,高效嵌入式拖曳锚通常被认为是系泊应用的一个有吸引力的选择。可以在浮体到达现场之前预先安装锚,并进行负载验证。

8.4.1　嵌入式拖曳锚的优点和局限性

与吸力锚和锤击桩锚相比,嵌入式拖曳锚的安装成本更低;就承载力-锚重比而言,嵌入式拖曳锚通常比吸力锚和锤击桩锚更有效率[3]。例如,根据土壤条件,高效的嵌入式拖曳锚可拥有高达自重 20~90 倍的承载力。然而,嵌入式拖曳锚无法达到像吸力锚和锤击桩锚那样的精确位置。此外,锚的承载力取决于锚的贯入深度,这是无法精确预测的。然而,嵌入式拖曳锚承载力的不确定性可以通过在安装后对锚进行验证载荷试验来降低,这通常是移动式钻井装置和永久系泊系统所需要的。应注意的是,嵌入式拖曳锚的验证载荷试验需要张紧设备或具有一定系柱拉力的起抛锚作业船。

嵌入式拖曳锚对沙土和硬黏土型海床的嵌入效果最差,通常小于 1~2 个锚爪长度。因此,其垂向承载力是最弱的,应用仅限于悬链线式系泊系统。嵌入式拖曳锚能够抵抗水平载荷,锚和链的自重抵抗垂向载荷。与沙土和硬黏土的情况相反,软黏土中的锚可以嵌到相当深的地方,在某些情况下可达几十英尺。由于软黏土的强度通常随深度的增加而增大,因此嵌入深度的增加会增加锚的承载能力,包括抵抗垂向载荷的能力。因此,软黏土中的嵌入式拖曳锚可以为悬链线式和张紧式系泊系统提供足够的锚固力。

如果设计得当,嵌入式拖曳锚还可以贯入坚硬的土壤、板结的地层和软质岩石(白垩、钙质砂、珊瑚、石灰石等)。这种设计通常需要嵌入式拖曳锚具有足够的结构强度来承受极端的集中载荷,这样有锯齿的锚柄和锋利的锚爪(锚尖)才能更好地嵌入。

8.4.2　嵌入式拖曳锚的承载力

嵌入式拖曳锚的承载力最简单的检测方法是图表法,这些图表根据锚的质量提供对不同土壤类型下的承载力、拖曳距离和埋入深度的估算,可作为一系列土壤类型下锚重的函数。这些图表基于全尺寸或模型测试和现场经验绘制,通常适用于特定的锚。应注意,供应商提供的典型极限承载力图表并非用作设计指南,而是用作估算并选取锚尺寸的粗略指南。极限承载力图表仅适用于厚度不受限制的均质普通土壤类型。为了正确选择锚类型/尺寸和确定锚参数,应联系锚设备制造商,并提供可用的现场/土壤数据、系泊设计载荷和锚链细节数据。

由于试验数据有限,尤其是各种土壤条件下的大型锚试验数据有限,因此承载力计算的不确定性非常大。从力学的角度来看,锚重本身对承载力的作用很小,更重要的因素是锚爪面积,当然,它与锚重相关。

现在已有基于极限平衡原理的锚嵌入和承载力计算的分析工具[6, 7],可对不同的锚进行建模,并提供详细的锚性能信息,如锚运动轨迹、锚旋转、海底以下系泊线剖面和锚的极限承载力等。然而利用这些工具取得可靠的结果需要满足特定的条件。

8.4.3　嵌入式拖曳锚的安装和回收

关于嵌入式拖曳锚安装的讨论见11.3节。

锚回收载荷取决于:(1)土壤特性;(2)锚的大小和嵌入深度;(3)施加的安装载荷或锚所受的最大张力;(4)回收载荷施加角度。一般来说,软黏土(黏土、粉土)中的锚回收载荷高于无黏性土(沙、砾石)中的锚回收载荷。无黏性土中的回收载荷约为安装载荷或锚承受的最大载荷的20%~30%。黏土的触变性和固结特性是决定锚安装后承载力的重要特性(称为安装或固结效应)。根据经验,黏土中锚的回收载荷范围在安装载荷的80%~100%之间,或在锚运行过程中承受的最大载荷范围内。对于高敏感性的黏土,其回收载荷可能超过这些范围,达到安装载荷的110%~140%。

由于回收需要一定的时间,因此在回收埋在黏土中的锚时要保持耐心。最好将张力逐渐增加到预计的回收载荷,并保持一定时间(如10~30 min),这将有助于克服吸力和锚的旋转作用力。随着吸力效应和锚旋转作用力的消散,锚更容易破土而出。在确定移动式钻井装置适用的锚尺寸时应该同时考虑极限承载力需求和回收载荷。

8.5　法向承力锚

为了提高嵌入式拖曳锚在软黏土中的抗拔性,人们开发了法向承力锚。法向承力锚的安装方式与嵌入式拖曳锚相同,但它具有一个可释放的锚杆,可以在拖曳安装后打开。尽管近年来人们已经研制出一些机械释放装置,但大多数法向承力锚依然采用剪切削,当系泊张力超过某一水平时剪切销就会破断。法向承力锚适用于软黏土或由软黏土组成的层状土壤,不推荐在沙土和硬黏土中使用法向承力锚。如图 8.6 所示,目前法向承力锚有两个品牌——Stevmanta 和 Dennla,分别由 Vryhof 和 Bruce 公司生产[8,9]。

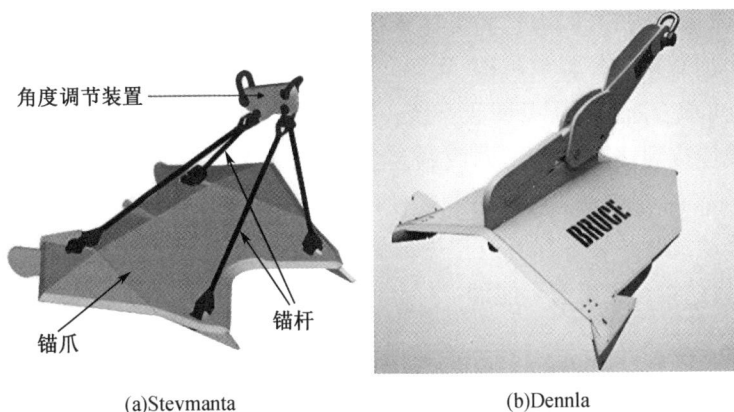

角度调节装置

锚爪

锚杆

(a)Stevmanta　　　　　　　　　　(b)Dennla

图 8.6　法向承力锚示例

(图片由 Vryhof Anchor and Bruce Anchor 提供)

8.5.1　永久系泊和临时系泊的法向承力锚

永久系泊的法向承力锚通常有两种作业模式:安装模式和正常承载模式。在安装模式下,法向承力锚的承载力方向与锚爪成 40°~60° 时,达到额定值。在抛锚后,无论是通过剪断剪切销还是转换安装绳到作业绳,载荷方向已垂直于锚爪(90°)。根据锚和锚链尺寸以及土壤的敏感性,载荷方向的变化可能会产生 1.5~2.5 倍安装负荷的锚固力[6]。由于锚杆垂直于锚爪,法向承力锚需要很大的载荷才能被拉出,因此需要比传统的嵌入式拖曳锚有更高的安全系数[4]。

Vryhof 和 Bruce 公司都提供了法向承力锚的另一种模式。在这个模式中,在剪断剪切销并抛锚后,载荷变得几乎垂直(近似垂直)于锚爪,法向承力锚超载时将继续被拖深,而不是被拉出。由于这种法向承力锚的行为类似于拖锚,因此可以使用嵌入式拖曳锚的安全系数。这种近似垂直的设置可用于永久系泊和移动式钻井装置系泊。

永久系泊的法向承力锚没有反向的负载释放机构,锚的回收是通过第二根缆绳向后拉动来实现的。因此,法向承力锚的永久形式可以抵抗反向负载,并且可能对面外(侧向)负载具有有限的承载能力。但是,在使用近似垂直载荷的法向承力锚时需要注意当移动式钻井装置在背风锚上偏离位置时[10],如果迎风系泊缆失效和背风系泊缆方向改变,垂直平面旋转约 90°时,法向承力锚可能会失去承载能力。

Vryhof 和 Bruce 公司都开发了适用于移动式钻井装置系泊(也就是临时性系泊)的法向承力锚,因为它们更易于部署和回收。这些法向承力锚被设计为通过反向加载来操作释放机构,从而允许通过系泊缆回收锚。例如,对于 Stevmanta 法向承力锚可以配备回收系统。回收系统由两个特殊的插槽组成,它们将前导线连接到锚爪。为了回收锚,将系泊缆向后拉,前插槽将与锚链断开。对于 Stevmanta 法向承力锚现在只需使用后导线从土壤中拉出即可。这些锚可以通过移动式钻井装置部署或预先部署。这些锚的锚爪设置通常为近似垂直的,但垂直的锚爪也是有可能的。

8.5.2 法向承力锚的承载力

图表法是计算法向承力锚承载力的最简单的方法之一,它以锚爪面积和系泊缆直径为函数,估算锚的极限拔出力和安装载荷。这种方法只能进行粗略的估计,不确定性很大。

法向承力锚的设计和现场评估涉及两个规范。API RP 2SK[4] 为法向承力锚在安装和运行模式下的岩土分析提供了安全系数、一般指导、讨论和参考文献。关于法向承力锚性能估算方法的详细讨论见 API RP 2SK。DNV-RP-E302[6] 为锚在安装和工作模式下的分析提供了详细的指导和公式。

法向承力锚的承载力在很大程度上取决于它在海床下的最终方位和深度,因此在安装过程中对锚点轨迹的预测至关重要。预测安装效果的方法可以是基于经验(基于与观测锚点性能的相关性)的,或者是基于锚系统和安装场域的地质分析的。

8.5.3 法向承力锚的安装

法向承力锚的嵌入深度决定了其承载力。对于永久系泊来说,跟踪法向承力锚在安装过程中的位置,以及确定法向承力锚在安装后的最终位置非常重要。Vryhof 和 Bruce 公司都为各自的法向承力锚开发了追踪设备。除了锚最终位置的不确定性外,还存在将锚嵌到预期承载所需的拖曳距离的不确定性。

8.6 吸力贯入式板锚

由 Dove 等人开发的吸力贯入式板锚是一种平板锚[11]，通过将其置于吸力桶端部来完成安装[12]。吸力桶以传统方式安装，通过超压收回，使其与锚分离，从而留下锚。然后，板锚被旋转上拔到一定角度，与系泊缆方向近似垂直（图 8.7）。在旋转上拔过程中，可能会发生一些埋深损失，导致承载力降低。一些吸力贯入式板锚的设计概念包含了一个锚翼，旨在最大限度地减少旋转上拔过程中的埋深损失。然而，后来的研究表明[3]，锚翼可能会阻碍旋转上拔，增加埋深损失。

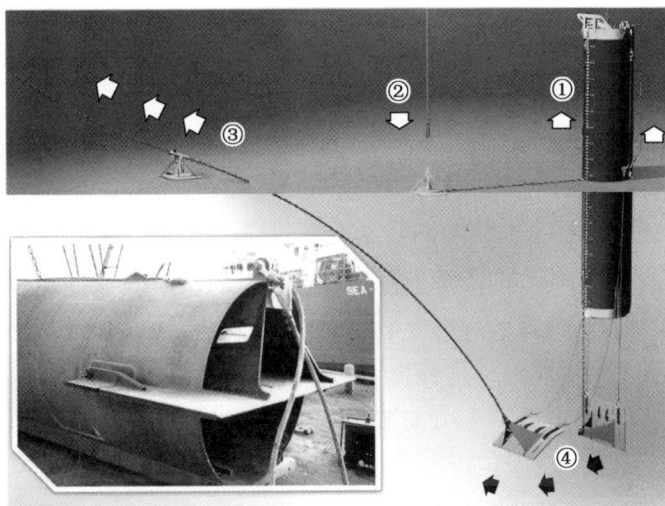

①～④—安装顺序。

图 8.7 吸力贯入式板锚的安装借助于一个吸力桶

（图片由 InterMoor 提供）

8.6.1 吸力贯入式板锚的优点和局限性

吸力贯入式板锚的优点是将吸力锚的垂直和水平精确定位与板锚的轻便和效率结合起来。其使用主要局限于软黏土海床[3]。由于吸力贯入式板锚的埋深大，具有抵抗垂向载荷的能力，故其是张紧式系泊系统中的一个合适的替代锚。它的安装时间比传统的吸力锚长 20% 左右[3]，因为它的吸力桶安装和加压减压操作都需要时间,所以其安装成本大于法向承力锚。吸力贯入式板锚的精确定位所带来的好处是以更高的安装成本为代价的。

吸力锚由于体积较大,对运输船的要求也比较高,这就使得其成本较高。相比之下,吸力贯入式板锚的安装只需要运输一个吸力桶和大量的紧凑型板锚,这些板锚可以很容易地布置在运输船的甲板上。总的来说,对于软黏土海底,当需要抵抗垂直/倾斜载荷和精确锚定位的能力时,吸力贯入式板锚是一个有竞争力的选择。

8.6.2　吸力贯入式板锚的安装

吸力贯入式板锚比嵌入式拖曳锚有优势,因为它的嵌入深度和位置是确定的。由于需要符合吸力贯入式板锚要求的准则,在安装期间,旋转上拔负载或验证负载也必须达到设计负载的 80%,因此,吸力贯入式板锚承载力受限于安装作业船的系柱拖曳力。预承载后锚的最终方向假定为与系泊缆张力垂直,然而,无法保证板锚的新方向,因此安装吸力贯入式板锚有一定的不确定性。

8.7　重力安装锚

重力安装锚(也称"下坠锚")在其自身重力的作用下,在水中自由下落并获得动能,进而深入海床。这种安装方法可以减少总体安装时间,并且不需要具有较大拖曳力的安装船。这种类型的锚通常是圆柱形的,具有一个锥头,在桩的顶部有 4 个稳定翼。重力安装锚包括鱼雷锚、多向受荷锚(OMNI－Max锚)、深贯锚等。

8.7.1　鱼雷锚

如图 8.8 所示,鱼雷锚是巴西石油公司开发的新概念型锚。对于永久系泊系统,典型的鱼雷锚具有以下参数:

(1)长 20 m,直径为 1 m;

(2)空气中的质量为 100 t,最新设计质量为 120 t;

(3)吊放高度为 100 m,全部系泊缆连接在海床上;

(4)自由沉降速度为 30~50 m/s。

鱼雷锚具有安装快捷、成本经济的优点。鱼雷锚可使用抛锚作业船完成安装,并且只需要很少的机械设备,这与吸力锚安装需要水下打桩机和水泵形成了鲜明的对比。鱼雷锚通常安装在柔软或中等黏土条件下,嵌入较深,能同时承受水平和垂向载荷,适用于悬链线式系泊和张紧式系泊系统。

鱼雷锚的安装一般需要两艘作业船,一艘船采用 A 字架部署缆绳以操控鱼雷锚,另一艘船操控系泊缆。然而,巴西石油公司只使用了一个抛锚作业船就完成了鱼雷锚安装。ROV 用于协助安装和测量锚的安装位置。在锚准确定位并完成安装后,用 ROV 观察系泊缆上的标记,即可确定锚的埋入深度。安装后,锚的方向不是问题,因为锚环位于锚的顶部,并且锚环的设计允许任何方向的系泊缆负载。总的来说,鱼雷锚的安装过程很简单。巴西石油公司在巴西近海安装了许多鱼雷锚,用于永久系泊系统。

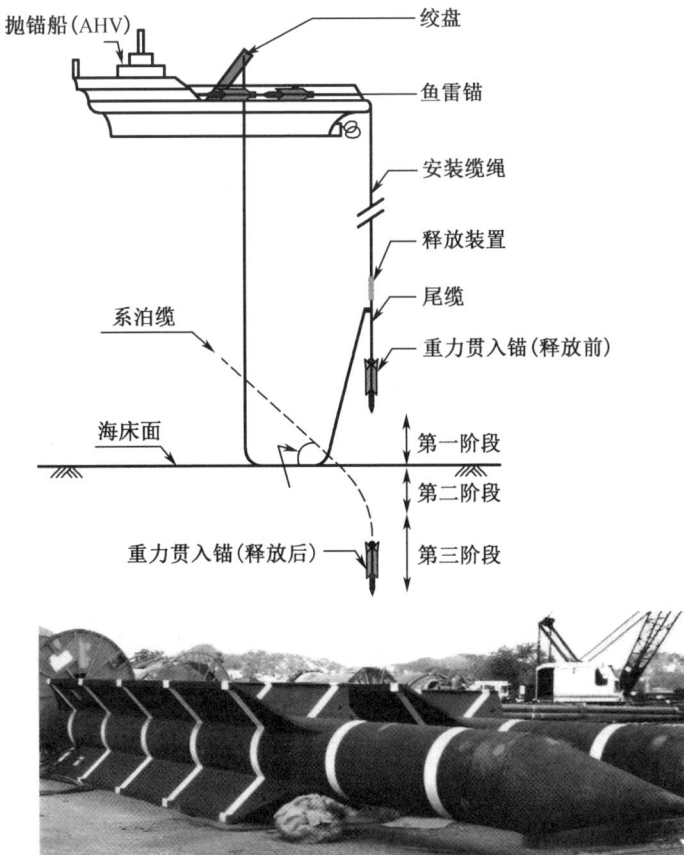

图 8.8 鱼雷锚的重力安装过程

(图片由 InterMoor 提供)

8.7.2 多向受荷锚(OMNI-Max 锚)

由 Delmar Systems 公司开发的 OMNI-Max 锚提供了另一种可选方案[13]。它可用于与典型吸力锚相同的安装区域,并且成本比吸力锚更低。OMNI-Max 锚如图 8.9 所示。

首先抛锚船将 OMNI-Max 锚下放到预定深度,然后激活远程释放驱动器,这样锚就会贯入海床。在被系泊缆拉动后,锚会旋转并深入土壤,提供所需的垂直和水平承载力[14]。

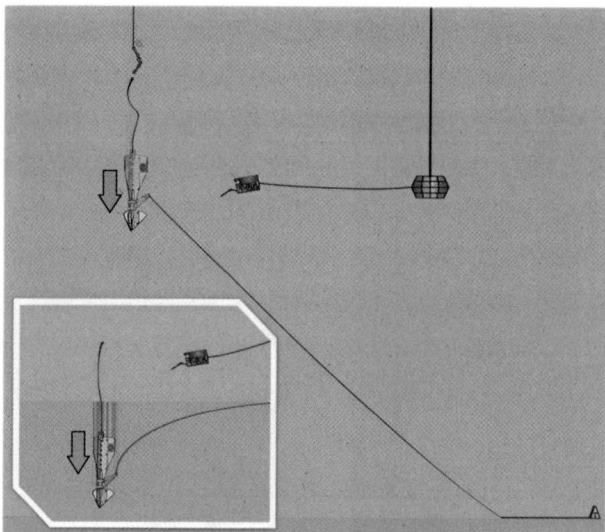

图 8.9 OMNI-Max 锚靠自身重力贯入海床

(图片由 Delmar Systems 公司提供)

OMNI Max 锚的组件包括一个前板、一个旋转式负载臂、一个负载环和一个尾板。它有以下几个明显的特征:

(1)它是一个相对较小的锚。与具有同等承载力的吸力锚相比,其体积大约小 50%。

(2)具有全向系泊的连接臂,解决了安装期间的大多数对齐问题。

(3)通过可调节的锚爪鳍,在部署之前可以设置锚,以便在不同土壤剖面和载荷下实施可预测的旋转动作。

(4)当锚受到负载时,会旋转至与负载角度垂直。在旋转之后,它将深入到更坚固的土壤中,直到土壤的阻力等于系泊载荷。

(5)通过船舶绞车拉动连接在锚顶部的回收绳可收回锚。

OMNI-Max 锚于 2007 年在墨西哥湾首次用于移动式钻井装置的系泊,现在墨西哥湾和西非有很多应用。安装时一艘抛锚船可一次运输所有的锚。

8.8　思 考 题

1.图 8.2 中,3 个宽(肥)吸力锚和 2 个细长吸力锚的形状不同,原因是什么?

2.请在图 8.4 中找出一个安装锤。

3.请简单论述嵌入式拖曳锚应用广泛原因, 指出它们至少两个优点。

4.如果正在进行浮式风力涡轮机的悬链线式系泊系统设计,成本是主要考虑的因素,应当选择哪种类型的锚?

5.你将设计一个 400 m 作业水深,停泊在顺应塔旁边数年的辅助钻井驳船的张力腿系统。为了保证舷梯桥在 10 年一遇的风暴中的连通和可操作性,必须通过非常紧的系泊系统使得辅助钻井驳船的偏移最小。假设土壤是软黏土,那么你会推荐采用哪种类型的锚? 原因是什么?

参 考 文 献

[1] Vryhof Anchors, Vryhof Manual, the Guide to Anchoring, Vryhof Anchors B. V, 2015.

[2] C. Ehlers, A. G. Young, J. -H. Chen, Technology assessment of deepwater anchors, in: Offshore Technology Conference. Offshore Technology Conference, 2004.

[3] C. Aubeny, Geomechanics of Marine Anchors, first ed. , CRC Press, 2018.

[4] API, Design and analysis of stationkeeping systems for floating structures, API Recommended Practice 2SK, third ed. , 2005.

[5] API, Recommended practice for planning, designing, and constructing fixed offshore platforms—working stress design, API RP2A-WSD, 22nd ed. ,2014.

[6] Det Norske Veritas, Recommended practice, design and installation of plate anchors in clay, DNV-E302 Det Norske Veritas, 2013.

[7] R. Dahlberg, DNV design procedures for deepwater anchors in clay, OTC 8837, Houston, TX, 1998.

[8] R. Ruinen, G. Degenkamp, Vryhof Anchors B. V. , First application of 12 Stevmanta anchors(DREPLA) in the P27 taut leg mooring system, Proceedings of 11th DOT Conference(Deep Offshore Technology), Stavanger, Norway, 19—21 October 1999.

[9] P. Foxton, Bruce Anchor Limited, Latest development for vertically loaded anchors, in: IBC 2nd Annual Conference—Mooring and Anchoring, Aberdeen, 1997.

[10] API, Gulf of Mexico MODU mooring practices for the 2007 hurricane season—interim recommendations, API RP-95F, second ed. , 2007.

[11] P. Dove, H. Treu, B. Wilde, Suction embedded plate anchor(SEPLA): a new anchoring solution for ultra-deepwater mooring, in: Proceedings of the Deep Offshore Technology Conference, New Orleans, LA, 1998.

[12] B. Wilde, H. Treu, T. Fulton, Field testing of suction embedded plate anchors, in: Proceedings, ISOPE, 2001.

[13] E. Zimmerman, M. Smith, J. T. Shelton, Efficient gravity installed anchor for deepwater mooring, in: Offshore Technology Conference. Offshore Technology Conference, 2009.

[14] J. Liu, C. Han, L. Yu, Experimental investigation of the keying process of OMNI-Max anchor, Mar. Georesour. Geotechnol. (2018) 1-17. Available from: https://doi. org/ 10. 1080/1064119X. 2018. 1434841.

第9章 系泊组件

9.1 系泊缆组成

系泊缆一般为锚链、钢丝绳、合成纤维缆等材料的组合。在浅水区,锚链被广泛使用,被应用于全锚链系泊系统。这种设计简单而有效,利用了锚链的高强度和良好的抗磨损性,可以为锚固基础提供额外的承载力。为了提高系泊定位性能,可在触地点附近的躺链上安装重块。浮体偏移前必须先提起这些配重,因此这些额外的质量会增加系泊系统的回复力。

在深水中,全锚链系泊系统可能会过于沉重,导致悬链线的形状下垂,系泊缆顶端垂向夹角变得更陡。这种情况仅可为浮体提供较小的回复力,导致系泊系统变得低效。此外,悬空锚链的质量会由浮体承担,降低了浮体的有效装载能力。这时,钢丝绳便可以应用在系泊系统中。钢丝绳的质量较小,降低了全锚链设计带来的问题的影响。同时,使用钢丝绳后,系泊缆的悬链线形状不再过于下垂,在给定的预张力下,具有较高的回复力。因此,钢丝绳被引入近海系泊领域,并随着钻井和油气生产向深水迈进而被广泛应用。钢丝绳被广泛应用于系泊缆的中间段,形成了"链-缆-链"的设计。由于钢丝绳在海底长期磨损的作用下会产生破坏,因此倾向于在系泊缆触底段使用锚链而不是钢丝绳。对于 MODU,一般采用简单的"缆-链"系泊设计,这时钢丝绳与 MODU 甲板上的绞车相连。浮筒也可以应用到"缆-链"形式的系泊系统上,以增加回复力和减小垂向载荷。但是,浮筒的使用也会带来一些问题,这些问题将在 9.7 节中讨论。

对于深水或超深水中的浮体来说,聚酯缆因其质量更小、轴向抗拉刚度更低而越来越受到青睐。聚酯缆不仅在成本上具有很强的竞争力,而且比钢丝绳具有更长的疲劳寿命。因此,"链-聚酯缆-链"设计已经成为超深水系泊系统的标准配置。为了减小系泊系统质量,可增加聚酯缆的长度,减小顶部和底部锚链的长度。

9.2 锚 链

系泊缆中最常用的组件是锚链,锚链有不同的直径和等级。海上锚链的尺寸通常相当大,直径(d)从 70 mm 到 200 mm 不等。从外观上来看,锚链分为有档锚链和无档锚链两种,链环如图 9.1 所示。

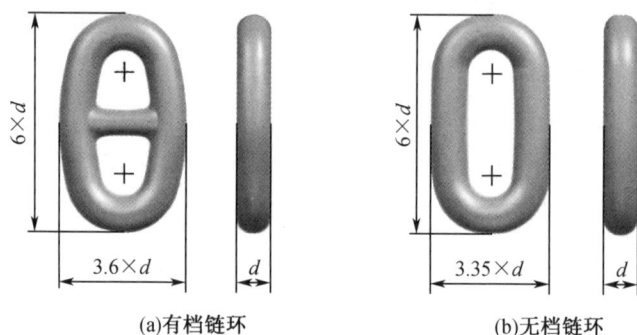

(a)有档链环   (b)无档链环

图 9.1 有档链环和无档链环(单位:mm)

(图片由 Vicinay 提供)

9.2.1 有档锚链与无档锚链

有档锚链常用于临时系泊,在其使用生命周期内会被多次抛锚使用和回收,如半潜式钻井平台使用的锚链。相比之下,无档锚链常用于永久系泊,如浮式生产储卸油装置、悬链线式单点系泊浮筒、立柱式平台和半潜式生产平台。这些浮式生产设施的设计使用年限为 20~30 年,其系泊系统在安装后通常不进行回收。

有档锚链是将横档固定在椭圆形链环里面,目的是避免锚链的缠结。在早期,在用锚链抛锚和收锚的过程中,这些沉重的锚链产生的缠结是一个大问题,但没有妥善的解决方案。锚链缠结造成的后果与错过预定出海日期导致不能按时交货一样严重。后来,人们利用有档锚链有效地解决了这一问题。现在有档锚链仍然是常见的锚链类型。

基于同样的原因,在海洋工程中有档锚链也被应用于移动系泊(临时系泊)。移动式海上钻井装置在一个作业点通常只停留几个月。每次从一个作业点移动到另一个作业点时,它都需要收锚并重新部署系泊系统。有档锚链能够被平稳地应用而不会出现锚链缠结的问题。

20 世纪 90 年代,无档锚链开始广泛应用于永久系泊。在破断强度相同的情况下,无档锚链比有档锚链轻 10% 左右。无档锚链不存在横档松动和横档焊缝易产生裂纹的情况,且更容易制造和检查。因此,大多数永久系泊选择无档锚链而不是有档锚链。

9.2.2 锚链等级

海洋工程中,锚链可分为 R3、R3S、R4、R4S、R5 等几个等级[1],其中 R5 等级锚链的强度最高。图 9.2 给出了无档锚链最小破断载荷与链直径的关系。不同等级锚链的力学性能详见 ISO 20438[1]。这些锚链等级由挪威船级社(Det Norske Veritas,DNV)在 1985 年、1995 年和 2008 年逐步定义[2,3]。2008 年,规范 DNV OS E302 "*Offshore Mooring Chain*" 中定义了 R3、R3S、R4、R4S 和 R5 共 5 个锚链等级。美国船级社、法国船级社等也发布了类似的指南或规范。

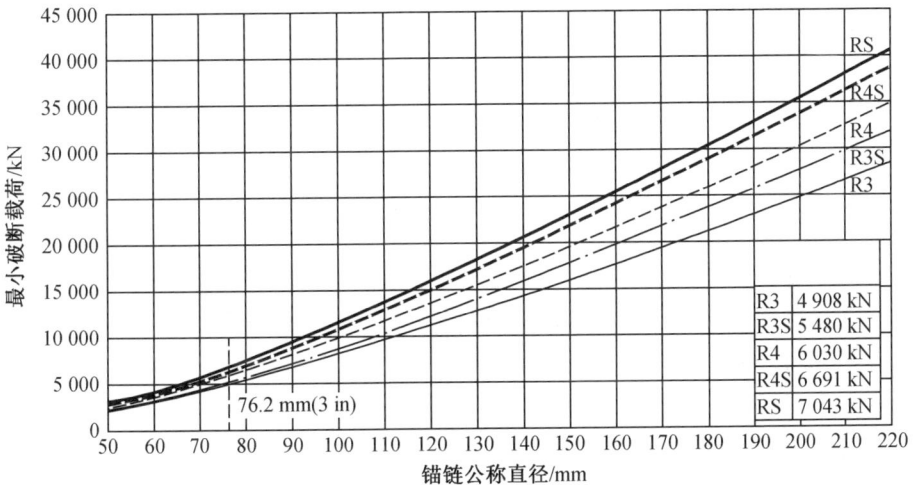

图 9.2 不同等级锚链的破断强度

值得注意的是,符合海上钻井质量标准(offshore rig quality,ORQ)的锚链是 R3 级锚链的前身。当时,为满足移动式海上钻井装置对高强度锚链的要求,引入了"锚链等级"的概念。1974 年,美国石油协会(American Petroleum Institute,API)在发布的规范 *Specification 2F* "*Mooring Chain*" 中首次对锚链等级进行了定义[4]。

该规范给出了最小拉伸强度为 641 MPa 的 ORQ 有档锚链的材料要求、制造和测试流程。ORQ 有档锚链的力学性能略低于 R3 级,性能良好,多年来被广泛使用。

值得注意的是,还有一类锚链被称为船用锚链或海事用锚链。它们是在海工锚链之前被引入的,分为 3 个等级:1 级、2 级和 3 级。1970 年,英国议会在《锚和锚链法》中对这些等级锚链的最小破断载荷进行了定义[5,6]。由于 1 级和 2 级锚链拉伸强度较低,不宜用于近海系泊作业,3 级锚链曾少量被用在悬链线式系泊系统中。

当使用高等级锚链时,需要仔细考虑断裂强度和氢脆的可能性。为确保其强度和力学性能符合要求,所有锚链都需要经过严格的测试,才能通过船级社的认证。

对于低等级的无档锚链,如 R3 级锚链,将横档压入链环后通过焊接加固,焊接加固应只在与闪光焊缝相对一侧的链环上进行,横档的两端与链环内侧之间应无裂纹、气孔和其他缺陷。横档通常不用于高等级锚链中。虽然横档有很好的作用,但可能出现松动、疲劳裂纹和焊缝处断裂等问题。

9.2.3 锚链制造

海工锚链经过复杂的制造工艺制作而成。由于整个锚链是由一个接一个的链环连接而成,因此任何单独链环的缺陷都会对整个锚链的可靠性造成不利影响。这与钢丝绳和合成纤维缆大不相同,缆索是由金属丝或纤维丝连续编织而成的,所以不存在像锚链那样的可靠性问题。因此,了解锚链的制造过程对于系泊设计非常有益。对系泊组件的可靠性和完整性后续将进一步讨论。

在锚链制造中,每根钢条被切成所需的长度,将钢条预热后推入折弯机,自动折弯并与之前的链环连接,然后在不添加任何填料的情况下对钢条两端进行闪光对焊,如图 9.3 所示。虽然闪光焊接是一种成熟的技术,但也有可能在焊接区域产生小缺陷。

经过无损检测后,锚链进入热处理阶段,以达到最终的力学性能。然后,对锚链进行负载试验,测试其抗拉能力。对全部链环都在负载试验台上进行测试。接着,对锚链表面进行喷砂处理,为最终的无损检测做好准备。对每一个链环都用荧光磁粉进行检测。此外,也可以使用相控阵超声检测(phased array ultrasonic testing,PAUT)对链环进行检测。PAUT 是一种快速发现焊缝缺陷的有效方法,因此越来越受到重视。图 9.3(b) 显示了将 PAUT 探头放在链环的肩部以检测焊缝区域是否存在缺陷。最终检验完成后,锚链就可以准备交货了。

(a)

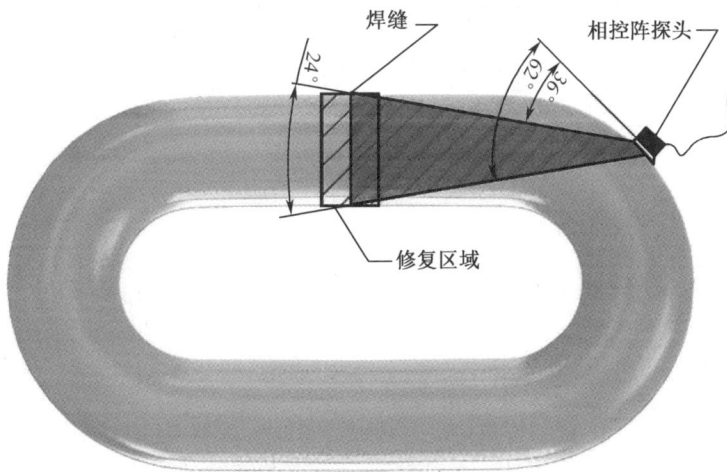

(b)

图 9.3 新链环准备进行闪光焊接(a);相控阵超声检测焊缝区缺陷(b)

(图片由 Ramnas 提供)

9.3 钢 丝 绳

与具有相同破断强度的锚链相比,钢丝绳的质量更小、弹性更大。当在深水中全锚链设计变得过于沉重时,可将钢丝绳用于系泊缆设计。海洋工程系泊缆常用的钢丝绳有 6 股、8 股和螺旋股等形式,如图 9.4 和图 9.5 所示。由于 6 股和 8 股钢丝绳在滑轮上的弯曲更具灵活性,易于操作,因此经常被用于临时系泊。螺旋股钢丝绳具有扭矩中性(扭矩中性是指缆绳中不产生扭矩)的特点,其外部可以包裹一层聚氨酯的护套,因此它更适用于永久系泊。

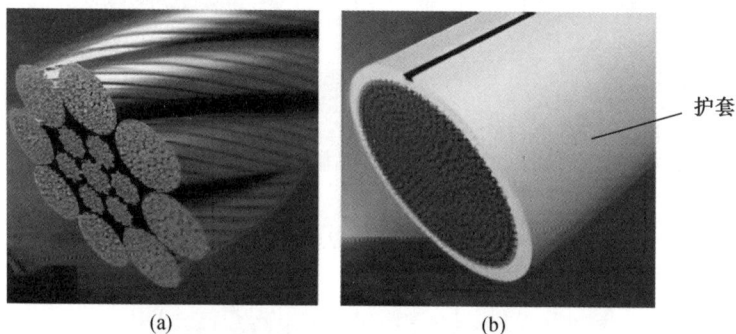

(a)　　　　　　　　　　(b)

图 9.4　6 股钢丝绳(a)和有护套的螺旋股钢丝绳 (b)

(图片由 Bridon-Bekaert 提供)

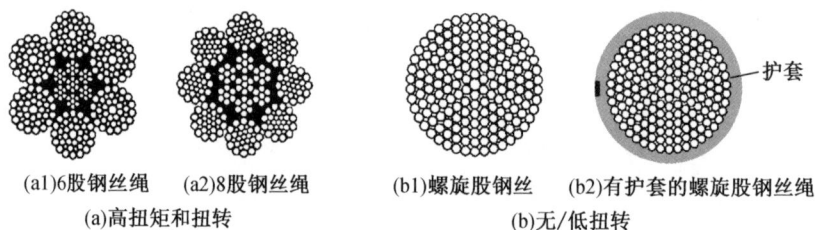

(a1)6股钢丝绳　(a2)8股钢丝绳　　(b1)螺旋股钢丝　(b2)有护套的螺旋股钢丝绳

(a)高扭矩和扭转　　　　　　　　(b)无/低扭转

图 9.5　典型的钢丝绳构造

9.3.1　6 股钢丝绳与螺旋股钢丝绳

钢丝绳有不同的结构形式,通常可由多根钢丝股围绕一根绳芯螺旋捻制而成,单股也可称绳(即单股钢丝绳),通常是 6 股或 8 股,如图 9.4 和图 9.6 所示。每一根钢丝股由多根钢丝螺旋捻制而成,并可以多层地捻制以形成更粗的钢丝股。每一根钢丝绳的钢丝股数量和每一股钢丝股的钢丝数量(如 6×36 表示钢丝绳由 6 股组成,每一股有 36 根钢丝;6×42、6×54 的含义类似)、股芯和钢丝股层数取决于对强度和弯曲疲劳的要求。钢丝绳中心的绳芯类型有纤维芯和金属芯(或称钢芯)。纤维芯有天然纤维芯和合成纤维芯。金属芯有钢丝股芯和钢丝绳芯(IWRC),如 1×19 钢丝股芯、7×7 钢丝绳芯。IWRC 钢丝绳因经久耐用而被用于海洋工程系泊。

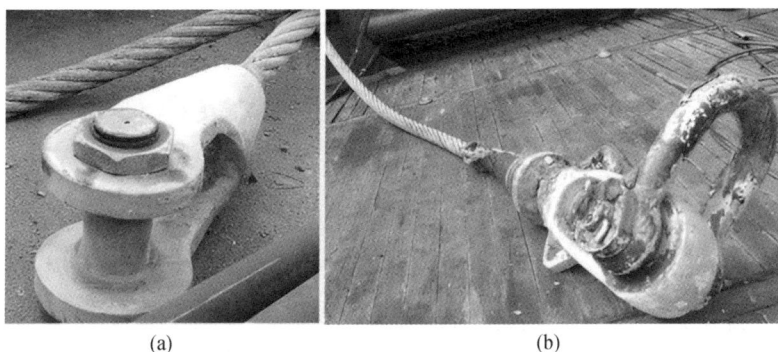

图 9.6　钢丝绳终端的开式索节(a)和闭式索节(b)

　　6 股钢丝绳因易操作和柔软易弯曲而常用于临时系泊。然而,这种钢丝绳结构随着张力的增加会产生扭矩,因此将 6 股钢丝绳与聚酯缆结合使用时需要格外注意。张力作用下的 6 股钢丝绳会将与之连接的聚酯缆当作一个旋转接头而趋向于散开自身结构(散开处于螺旋捻合状态的各个钢丝股),这可能导致钢丝绳在多次拉伸后产生扭转疲劳。为了防止扭矩传递,需要使用扭矩匹配的聚酯缆。

　　永久系泊多采用螺旋股钢丝绳。它是由大量钢丝螺旋捻制成的一根单股钢丝绳,通常有护套防止腐蚀,如图 9.5 所示。螺旋股钢丝绳外涂裹一层中密度聚乙烯作为护套以保护钢丝,防止腐蚀,使钢丝绳具有较长的使用寿命。然而,在安装过程中,护套易因操作而损坏。将钢丝暴露在海水中,其受到划伤、磨损、厚度减小会导致腐蚀和使用寿命缩短。钢丝绳随着系泊缆循环载荷的作用而弯曲,将最终暴露在海水中,因没有完整护套而损伤的可能性会随着时间的推移而增加。因此,对护套钢丝绳需要小心处理,可在安装期间对护套进行修复和维修。

　　对于永久系泊,另一种钢丝绳是多股钢丝绳,它通常没有像螺旋股钢丝绳那样的护套,因此不建议在设计寿命长的海上结构中使用。这两种类型的钢丝绳在张力变化时不会产生明显的扭矩。这种抗扭构型对永久系泊系统很有用处,因为在永久系泊系统中,施加在系泊缆上的扭矩可能会引起系泊缆扭转疲劳或缠结等问题。这两种类型的钢丝绳都在各层钢丝股(或钢丝束)的捻制中使用了相反方向的捻制来获得自身抗扭特性。

9.3.2 腐蚀保护

为了保证永久系泊的耐腐性,通常采用高密度聚乙烯或聚氨酯护套。为保证更好的水下能见度,护套通常为黄色,如图9.4和图9.5所示。此外,无论是否使用护套,钢丝绳都可以通过镀锌来提供额外腐蚀保护。使用润滑剂填充钢丝之间的内部空间,可以减轻由于盐水进入而造成的腐蚀扩散。

根据耐腐蚀性,API RP-2SK[7]推荐了永久系泊系统中不同类型钢丝绳的典型寿命:

镀锌6股或8股钢丝绳	6~8 年
镀锌无护套螺旋股钢丝绳	10~12 年
镀锌无护套填锌螺旋股钢丝绳	15~17 年
镀锌带护套螺旋股钢丝绳	20~25 年
镀锌带护套填锌螺旋股钢丝绳	30~35 年

最近一项研究[8]发现,钢丝绳系泊缆的耐腐蚀性很大程度上是由镀锌和阻锈材料的寿命决定的。它们可以防止钢丝绳金属区域的直接腐蚀损失。在保护暴露的钢丝绳方面,只要镀锌和阻锈材料起作用,锌填料(牺牲阳极)可能不必起效。

9.3.3 钢丝绳的终端索节

钢丝绳的终端带有索节,分为开式索节和闭式索节,用于连接系泊缆上的其他组件。图9.6(a)为带护套螺旋股钢丝绳上的开式索节,(b)为一根8股钢丝绳上的闭式索节。闭式索节需要用卸扣连接到下一段钢丝绳或锚链上,而开式索节可以直接连接到链环上。

为了将索节与钢丝绳终端固结,可以使用具有高强度、永久性的浇注方式。将钢丝绳终端通过锥形索节窄端置入索节腔内,然后在锥形腔内将钢丝绳散开,接着熔入锌填料或者环氧树脂,形成浇注的索节。对于永久系泊系统,索节通常配备与索节连接的限弯增强器(限弯靴),以密封防水和限制自由弯曲、防疲劳。锌阳极也常用于保护索节免受腐蚀。通常情况下,索节与钢丝绳是绝缘的。

当钢丝绳受力时,其长度会少量增加,总长是钢丝绳的结构性伸长和弹性伸长的总和。结构性伸长是由于各钢丝股在外力作用下调整股间缝隙至自身恰当位置而造成的伸长。由于延伸量小,其在系泊分析中常被忽略。

9.4 聚 酯 缆

聚酯缆,也称聚酯缆绳,具有质量小、弹性大等优点,已成为深水永久系泊的选择之一。聚酯缆的弹性特点使其在深水和超深水中可以应用于张紧式系泊系统,而无须像悬链线式系泊系统那样限制由波浪作用引起浮体运动而导致的动态张力大小。聚酯缆已广泛应用于深水永久系泊。系泊分析研究表明,对于 1 000~3 000 m 水深范围内的系泊系统,聚酯缆具有适合的材料弹性和拉伸变形。在更深的水域,聚酯缆系泊系统可以比锚链–钢丝绳–锚链形式的系泊系统保持更小的浮体位移。在一些情况下,与同一浮体锚链–钢丝绳–锚链形式的系泊系统相比,在保证相同的系泊性能下,使用聚酯缆可令使用的系泊缆更少。

使用聚酯缆系泊系统的其他优点还包括:较小的垂向载荷,节约了浮体结构成本;较低的轴向刚度,降低了系泊缆极限动态张力。简而言之,聚酯缆具有以下 4 项优点:减小浮体位移、更小的系泊覆盖水域、降低了系泊对浮体有效配载的占用、优良的疲劳性能。

聚酯缆不仅在深水永久系泊中被广泛应用,而且在深水海域移动式海上钻井装置的预布系泊方面也得到了越来越多的应用[9]。图 9.7 为卷盘上扭矩匹配的聚酯缆,它将被用于辅助钻井装置的系泊。

图 9.7 卷盘上扭矩匹配的聚酯缆

9.4.1　深水聚酯系泊缆首次使用

巴西国家石油公司 Petrobras 于 1995 年率先在深水系泊中使用聚酯缆[10]。其在海上平台的一个系泊缆上成功地安装了一段 300 m 长的聚酯缆。这是聚酯缆在深水系泊中的首次应用。在这次应用一年后,聚酯缆被回收,并被检查和测试[10]。结果表明,其残余强度与初始强度基本一致。此后,巴西国家石油公司 Petrobras 在接下来的几年里安装了多个永久聚酯缆系泊系统。1997 年,首个全部应用聚酯缆的深水系泊系统安装完成。聚酯缆的应用减少了系泊系统对钢丝绳的需求。

聚酯缆在深水中的成功应用要归功于从 1980 年到 1990 年初的几项研究工作,其中作用最显著的是 Del Vecchio 的工作[11, 12]。他对聚酯缆进行了综合的分析,包括聚酯缆的载荷与拉伸变形的关系评估、失效模式和设计方法。他的研究部分基于缆绳模型,并相继获得了全尺寸聚酯缆的载荷与拉伸变形的关系、疲劳性能数据。他的努力最终成功地推动了聚酯缆于 1995 年第一次在海洋工程中被安装应用。

9.4.2　聚酯缆的结构

聚酯缆通常由几根较小的子绳平行捻制而成。聚酯缆敷有过滤层以阻止沙土进入,并有一层编织护套以防止磨损,如图 9.8 所示。聚酯缆中各子绳形成一个集束核心以承受拉伸载荷,护套不承受载荷。

聚酯缆子绳和绳股的加工有平行、编织、捻制等形式,可以根据不同的要求进行组合。通常平行绳股可更好地使承载纱线与聚酯缆轴线对齐。纤维间、绳股间的相互作用力较小,因此具有较高的强度。较小的扭转可使纱线和绳股具有结构性,能够增强聚酯缆各成分共同承载的能力。对于编织型聚酯缆或子绳,其一半绳股顺时针方向编织,另一半绳股逆时针方向编织,绳股之间的相互作用形式是点接触形式。这为无扭缆绳提供了优良的操作特性。然而,绳股间的点接触会影响其疲劳性能和强度。捻制型子绳通常会将所有的绳股往一个方向捻制,在绳股之间形成线接触。这种方式为缆绳在张力和弯曲方面提供了良好的疲劳性能。然而,缆绳在承载后会发生扭转。与钢丝绳类似,这种扭转问题可通过非扭转设计来解决。

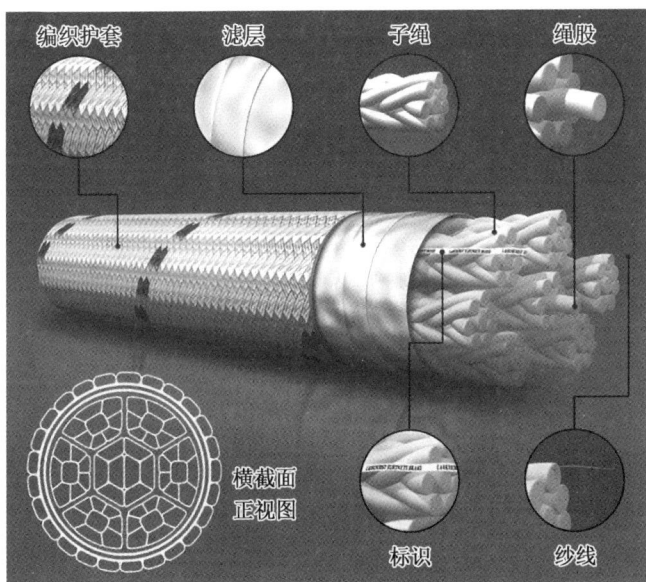

图 9.8 聚酯缆结构示意图

(图片由 Lankhorst 提供)

聚酯缆通常构造为扭矩中性。当与 6 股非无扭矩钢丝绳相连时,须使用扭矩匹配聚酯缆。

为了提高聚酯缆的性能,制造商通常在纤维上涂一层不溶于水的海洋涂装面漆。表面处理的目的主要是为聚酯缆在初始张紧过程中提供润滑以帮助缆绳磨合,并通过减少纱线间磨损来延长聚酯缆的使用寿命。

编织护套可以用来避免聚酯缆在使用、运输、安装和回收过程中发生外表面磨损。护套的抗拉承载能力很小,甚至没有。通过适当地设计护套,可以降低由于外部摩擦而导致的承载绳芯损坏的风险。护套还起到将各子绳捆扎在一起以保持聚酯缆几何形状的作用。通常在护套上提供明显可见的颜色标记(例如,绘制直线),方便对聚酯缆的扭转进行监控。在护套和承载绳股之间通常设置一层防沙土渗入保护层,即沙土滤层(soil filter),以防止沙土渗入和海洋生物生长,提供额外的保护。

9.4.3 聚酯缆的拉伸特性

与钢丝绳和锚链相比,聚酯缆具有以下几个特殊的性能和要求:

(1)结构性拉伸和蠕变;

(2)非线性刚度;

(3)精细的处理程序；

(4)要求远离导缆器和海底。

结构性拉伸是主要缺点之一。与钢丝绳和锚链不同，聚酯缆的轴向伸长特性是非线性的，取决于载荷类型，并随时间和加载历史而变化。安装后，预张力会使聚酯缆的长度大于制造长度。同样，聚酯缆在第一次重大载荷(即风暴载荷)后的长度将比安装长度长。设计人员需要了解这些长度变化，并且这些长度变化特性需要在制造之前即通过负载测试确定。简单地说，聚酯缆拉伸特性明显，长度较难确定。

造成聚酯缆易拉伸变形的根本原因是纱线中的细丝之间存在自由空间。当纤维彼此适配后，这种自由空间减小了，而纤维的长度不变，这就导致了纱线直径减小。螺旋形的结构形式导致了聚酯缆整体长度的增加。

此外，聚酯纤维具有黏弹性。当聚酯缆的载荷超过了它之前的最大负荷时，由于材料蠕变和结构性拉伸特性，它的长度会永久性增加。系泊缆的伸长将导致浮体的平均偏移量增大。浮体偏移量是影响立管完整性的主要因素。对偏移量的准确评估需要有关聚酯缆在一定张力范围内的永久伸长和载荷-拉伸特性的详细信息。无论是由结构性拉伸还是由蠕变导致的永久性伸长都需要施工人员在现场对系泊缆长度进行调整。

9.5 其他合成材料缆绳

聚酯并不是唯一可用于制造系泊缆的纤维材料，还有几种纤维材料可用于永久或临时系泊，包括尼龙(聚酰胺)、高模聚乙烯(HMPE)、芳纶(聚芳酰胺)等。早在 1970 年左右，小型尼龙和芳纶系泊缆就成功地被用于深水系泊设施和导航浮标中。高模聚乙烯也广泛用于移动式钻井装置的系泊设备[13]，而且在一些特殊情况下也可用于永久系泊。目前，聚酯缆由于成本低、质量小、轴向刚度低和具有优异的疲劳性能，已经成为海上系泊领域中最常用的合成纤维缆之一。然而，在考虑实际应用情况和工程需求时，其他纤维材料也有各自的优势。

9.5.1 尼龙绳

尼龙与其他系泊材料相比更具弹性。近几十年来，尼龙绳被广泛应用于码头船舶的系泊、拖航和 CALM 的定位。它可以用于需要高弹性的地方。拖缆需要经常检查和更换。在浅水海域,将尼龙绳编入系泊缆中,可以更好地帮助缆绳吸收浮体动力响应所产生的能量。国际石油公司海洋论坛(Oil Companies International Marine Forum,OCIMF)在1970年到1980年初进行了几个工业联合项目,研究了典型系泊缆的绳缆性能,测试了不同的聚酯、尼龙、聚丙烯和聚乙烯缆绳的干、湿破断强度,湿张力循环载荷疲劳和外部磨损性能。由这些工业联合项目编写的国际石油公司海洋论坛单点系泊缆绳指南建立了大型合成纤维缆索的选型、原型测试、制造质量保障和检验流程[14,15]。这些现已作为其他纤维缆绳相关指南和测试流程的基础。

9.5.2 高模聚乙烯缆

高模聚乙烯缆具有许多优于其他纤维材料的性能,如优良的耐磨性、更高的强度和相对密度小于海水(即能漂浮)。Dyneema 和 Spectrum 等品牌的高模聚乙烯缆已在移动式钻井装置的系泊中应用[16]。与具有同等破断强度的聚酯缆相比,高模聚乙烯缆的质量更小、处理更容易、直径更小。然而,在大多数系泊应用中,它们可能不像聚酯缆那样具有成本效益。此外,传统的高模聚乙烯缆可能更容易发生蠕变和蠕变性破断。对临时系泊来说,这可能不是问题,但是对永久深水系泊来说是一个需要关注的问题。与其他合成纤维不同,高模聚乙烯纤维的蠕变速率不随时间呈对数递减,基本上维持恒定的蠕变速率,因此需要定期进行系泊缆张力维护。高模聚乙烯缆的蠕变速率可能会增加,并可能导致突然的缆绳破断。同时,温度越高,其蠕变速率越快。

随着技术的发展,目前新等级的高模聚乙烯缆被引入[16]。这些更高级别的高模聚乙烯纱线经过处理后,蠕变大大降低。但蠕变速率仍随温度的升高而增大。因此,这些新等级的高模聚乙烯缆在相对较低的海水温度下的蠕变速率是可以接受的。

高模聚乙烯缆已成功用于深水半潜式平台的临时系泊中,也成功用于浮式生产储卸油装置的保险绳中。高模聚乙烯缆曾被用作一些高度腐蚀钢丝绳的备用缆绳。在其他应用中,高模聚乙烯缆还被用作改造后保险锚的泥线绳(辫绳),以作为受损吸力锚的补充保障。由于具有优异的耐磨性,高模聚乙烯材料还被用于编织拖网捕鱼聚酯缆的抗切割护套。对这种特制的护套还在实验室中进行了被拖网钢丝绳对碰和锯切的试验。试验结果表明,带有高性能聚乙烯护套的聚酯缆在未来可能会有更多的应用。

在一个中深水拱形立管浮筒的永久系泊应用中,高模聚乙烯系泊缆表现出了超过锚链和钢丝绳的优越性能。由于高模聚乙烯系泊缆质量较小,浮标的尺寸减小,安装也更容易,并消除了腐蚀和疲劳的问题。图9.9展示了缆绳布置。

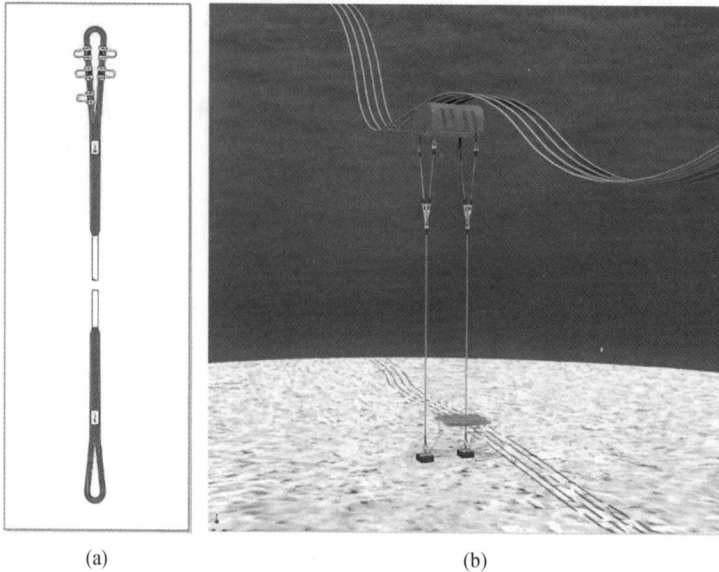

(a)　　　　　　　　　　　　　(b)

图9.9　中水拱形立管浮筒永久系泊中的高模聚乙烯缆

(图片由 Lankhorst 提供)

9.5.3　芳纶绳

芳纶绳(Kevlar 和 Twaron 品牌)的强度和刚度可与钢丝绳媲美。由于具有轴向压缩疲劳破坏的特点,芳纶纤维在受到轴向压力后会导致钢丝绳失效,因此仅在海上系泊中偶尔使用。1983年,大直径芳纶绳首次被尝试用于一艘浮吊船的深水系泊中[9]。在使用前,人们对芳纶绳开展了破断试验以验证其强度。在浮吊船到达的前几个月,人们对芳纶系泊缆进行了预安装,其间缆绳发生了松弛和转动。这引起了触底段附近缆绳的轴向压缩疲劳,降低了缆绳强度。当浮吊船完成系泊,并与锚相连,张紧缆绳时,一些芳纶绳失效了。在事故之前,人们对芳纶绳的轴向压缩疲劳了解很少。但值得注意的是,通过良好的缆绳结构设计、在缆绳中保持一定张力且不允许纤维受压,以及使用性能优良的端部连接技术等,可避免或最小化芳纶绳轴向受压。

9.5.4　超深水系泊的注意事项

传统的聚酯缆为现有的深水系泊提供了合适的刚度。由于在更深的水域系泊缆长度增加,因此需要更大刚度的缆绳。聚酯缆的直径比高模聚乙烯缆和芳纶绳大,而在超深水中安装大直径缆绳是个很大的挑战。在这种情况下,就需要研究小直径、高强度的纤维,例如,高模聚乙烯或芳纶。

表 9.1 对比了由聚酯缆和高模量纤维制成的缆绳(芳纶和高模聚乙烯)的刚度。当以静态方式对缆绳加载时,高模量纤维缆绳的刚度比传统的聚酯缆大3~4 倍。

表 9.1 在册破断强度缆绳的刚度

缆绳类型	静态刚度	动态低频	动态波频
聚酯缆	约 10(5~35)	15~40	15~40
芳纶绳	33	33~60	60
高模聚乙烯缆(HMPE)	35	35~70	70

在超深水系泊中,更长缆绳的储存和操作处理是另外一个重要问题,这也导致需要考虑使用高模量材料的缆绳。在相同强度下,由于高模量缆绳的直径比聚酯缆小得多,大约是聚酯缆的 2/3,因此在同类型卷盘上可以储存更长的缆绳。高模量缆绳不仅有更小的尺寸,便于运输和安装,而且也比聚酯缆更轻。芳纶绳的质量大约是具有同等强度的聚酯缆的 40%,高模聚乙烯缆约为 30%。在处理相同长度的缆绳时,较小的尺寸和较小的质量降低了对所需起重设备的要求。

聚酯缆在深水系泊中已经得到了广泛的研究和应用。相比之下,对高模量纤维和缆绳的研究还比较少。高模聚乙烯缆和芳纶绳等高模量缆绳很有应用前景,在深水系泊应用中还有待试验和验证。

9.6 连 接 件

多年来,多种类型的连接件被用于连接相邻的系泊缆分段。连接件主要有弓形卸扣、肯特卸扣、梨形卸扣、C 形卸扣等。由于这些连接件的几何结构中有许多应力集中点,疲劳寿命有限,因此只能用于临时系泊系统。

对于永久系泊系统,D 形卸扣和 H 形卸扣是两种常用的系泊连接件。由于永久系泊中连接件的检查和更换非常困难,因此这些连接件必须设计得足够坚固,具有足够的破断强度、疲劳寿命和防腐性能。连接件的制造应保证一定的质量水平,需要与海上系泊锚链的质量要求相匹配。

9.6.1 永久系泊连接件

1. D 形卸扣

D 形卸扣是海上系泊中常见的一种连接件,因形状类似于大写的字母 D 而得名,主要用于封闭,也被称为直型卸扣。根据不同的用途,有多种类型的卸扣可供选择。这种卸扣可以用于临时系泊或永久系泊。图 9.10 展示了一种正在锻造的 D 形卸扣。

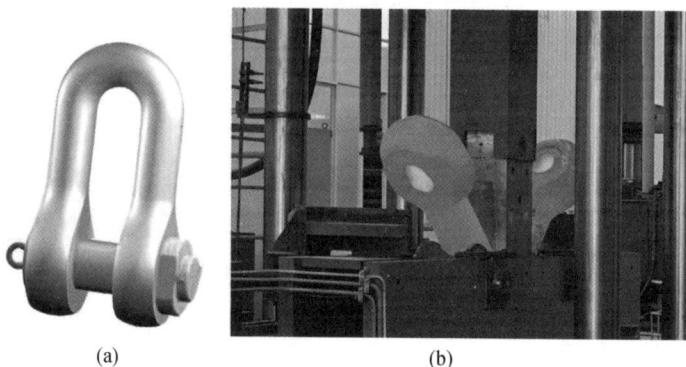

(a)   (b)

图 9.10　正在锻造的 D 形卸扣

2. H 形卸扣

H 形卸扣以其形似大写字母 H 而得名,用于连接系泊缆的两个分段,可以用于连接锚链–锚链、锚链–钢丝绳、锚链–聚酯缆、聚酯缆–聚酯缆。H 形卸扣的连接操作不像 D 形卸扣那样耗时,并可以较为容易地连接不同尺寸的系泊缆分段。图 9.11 为连接聚酯缆与锚链的 H 形卸扣。

3. 水下系泊连接器

更为先进的水下连接器被开发出来,用于方便地连接和断开系泊缆分段。这种水下连接器最常见的用途是将预安装桩锚上的锚链与安装船上部署的系泊缆连接。这些连接器有很多种,大多数是定制的。有些连接器有一个公头和一个母头,分置于两个系泊缆分段上,使两分段通过公头和母头相连。图 9.12 为水下连接器现场部署的照片,这种特殊设计使用球形–锥形机构来锁住连接器。通过 ROV 对连接器的公头和母头进行水下连接或断开操作。另一种水下连接器使用改进的 H 形卸扣,可使用 ROV 进行插销的打开和关闭操作。

(a)　　　　　　　　　(b)

(c)

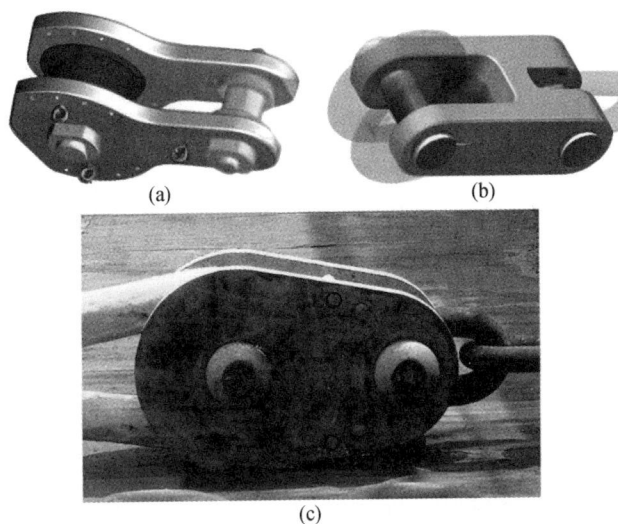

图 9.11　连接聚酯缆和锚链的 H 形卸扣

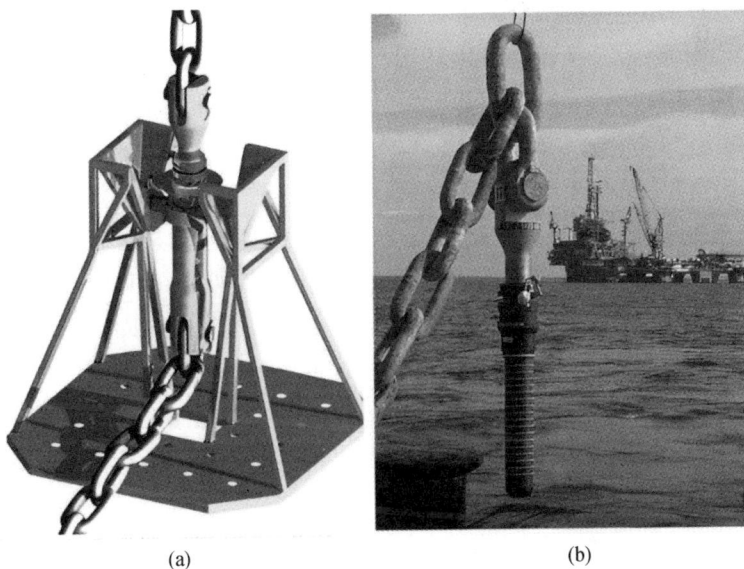

(a)　　　　　　　　　(b)

图 9.12　临时防沉板上的水下连接器(a);准备部署的连接器公头(b)

(图片由 First Subsea 提供)

9.6.2　临时系泊连接件

1.肯特卸扣

肯特卸扣常用来连接两段锚链,其中两段锚链的端部尺寸相同。肯特卸扣与同直径的链环具有相同的长度,但是,宽度比普通链环大,中间部分的直径也比普通链环大,如图9.13所示。如果被用于锚绞盘或通过止链器,则两者在安装和搬运方面都可能存在问题。由于肯特卸扣比锚链的疲劳寿命短,一般情况下不用于永久系泊系统。

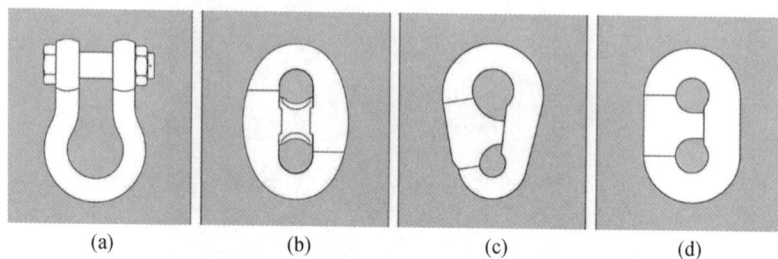

(a)　　　　　(b)　　　　　(c)　　　　　(d)

图9.13　弓形卸扣、肯特卸扣、梨形卸扣和 C 形卸扣

(图片由 Vryhof 提供)

2.梨形卸扣(和三点式卸扣)

梨形卸扣与肯特卸扣和 C 形卸扣相似,不同之处在于它用于连接两段不同端部尺寸的锚链。与肯特卸扣和 C 形卸扣一样,梨形卸扣不用于永久系泊系统(图9.13)。

三点式卸扣结合了肯特卸扣和梨形卸扣的特性,它可将锚链直接连接到锚上,从而减少了连接量。它非常类似于梨形卸扣,唯一的显著区别在于组装方法。这种类型的卸扣也可用于从一种尺寸的锚链向另一种尺寸的锚链之间的过渡等。

3.C 形卸扣

C 形卸扣与肯特卸扣类似,用于连接具有相同端部尺寸的两段锚链。肯特卸扣和 C 形卸扣之间的主要区别在于打开和关闭的方式。C 形卸扣一般不用于永久系泊(图9.13)。

4.转环

转环可用于系泊系统(通常只用于临时系泊系统),以减小系泊缆上产生的扭转和扭矩。转环通常放置在距离锚几个链环的地方,也可以放置在一段锚链和一段钢丝绳之间。一般有许多不同类型的转环可供使用。然而,在高载荷作用下,转环内部存在很高的摩擦力,会导致转环被锁住。一些新转环设计有特殊的轴承,能够在高载荷下转动。

9.7 浮 筒

　　水面浮筒或水下浮筒与系泊缆相连。浮筒的好处之一是扩大系泊缆与海底设备(如管线)之间的垂直间隔,或者扩大系泊缆与浮体之间的空间。浮筒的其他好处包括改善系泊定位性能(减少浮体偏移)和减少系泊缆质量对浮体装载的占用。然而,浮筒的出现造成了额外的连接,可能会出现完整性问题。这些问题带来的影响很容易就会掩盖它带来的好处,所以,除非有必要,通常会在永久系泊时尽量避免使用浮筒。

　　浮筒既可以串联在系泊缆上(采用穿过浮筒的强力构件),也可以通过三角板挂接在系泊缆上。当使用在系泊缆上串联浮筒的方法时,必须注意端部连接的可旋转性。同时,由于此时浮筒处于系泊缆的载荷传递路径上,因此对其强度需要进行相应的设计。另一种方法是将浮筒挂接在系泊缆上,悬浮在水中。图9.14展示了挂接在系泊缆上在水面漂浮的浮筒,浮筒上的垂链通过三角板与系泊缆相连。

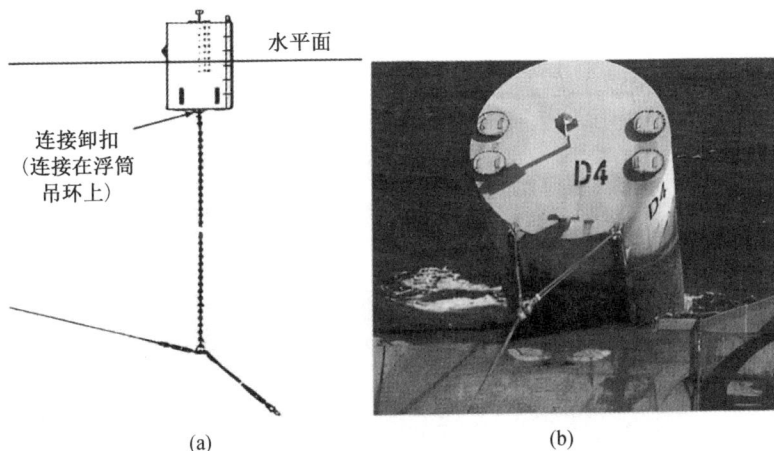

图 9.14　钢制圆筒形水面浮筒(a);回收浮筒以进行维修(b)

　　永久系泊的浮筒通常由复合泡沫塑料、钢或复合材料包裹钢结构的组合体等制成。复合泡沫塑料是一种将玻璃球/碳球包裹于高密度泡沫中的材料。浮筒的定深等级主要取决于玻璃球/碳球的压力等级。浮筒被广泛用于为深水钻井立管和采油立管以及系泊作业提供浮力。

当钢制浮筒的尺寸较大时,具有较高的经济性,如图 9.14 所示。浮筒既可以做成圆柱形,也可以做成球形。前者可以在其本体内做环形加强筋,后者可以通过将无加强筋的碟形结构的端部焊接在一起制成。钢结构形式的水下弹簧式浮标需要根据公认的压力容器标准来设计抵抗外部的压力。其被设计为具有足够的强度以达到最大的工作水深。

使用浮筒可能产生不利影响。安装浮筒时需要额外的连接装置,这增加了系泊缆安装的复杂度。此外,在恶劣海况中浮筒的动态响应会增加系泊缆的设计载荷,水面浮筒的影响更为明显。由于浮筒体积小,在波浪中往往会产生较大的运动,因此浮筒上的载荷具有强动态变化的特点。当浮筒的连接装置由于持续运动而发生疲劳或磨损,进而失效后,浮筒会被断开而漂远。图 9.14 展示了一个正在进行回收维护的浮筒,浮筒下方的眼板和卸扣已严重磨损,需要进行维修。

9.8　配重块

有时在躺链上安装配重块,以提高系泊定位性能,特别是减少浮体偏移。这些铸钢配重块提供的额外重力可以增加系泊系统的回复力,因为浮体在进一步偏移之前必须提起这些配重块。通常在靠近触地点的一小段锚链上使用配重块,以增加系泊缆的回复力。有研究[17]表明,与使用传统均质系锚链的系泊系统相比,带优化配重块的系泊系统具有更好的性能特征。该研究调查了配重块的设计参数及其对系泊系统性能的积极影响。请注意,如果配重块设计不仔细,可能会有完整性问题。它们在触地点附近上下拍击多年后有损坏脱落的倾向。图 9.15 展示了一种整体铸造的配重块,它比传统螺栓连接两个壳体的设计具有更好的耐久性。

图 9.15　安装在锚链上的整体铸造的配重块

在其他设计中,可使用更重的锚链来起到配重块的作用。另外,使用 3 股平行锚链也是替代配重块的一种方法。

9.9 思考题

1. 有档锚链要比无档锚链重,但为什么在移动系泊和船舶系泊中有档锚链比无档锚链用得多?

2.6 股钢丝绳没有防腐蚀的护套,为什么仍然经常被用于临时系泊?

3. 请说明聚酯缆的优势和劣势。

4. 为什么在永久系泊系统中不使用肯特卸扣?

5. 说明使用浮筒的原因,并解释为什么浮筒可能会带来问题。

参 考 文 献

[1] ISO 20438, Ships and Marine Technology—Offshore Mooring Chains, ISO International Standards, 2017.

[2] DNV CN 2.6, Certification of offshore mooring chain, in: Det Norske Veritas Certification Note No. 2.6, July 1985.

[3] DNV CN 2.6, Certification of offshore mooring chain, in: Det Norske Veritas, Certification Note No. 2.6, August 1995.

[4] API Spec 2F, Specification for Mooring Chain, first ed. issued 1974, third ed. , January 1981, American Petroleum Institute, 1981.

[5] Act, The anchors and chain cables rules 1970, in: Statutory Instrument 1970 No. 1453, Act of English Parliament, 1st October 1970.

[6] A. Potts, G. Farrow, A. Kilner, Investigations into break strength of offshore mooring chains, in: OTC - 27678, Offshore Technology Conference, May 2017.

[7] API RP-2SK, Design and analysis of stationkeeping systems for floating structures, API Recommended Practice 2SK, third ed. , American Petroleum Institute, 2005.

[8] J. Rosen, A. Potts, E. Fontaine, K. Ma, R. Chaplin, W. Storesund, SCORCH

JIP—feedback from field recovered mooring wire ropes, in: OTC 25282, OTC Conference, May 2014.

[9] J. F. Flory, S. J. Banfield, C. Berryman, Polyester mooring lines on platforms and MODUs in deep water, in: OTC 18768, Offshore Technology Conference, 2007.

[10] R. Rossi, C. Del Vecchio, R. Goncalves, Moorings with polyester ropes in petrobras: experience and the evolution of life cycle management, in: OTC 20845, Offshore Technology Conference, May 2010.

[11] C. Del Vecchio, Light Weight Materials for Deep Water Moorings (Ph. D. dissertation), University of Reading, 1992.

[12] C. R. Chaplin, C. Del Vecchio, Appraisal of lightweight moorings for deep water, in: OTC 6965, 1992.

[13] S. Leite, J. Boesten, HMPE mooring lines for deepwater MODUs, in: OTC-22486, OTC Brasil, 2011.

[14] OCIMF (Oil Companies International Marine Forum), Guidelines for the Purchasing and Testing of SPM Hawsers, first ed. , 2000.

[15] OCIMF (Oil Companies International Marine Forum), Recommendations for Equipment Employed in the Bow Mooring of Conventional Tankers at Single Point Moorings, fourth ed. , 2007.

[16] M. Vlasblom, J. Boesten, S. Leite, P. Davies, Development of HMPE fiber for permanent deepwater offshore mooring, in: OTC 23333, Offshore Technology Conference, May 2012.

[17] Y. Luo, Optimum design of clump weights for offshore mooring systems, in: Proceedings of ISOPE, International Society of Offshore and Polar Engineers, 1992.

第10章　船载系泊设备

本章将介绍平台上的系泊设备,主要包括平台甲板上的张紧设备以及位于甲板下方的导缆器。选择合适的张紧设备是系泊系统设计过程的重要组成部分。为了使读者更好地了解这些设备,本章对各种类型的系泊张紧设备进行了介绍,包括锚链提升器、锚机和钢丝绳绞车;同时对线性张紧器也进行了介绍,它同其他类型的设备一样具有张紧功能,经常被用在陆地上而不是在船上。

10.1　张　紧　体　系

系泊张紧设备由船舶上的转动式绞盘发展而来,已演变出多种类型,包括线性绞车或转动式绞车、电动绞车或液压绞车、固定式绞车或移动式绞车。最近出现的一种方案是使用在线张紧器,可以将张紧设备完全从甲板上移除。还有一种方案是使用便携式绞车,可以在系泊系统安装后拆除,这在一些尽量节约成本的行业中颇受欢迎(如漂浮式海上风电场)。

张紧设备的主要功能是在安装过程中提供必要的拉力,在规定时间内完成系泊系统的连接。此外,当浮体需要在新位置定位或者脱离止链器的首个链环需要调整(如重新张紧或锚链转向)时,张紧设备能实现拉入或放出锚链的操作。

张紧设备有不同的类型,通常可分为锚链提升器、锚机和钢丝绳绞车,这些将在后文中逐一介绍。张紧设备、导缆器(图 10.1)、止链器和动力装置(液压或电力驱动)构成了一个完整的张紧体系。

10.1.1　导缆器和止链器

锚链在导缆器和止链器处容易受到较大的磨损,存在较高的应力。对于长期服役的系泊系统,导缆器和止链器装置的设计需要最大限度地减少锚链的磨损和疲劳。例如,导缆器的滑轮与系泊缆直径的比率(即 D/d)需要足够大,从而尽量减少系泊缆的拉伸-弯曲疲劳。对于移动式系泊系统的钢丝绳,通常情

况下 D/d 为 16~25,而永久系泊系统的则为 40~60。对于锚链,通常使用的是
7 齿、9 齿的锚链轮。锚链通常被终止在船体上,以便不让张紧设备直接承受系
泊载荷。锚链止链器(图 10.2)和钢丝绳卡线器都经过专门设计,从而使锚链
或钢丝绳内的应力集中和磨损保持在可接受的水平。

(a)

(b)

图 10.1 锚链的绞车(a)和导缆器(b)

(图片由 Rolls-Royce 提供)

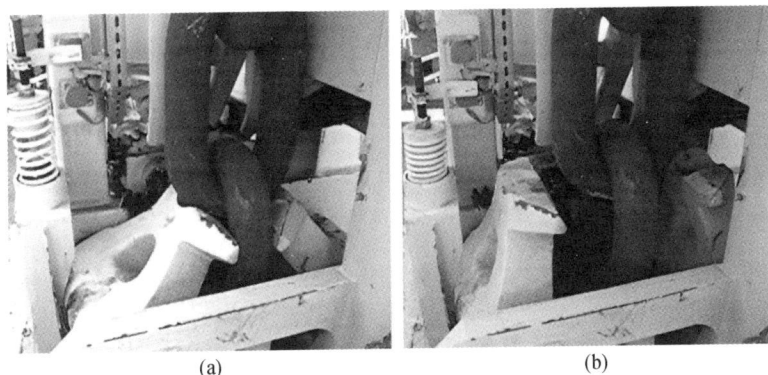

(a)　　　　　　　　　　　　　　　　(b)

图 10.2　锚链止链器的闭合和打开状态

(图片由 NOV-BLM 提供)

图 10.3 展示了一种新型导缆器上的锚链制动器。这种导缆器带有一个长臂,可以绕底部两个轴自由地纵摇和艏摇(水平摆动)。这种双铰接设计使得导缆器能像万向节一样运动。锚链止链器被放置在导缆器长臂外端,这样的布局有利于导缆器绕双轴(铰接)转动,如此就可以减少链环间的磨损和链环的平面外弯曲。

图 10.3　双铰型导缆器

(图片由 MacGregor 提供)

10.1.2　液压装置和电力装置

系泊张紧设备可采用液压驱动或电力驱动。锚链提升器和线性绞车通常采用液压驱动。虽然电力驱动的锚链提升器在技术上是可行的,但需要额外的机械传动系统,这导致该装置成本高昂且占用空间较大。转动式绞车可由电力驱动或由液压驱动。采用液压驱动时,液压装置通常包含几个泵组,从而具有一定的冗余。在一个泵组发生故障的情况下,尽管速度有所降低,但仍然可以保证绞车在相同的拉力下运行。与电力驱动相比,液压驱动通常只需要简易的齿轮箱,同时也因为具有多个液压泵组而具有冗余度更高的优势,此外还可以实现额外的液压制动。液压驱动的缺点是需要更高的维护和安装成本,并面临着液体泄漏的风险。

在进行钻井和生活平台移位时,对系泊缆进行频繁的拉入和放出操作,因此电力驱动被大量使用。电力驱动方案无须液压装置来操控绞车。电力驱动可与转动式绞车结合使用。与液压驱动相比,电力驱动维护更少,安装成本更低(电缆的费用低于液压管道)、噪音更少,质量也略小。即使在放出操作模式下,电力驱动也可以轻松做到连续性的操作,并且可以利用来自锚链舱的反向负载实现100%的可逆操作。与液压驱动相比,电力驱动在能耗方面也更为高效。

10.1.3　锚链舱

海上平台配备锚链舱,用于存储锚链。锚链舱是一个位于锚链提升器或绞盘下方的用于放置锚链的舱室。如果平台内部空间有限,锚链舱也可置于甲板上,但这种布局会对浮体的重心位置产生负面影响。锚链舱的开口处应做防水处理以确保水密性,避免锚链舱突然进水。因此,这些开口处配有关闭装置。

10.2　锚链提升器

锚链提升器是一种通过线性往复运动来拉入和张紧锚链的装置。图10.4展示了一个典型的锚链提升器。锚链提升器通常由一个或多个液压缸驱动。锚链提升器抱紧锚链后,拉入一小段锚链,抱紧,缩回,如此重复。虽然锚链提升器是锚链张紧操作的一种有力工具,但速度却非常缓慢,因此一般用于不需要频繁拉入或放出操作的系泊系统中,如永久系泊系统。

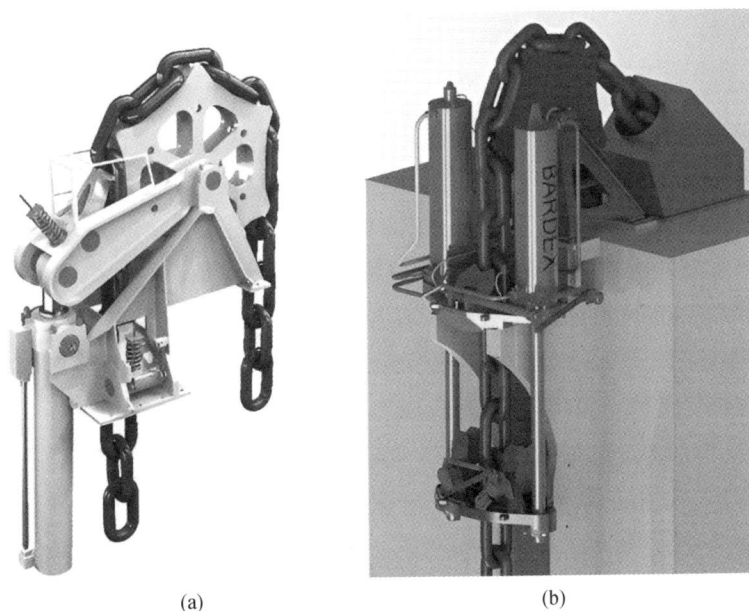

(a)　　　　　　　　　　　(b)

图 10.4　典型的锚链提升器

(图片由 MacGregor、Bardex 提供)

　　线性锚链提升器配有转向滑轮,能将锚链滑转到位于船体内部的锚链舱中。转向滑轮可以与锚链提升器集成,或被单独置于锚链提升器之后。止链器可确保锚链在服役期内被固定在适当位置,且通常为自关闭状态(自动防故障)。控制单元通常包含一个本地控制台,对张紧设备进行自动控制或手动控制。在正常的拉入和放出操作过程中,控制单元负责各部件的同步操作,包括锚链提升器的卡爪和液压缸的同步。

　　张紧设备的牵引能力是锚链最大预张力和适当余量的和。大多数系泊缆的预张力被设置在最小破断载荷的 10%～20% 的范围内。临界牵引力至少需要高于预期的最大标定载荷。通常情况下,临界牵引力是最大设计预张力或安装中所需标定载荷(取较高者)的 1.2～2.0 倍。挪威船级社规定临界牵引力应不小于系泊缆最小破断载荷的 40%[1]。

10.3　锚　　机

除锚链提升器外,另一种操控和张紧锚链的方法是使用锚机(也称锚链绞盘),如图 10.5 所示。锚机由动力源驱动,由通过齿轮调速的开槽锚链轮(如吉普赛轮)组成。随着锚链轮的转动,锚链与锚链轮啮合,被拉至锚链轮的顶部,然后被放入锚链舱中。一旦锚链被卷动并张紧,止链器(或刹车装置)就夹紧锚链。与线性锚链提升器相比,锚机虽然占用空间更大,但它能更快和更可靠地处理锚链拉入和放出操作。锚机被广泛应用于移动式海上钻井装置。

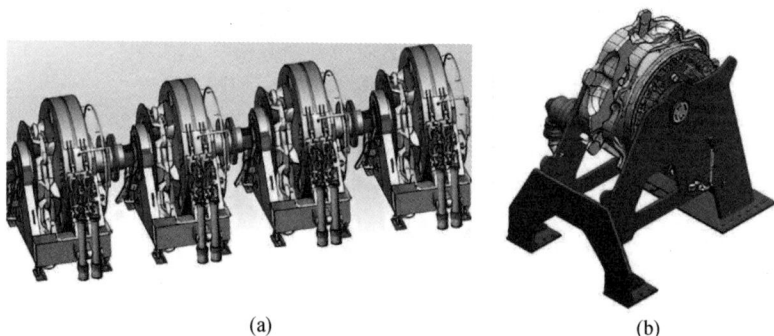

(a)　　　　　　　　　　　　　　　(b)

图 10.5　两种典型的固定式锚机

(图片由 MacGregor、Bardex 提供)

10.3.1　移动式锚机(或锚链提升器)

为每条系泊缆单独配置一台锚机或锚链提升器可以带来很大的便利,但成本高昂。对于系泊缆数量较多的浮体,移动式锚机或锚链提升器更受青睐。

在移动式张紧设备中,锚机或锚链提升器位于滑动垫木(如轨道)上。锚机或锚链提升器的位置可以改变,以便对同一区域中的系泊缆进行操控。通常移动式锚机需要额外的结构以准备锚机或锚链提升器的操作。移动的方法主要有两种:(1)利用置于滑动垫木上的操作架,如图 10.6 和图 10.7 所示;(2)利用专用的桥式吊车。这两种方法都可以使用液压、气动或电动的方式进行升降操作。除了这两种方法之外,还可以通过平台基座式起重机将张紧装置从一个工位移动到下一个工位。然而,起重机需要具备所需的起重能力,并且吊臂转动范围要能到达所需的位置。

　　因为每组系泊缆需要的张紧器的数量少,因此移动式锚机(或锚链提升器)具有减少成本支出的优点。但与固定式锚机相比,移动式锚机的张紧作业复杂,需要更多的操作人员。2001 年,TOTAL 公司的"Girassol 号"浮式生产储存卸油装置首先开始使用移动式锚链提升器。自此,多座浮式设施将移动式锚链提升器纳入设计方案。

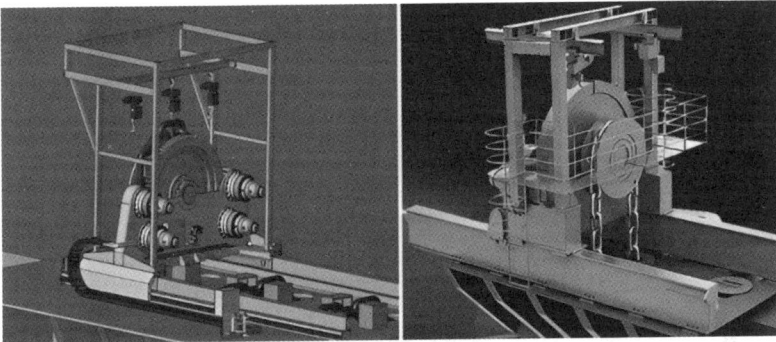

图 10.6　置于滑动垫木操作架上的移动式锚机

(图片由 MacGregor、Rolls-Royce 提供)

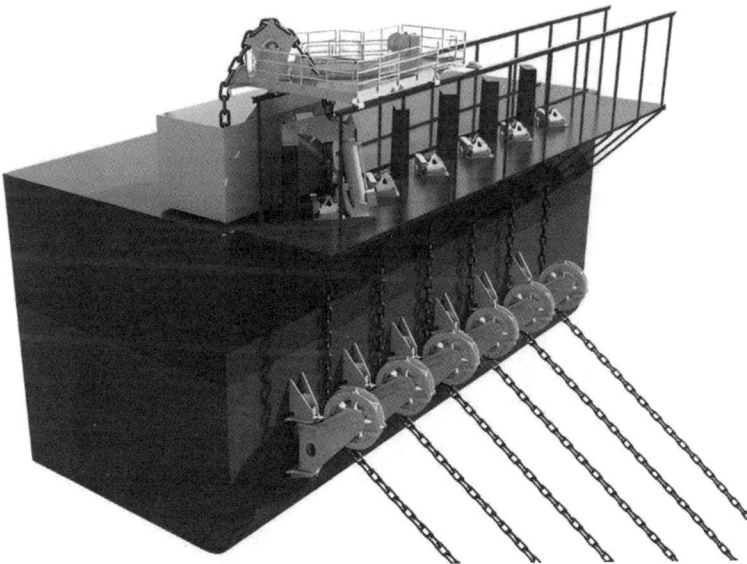

图 10.7　移动式锚链提升器

(图片由 MacGregor 提供)

10.4　钢丝绳绞车

船型 FPSO 对张紧设备的选择取决于是转塔式系泊还是分布式系泊。对于转塔式系泊的 FPSO,通常使用位于转塔附近的单鼓绞车进行各条系泊缆的拉入和张紧的操作。绞车上的工作绳缆通过转向滑轮和拉管与顶链相连。顶链与转塔底部的圆板连接,通过止链器固定。对于分布式系泊的 FPSO,可在船头和船尾分别放置鼓式绞车。移动式锚链提升器也经常被采用,每台锚链提升器负责一组系泊缆的操作。移动式海上钻井装置的张紧设备通常由钢丝绳绞车和锚机组成。钢丝绳绞车既可以是鼓式绞车,也可以是牵引绞车,取决于负载和成本要求。

10.4.1　鼓式绞车

传统鼓式绞车是操作钢丝绳的常见装置,如图 10.8 所示。鼓式绞车运转起来较为快速和平稳。鼓式绞车由可缠绕钢丝绳的大型滚筒(即鼓)组成。绞车的张紧能力是由滚筒缠绕匝数的函数决定的。滚筒将钢丝绳每收满一圈,牵引力就降低一些,相反,当钢丝绳被放出时,牵引力就增加一些。滚筒的底部通常设有特殊的凹槽,其大小与钢丝绳的尺寸适配。凹槽可以控制最内层钢丝绳在滚筒上的位置。对于更外层的钢丝绳,通常是使用水平绞线器的外部导引机构来控制其在滚筒上的位置。

图 10.8　鼓式绞车
(图片由 MacGregor 提供)

鼓式绞车在深水系泊或高系泊张力的情况下可能会被限制使用。随着对钢丝绳尺寸和长度的要求增加,对绞车尺寸的要求可能会变得不切实际。此外,当位于滚筒外层的钢丝绳处于张紧状态时,下面几层钢丝绳也可能会被拉伸,从而导致钢丝绳发生损坏。

10.4.2　牵引绞车

为了满足高张力要求和锚链-钢丝绳混合式系泊缆的操作需求,人们开发了牵引绞车,如图 10.9 所示。它由两台并排平行安装的动力滚筒组成,通常带有滑槽,会有多圈钢丝绳绕在平行的滚筒上(通常绕 6~8 圈)。钢丝绳与滚筒之间的摩擦力为钢丝绳提供了夹持力。钢丝绳盘绕在一个卷盘上,以保持在一个合适的张力水平上(通常为工作张力的 3%~5%),从而确保其和牵引绞车之间维持适当的摩擦水平。牵引绞车由于尺寸紧凑、扭矩恒定以及具备在不降低牵引力的情况下操作长钢丝绳的能力,因此在要求高张力的应用中很受青睐。牵引绞车在进行任何放出操作时都具备相同的牵引能力,这是因为钢丝绳被从存储卷盘上拉入或放出时,由牵引封头提供牵引力。

图 10.9　半潜式钻井平台上的两套牵引绞车组

当需要在同一个绞车-绞盘组合(绞车组)上额外布置一条系泊缆时,牵引绞车组提供了一种可选的方式。例如,在一套 4×2 系泊系统上配置了 8 台牵引绞车,假设在浮体的 4 根立柱上装有额外的 4 台导缆器,就可以额外布置 4 条系泊缆,成为一套有 12 条系泊缆的系泊系统。图 10.10 所示为在两套牵引绞车组上布置 3 条系泊缆的示例,其中每套绞车组由 1 台绞盘和 1 台牵引绞车构成。这意味着,一座四立柱平台的 8 点系泊系统(4×2)可以在无须额外增加张紧设备的情况下变成 12 点的系泊系统(4×3)。额外的系泊缆通过绞盘完成布设。虽然这种非常规的设置可能不是适用于各种应用的最优解决方案,但它提供了一种经济高效的方式来提升系泊能力[2]。

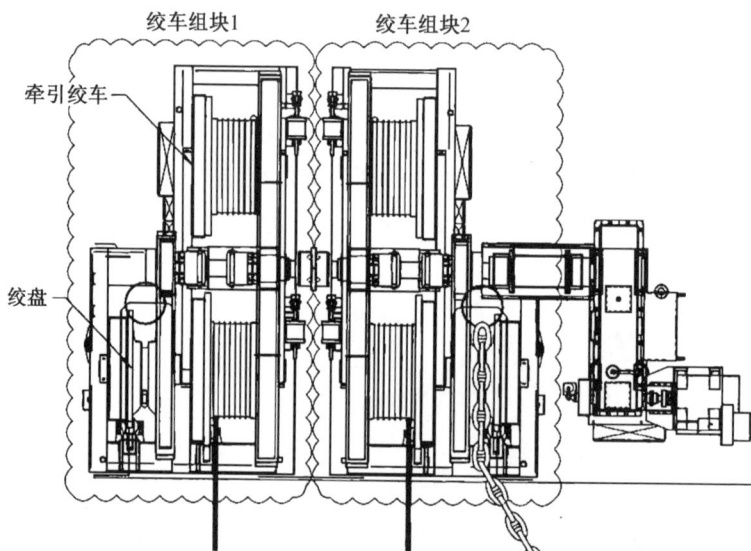

图 10.10　在两套牵引绞车组上布置 3 条系泊缆的示例[2]

10.4.3　线性绞车

线性绞车与锚链提升器类似。它由固定夹具和平移夹具组成,用于拉入和张紧钢丝绳。线性绞车能以单工模式进行操作,随着夹具的伸缩抓取,钢丝绳会间歇移动。线性绞车也能以双工模式操作,两套平移夹具交替工作,钢丝绳连续平稳地移动。线性绞车适用于需要高张力和大直径钢丝绳长期系泊的场合。在这种情况下,有必要使用一个存储卷盘,以便在钢丝绳通过线性绞车后将其缠绕存储。请注意,经验表明,钢丝绳很容易被夹具损坏,这可能会限制线性绞车的使用。与锚链提升器相比,线性绞车的甲板布置要复杂得多,因此用得很少。

10.5 在线张紧器

在线张紧器(也称串联式张紧器、串链张紧器)使用装有绞车的水面船舶进行系泊缆的张紧操作。在线张紧器本身不是船载设备,而是系泊缆的永久组件,如图 10.11 所示。通过在在线张紧器导向滑轮上使用大的包角,获得的系泊缆张力高于船载绞车施加的拉力。可以简单地将在线张紧器看作一个以锚为固定点的滑轮,利用它水面船舶可以有效地拉紧系泊缆。

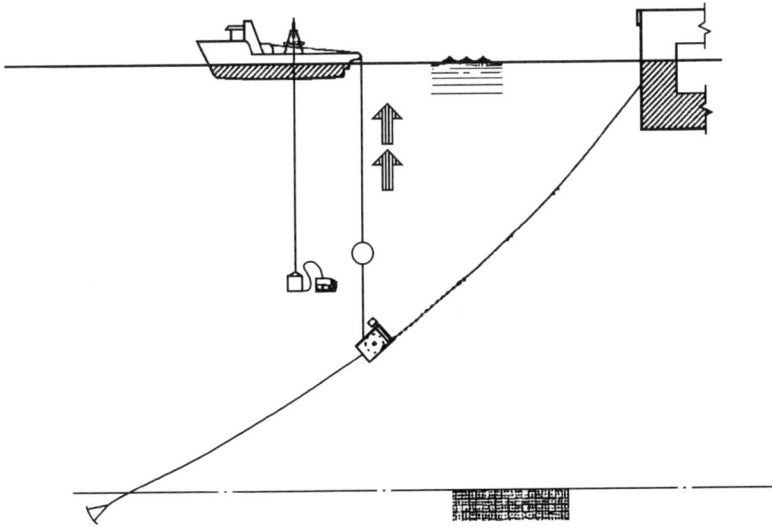

图 10.11 在线张紧器[3]

2001 年,Dove 和 Treu 在一项专利中介绍了在线张紧器的原理[3]。在线张紧器是一个装有锚链轮和止链器的结构。该专利对其安装方法进行了概述,图 10.11 给出了安装示意图[3]。这个创意一直没有被采用,直到壳牌公司的"Stones FPSO"项目设计和部署了一个在线张紧器,将其作为可分离转塔系泊系统的一个组成部分[4, 5]。

图 10.12 展示了一个在线张紧器的示例。在线张紧器的关键部件包括位于张紧器下部的止链器和 5 齿锚链轮。双轴导缆器连接在船体上,使系泊缆可以在垂直和水平方向上进行纵摇和艏摇运动。

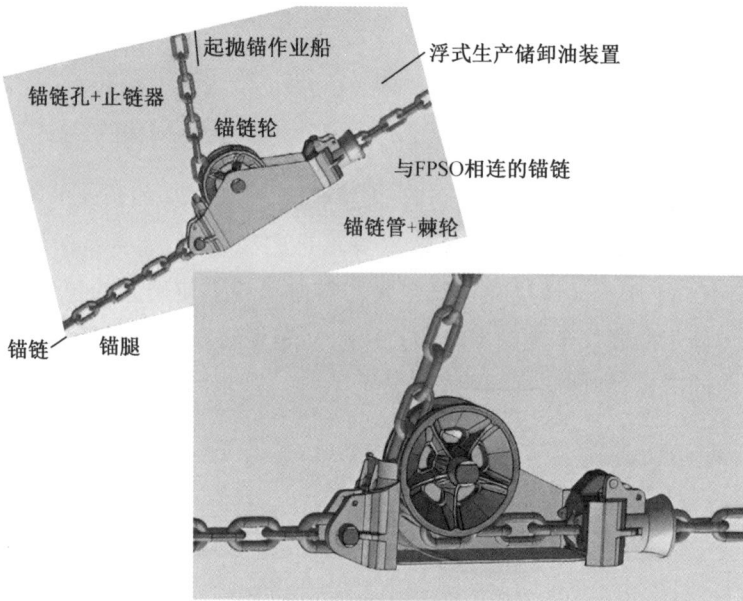

图 10.12　在线张紧器的示例

（图片由 SBM Offshore 公司提供）

　　图 10.13 对常规张紧设备和线性张紧设备进行了对比。线性张紧设备最明显的优势是避免了在平台上布置大型结构,相关的经费支出更少、维护成本更低。另外,采用线性张紧设备的系泊系统不带任何平台链,从而完全避免了平台链处发生飞溅区腐蚀的问题。飞溅区腐蚀一直是影响永久系泊完整性的主要问题之一(有关系泊可靠性和完整性的详细信息,请参阅第 13 章及第 14 章)。

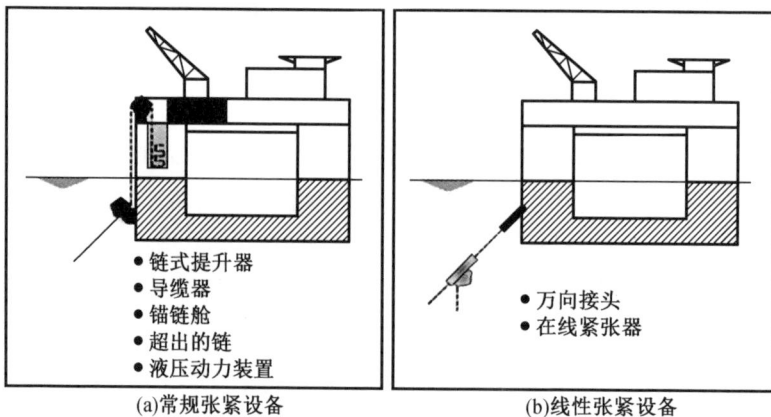

图 10.13　常规张紧设备与线性张紧设备的比较[2]

　　线性张紧方法的主要缺点是与各种系泊缆调整相关的运营成本较高。在系泊系统连接期间,现场已部署与作业相匹配的工程船,与工程船相关的额外费用支出可控。然而,对系泊系统的任何后续调整,都需要派遣船只前往。根据现场生命周期所需的调整总次数,相关的运营成本可能会超过所节省的设备成本支出。出于这个原因,线性张紧设备可能不适合需要定期改变位置(移位)的生产平台,如调整触地区域立管疲劳点的操作。此外,在平台需要被转移到较远处时,悬挂在在线张紧器下面的剩余锚链会太短,无法满足操作要求。

　　在线张紧器既可被放置在系泊缆的某处(如在顶链的底端),也可被放置在桩锚的顶端。一些浅水系泊系统采用的是后一种放置方式,但这种方式会使桩锚的承载力有所降低。

10.6　小　　　结

　　在选择张紧设备时,有多种方案可供选择,不过所有的可选方案(固定式或移动式,电力驱动或液压驱动,以及平台装载张紧设备或在线张紧器)都有各自的优缺点,需要对它们进行系统性评估,以满足工作的目的和项目的要求。

　　文献[2]给出了一项案例研究,对半潜式采油平台的不同张紧方案进行了比较。对比过去 24 年的记录分析后发现,半潜式采油平台采用最多的方案为固定式液压锚链提升器。该文献指出因为线性张紧设备具有配置简单、不受飞溅区腐蚀影响等优点,可能是一个较有前景的替代性方案。

　　值得注意的是,平台装载张紧设备还可能导致一些系泊事故。例如,2009 年美国墨西哥湾的 Thunder Hawk 半潜式平台发生的一起事故就是由于张紧设备失效而导致包括锚链、钢丝绳和连接器在内的一整条系泊缆掉落海底[6]。

10.7　思　考　题

　　1.请阐述张紧设备主要的 3 种类型。

　　2.张紧设备可以分为液压驱动或电力驱动两种形式。请分别阐述每种驱动形式的优势(至少 1 个)。

　　3.线性锚链提升器或线性绞车中的"线性"是指什么?

　　4.为什么鼓式绞车的张紧能力与滚筒上钢丝绳的卷绕圈数有关?

5. 请分别列出线性绞车的优点和缺点(至少 1 个)。

参 考 文 献

[1] DNV GL, DNVGL-OS-E301. Offshore standard position mooring, July 2018.

[2] Y. Wu, T. Wang, K. Ma, C. Heyl, R. Garrity, J. Shelton, Mooring tensioning systems for offshore platforms: design, installation, and operating considerations, in: OTC 28720. Offshore Technology Conference, May 2018.

[3] P. Dove, J. Treu, Method of and apparatus for offshore mooring. US Patent No.: US6983714B2, Filing Date: 15 June 2001, Date of Patent: 10 January 2006.

[4] M. Macrae, Anchor line tensioning method. US Patent Publication No: US9340261B2, 17 May 2016.

[5] C. Webb, M. van Vugt, Offshore construction—installing the world's deepest FPSO development, in: OTC 27655. Offshore Technology Conference, Houston, TX, 2017.

[6] BSEE, United States Department of the Interior Minerals Management Service Gulf of Mexico Region Accident Investigation Report 090515, 22 July 2010.

第11章　系泊安装

本章介绍了永久式和移动式海上钻井装置系泊系统在海上油田中的安装方式。在项目施工和安装阶段之前,通常会进行现场地质勘探和测量,从而为锚的位置和尺寸的确定提供基本信息。然而,有些移动式海上钻井装置的作业可能只是简单地使用已有的可用信息而不进行任何勘测。在进入项目的安装阶段后,需要使用抛锚船或施工船、起重船来完成相应的工作。本章也对抛锚船的特点进行了阐述。

11.1　实地勘测

在开始安装系泊系统前,应进行一次实地勘测,以了解有关海底地貌、地形(测深)、土壤特性等方面的信息。实地勘测活动包括地球物理测量和地质勘探,其中可能包括海底勘测、设施定位、土壤取样和土壤调查,这是油田开发中的主要活动之一[1,2]。实地勘测需要收集的相关信息包括锚和其他海底设备所在位置及其周围的土壤分层和属性,在进行勘测时会派遣考察船前往现场,其中一些船舶可同时完成地球物理测量和地质勘探的工作。这些船舶通常配备A支架和带升降补偿功能的海上起重机,以操作所需的测量设备。实地勘测通常是在施工或安装阶段之前的项目前期阶段进行。

11.1.1　地球物理测量

通过地球物理测量可以发现地质危害,并获得区域地质情况的概况,其目的是发现潜在的人为危害(如沉船、掉物或被遗弃的物体)、自然危害和工程限制。在地球物理测量中,还将评估施工对生物群落的潜在影响,并确定海底和浅层的环境条件。通过测量可以获得一份地质详情,并将其与可能拥有的岩土技术数据结合起来,来评估地质特征对设计方案的限制。潜在地质危害包括巨石、浅层断层和泥石流等,它们可能阻碍抛锚、布置系泊缆,阻挡预铺海底管线的路径[3]。

11.1.2　地质勘探

通过地质勘探,可以收集土壤样本,从而获得锚设计所需的土壤信息。通过对地球物理测量的结果进行评估,确定预计的落锚位置,然后进行锥体贯入度试验及原位的岩土试验,如圆锥贯入仪测试、十字板剪切试验等[1,2]。根据试验结果,可以确定油田开发区域的海底土壤特征。岩土钻孔的深度应超过锚的穿透深度,并根据土壤性质的不同来确定所需的钻孔数量。通常,需要在锚组的每个位置至少进行一次钻孔。如果其中有一个核心样本数据发生剧烈变化,那么需进行更多的采样来确定条件的变化。设计锤击桩锚时会用到不排水抗剪强度等土壤数据。与拖曳锚的设计相比,锤击桩锚的设计通常涉及更广泛的土壤勘查。

11.2　永久系泊系统的安装

本节以一种永久式浮式生产装置(FPU)为例,介绍一种典型的系泊系统的安装过程。浮式生产装置的浮体形式为半潜式,通过由深水中的锚链-聚酯缆-锚链组成的系泊系统进行定位。吸力桩是深水浮式生产装置中最常用的锚类型,所以以这种类型的锚为例介绍相应的安装过程。系泊缆从上到下的组成部分分别是平台链、聚酯缆(由 H 形卸扣连接)、底链、水下接头、锚链和吸力锚。

系泊系统的安装可以分为 3 个阶段,即锚固基础安装、系泊缆预布及与浮式生产装置连接,这种安装方法称为三段法。三段法具有多个优点,因此成为受行业青睐的方法之一[4]。将安装过程分为 3 个阶段的做法可以使整个项目的进度更为灵活。第一阶段是独立于系泊缆安装吸力锚;第二阶段是完成所有系泊缆的安装,并将其预布在海床上;第三阶段是将预布的系泊缆从海底拉起,并连接到浮体上。三段法使用较小的船舶就可以完成安装,降低了安装成本。此外,因为各段系泊缆之间的大部分连接工作在预布阶段已经完成,所以这种方法还降低了连接的复杂性[4]。但是,有时候为了安装其他设备(如立管),仍然需要使用昂贵的施工船进行作业。

11.2.1　第一阶段:吸力锚的安装

吸力锚可以说已经成为深水永久系泊应用的首选锚。从本质上讲,吸力锚是封闭顶部的大直径桩锚。它们通过自身重力下沉并自行穿透海床,然后通过使用 ROV 上的泵排出内部海水而嵌入海床中固定[1,5,6]。

吸力锚通常是通过大型的抛锚船被运送至海上,但如果抛锚船没有足够的甲板空间来容纳吸力锚,那么可以通过运输驳船将吸力锚运送至安装现场。在使用运输驳船运送时,抛锚船需要驶到驳船旁,利用其上的起重机来吊取吸力锚,并将其沉降到海床上,如图 11.1 所示。当吸力锚降至海床上几米处时,起重机就停止吸力锚的下降操作,如图 11.2 所示。利用一台水下 ROV 监控吸力锚的位置和方向,确保它们处在允许的误差范围内。当吸力锚的位置和方向正确时,起重机会小心控制吸力锚下降,使其自行沉入海床之中,吸力锚在其自重的作用下下沉到一个初始深度。

图 11.1　吸力锚被抛锚船上的起重机吊到水中

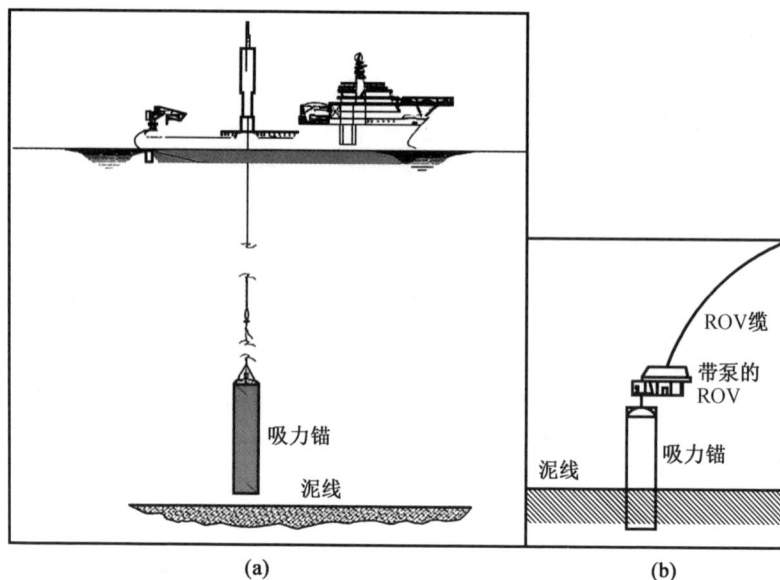

图 11.2 吸力锚下降至海床上的一定高度处,之后在自重的作用下穿透海床(a);水下 ROV 将海水从吸力锚的内部抽出,从而产生吸力使其进一步穿透海床(b)

当沉入过程完成后,在吸力锚的顶部安装一台水下 ROV 用以关闭排空阀门,并将海水从吸力锚的内部抽出来,以产生吸力,使吸力锚到达最终深度。对吸力锚的方位、倾斜度和穿透度需要进行持续的监测,在吸力锚达到所需的穿透深度后,抽吸泵断开,吸力锚顶上的阀门关闭,吸力锚的安装完成。

锤击桩锚的安装方式与吸力锚的安装方式类似。它们都是被起重机吊至海床,桩锚在自重的作用下穿透海床并沉入其初始深度,再通过安装在桩锚顶上的桩锚使其进一步到达最终深度。在安装时要牢记,通常液压锤的操作限制水深约为 5 000 ft[6]。除上述做法外,另一种做法是在桩锚上钻孔并在适当位置灌浆,或者计算好在海床上的特定高度再释放桩锚,使其在重力的作用下沉至所需的深度。

11.2.2 第二阶段:在海底预布系泊缆

在开始预布系泊缆之前,利用一台水下 ROV 进行勘测,以发现可能阻挡系泊缆铺设路径和干扰锚位置的障碍物。通过海底勘测即可确保各条系泊缆的铺设路径上没有障碍物。

如果部分系泊缆是聚酯材质的,那么聚酯缆会从存储滚筒上绕到抛锚船上的某一个绞车滚筒上。一旦聚酯缆在绞车滚筒上准备就绪,就可以向船外抛出底链并使其下降。在底链的下端有一个水下连接器(图 11.3 和图 11.4),将系泊部件连接到抛锚船的甲板上(图 11.5),并按照程序逐一部署。聚酯缆在底链之后被送出船外,并被放置到所需位置。在送出聚酯缆后,停止下降操作,将下一段系泊缆通过接头(如 H 形卸扣)进行连接。海底的阳螺纹接头最终被降低至吸力锚的顶部后,通过一台水下 ROV 与阴螺纹接头连接到一起。阴螺纹接头被暂时固定在吸力锚的顶部。在接入海底的阳螺纹接头前,使用一台水下 ROV 移除阴螺纹接头上的密封盖。有关连接器的更多详细信息,请参阅 9.6 节。

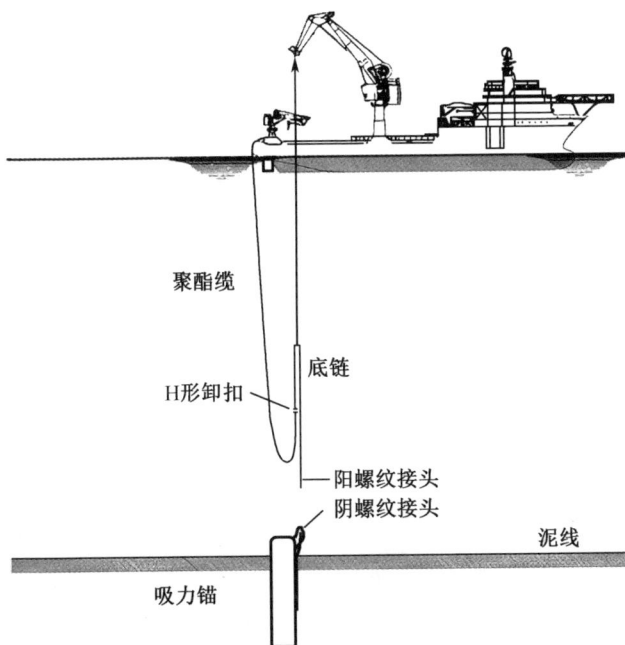

图 11.3　下降底链连接吸力锚上的引导链

如图 11.4 所示,底链被连接到引导链上后,随着抛锚船沿预布路径移动,就可以缓慢地将系泊缆放出并铺设到海床上。对系泊缆的其余部分继续重复上述操作过程。预布操作完成后,将系泊缆放在海床上,等待下一阶段的连接操作。

只要避免弯曲和压缩,那么装有护套的钢丝绳是可以湿停的,它们通常会被预布为直线段。但是,需要注意的是,只有合乎要求的聚酯缆才能湿停,其内部要有多层的过滤布以防止土壤的侵入。2009 年,美国矿物管理局向租赁人发布了一份通知,允许在海床上预先铺设移动式海上钻井装置和永久聚酯缆系统,前提是满足一定的标准[7]。相较于传统的聚酯系泊缆安装方法,在海床上预布聚酯缆的做法具有优势。它可以通过水面或水下浮体将聚酯缆悬挂在海床上。水面浮筒由于底部的钩环和吊点装置被波浪拍打,从而产生磨损和损耗,往往会发生损坏破断,而水下浮筒则会使安装过程变得更加复杂。在海底预布聚酯缆的做法在解决了这些问题的同时,也解决了许多其他问题[4],逐渐成为行业中的首选方案。

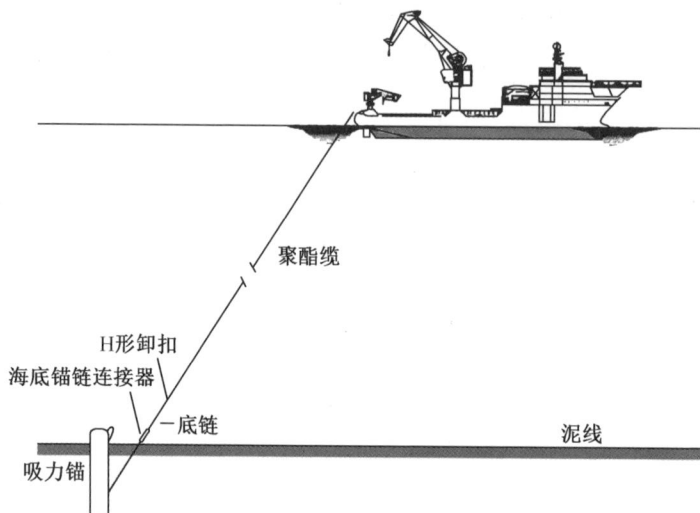

图 11.4　底链与吸力锚上的引导链相连后通过抛锚船对系泊缆进行预布

图 11.5　通过 H 形卸扣将聚酯缆与底链相连

11.2.3　第三阶段:将系泊缆连接到浮式生产装置上

预布的系泊缆可能会在海底放置一段时间,比如几个月甚至 1 年,直至浮体建成并被拖到现场。浮式生产装置的浮体被几艘拖轮(3 艘或更多)控制在所需位置,以便进行连接作业。两艘拖轮连接到浮式生产装置的一侧,另一艘或两艘拖轮则连接到另一侧。当浮体被拖到现场后,在天气条件允许的情况下,就可以开始系泊缆的连接操作。首先,抛锚船从海底拾起预布的系泊缆,如图 11.6 所示;然后平台链被连接到抛锚船的甲板上,抛锚船靠近且船尾朝向浮式生产装置。

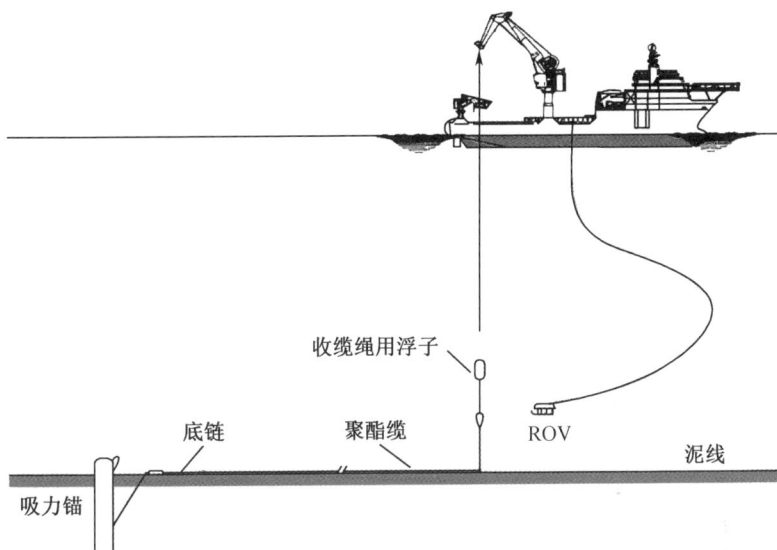

图 11.6　抛锚船即将收回预布系泊缆

牵引缆用于将临时工作链从浮式生产装置传递至抛锚船,通过浮式生产装置上的起重机进行传递操作。这样抛锚船就可以将安装链拉到甲板上,直至其可以被固定在鲨鱼钳上,如图 11.7 所示。当浮式生产装置放松锚链时,抛锚船会稍微远离该浮式生产装置,将平台链的末端拉到甲板上,并通过另一个鲨鱼钳将其固定,如图 11.8 所示。这样平台链和安装链均位于甲板上,这两条链就可以通过一个特殊的链环(LLLC 链环)进行连接。需要注意的是,LLLC 链环经过专门设计,能像普通链环一样穿过导缆孔和止链器。

图 11.7　锚链穿过甲板上的牵引销(左侧),并由鲨鱼钳(中间)固定

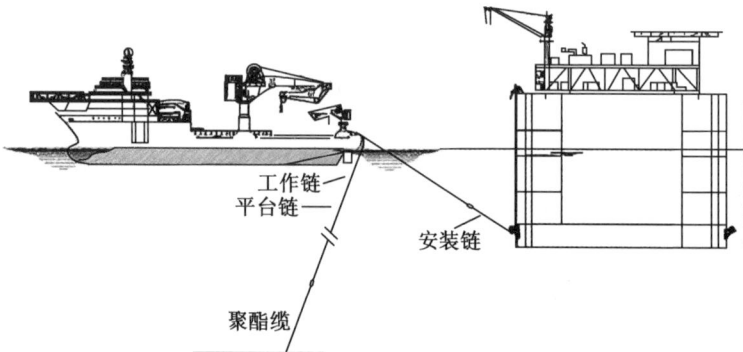

图 11.8　平台链和安装链被拉到抛锚船的甲板上进行连接

　　浮式生产装置使用铰链设备(如起链器)拉入安装链和平台链时,抛锚船会释放一条工作链连接系泊缆,如图 11.9 所示。如图 11.10 所示,将工作链切断后,抛锚船就能与安装链脱离,最终的拉入操作和张紧操作是由浮式生产装置上的起链器完成的。对于半潜式浮体的其他 3 个角,重复上述操作过程。在完成所需数量的系泊缆(如 4 条锚链)的连接后,浮式生产装置就达到了一种叫作"风暴安全"的状态。这时部分安装的系泊系统仅具有一定程度的抗风暴能力。然后对其余系泊缆重复该流程,直至连接作业操作完成。

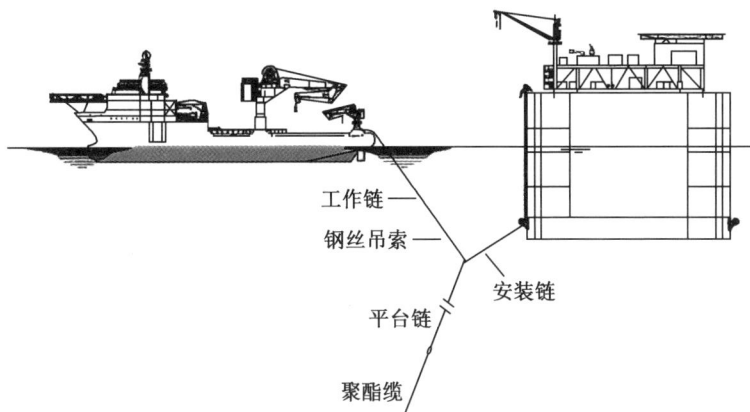

图 11.9 抛锚船放出连接好的系泊缆

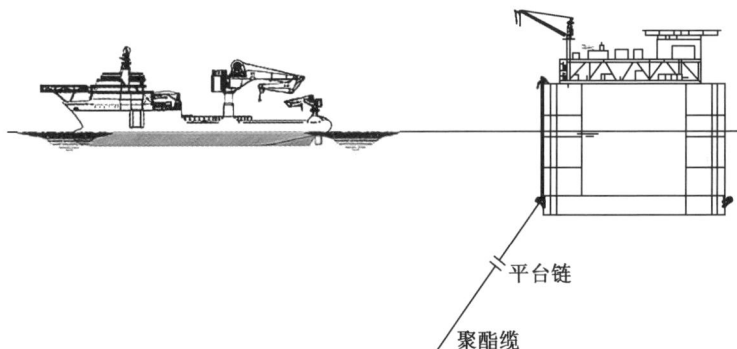

图 11.10 在安装锚链被拉入并放置到锚链舱内后,连接工作即告完成

对于有聚酯缆的系泊缆,需施加额外的张力,以消除聚酯缆中的结构性拉伸[4]。连接工作完成之后,通常会立即将聚酯缆张紧到最小破断载荷的40%并保持2 h,以消除结构性拉伸。有关聚酯缆拉伸的更多详细信息,请参阅9.4.3。由于起链器通常不具有额外的张紧能力,因此可以使用交叉张紧技术来拉伸聚酯缆。该技术利用平台一角之上的两台起链器,在浮式生产装置的对角(交叉角)拉紧一条系泊缆。这种"二对一"交叉张紧技术能将聚酯缆拉至一个很高的张力,如最小破断载荷的40%。按照预先制定的方案移除施加的拉伸后,张力就会降低至所需的预张力。

在系泊连接完成后,由一台水下ROV对系泊系统进行安装后的外观检查。检查记录包含系泊缆的铺设情况、任何扭曲之处,并巡检安装过程造成的任何损坏。该记录还需总结已安装系泊系统的预张力、倾角和位置信息。水下ROV检查的录像会被记录和存档,这些数据将作为系泊系统在整个生命周期完整性管理的基准。在此时间节点上,系泊系统就安装完成了,接下来可以开始进行对立管、脐带缆和其他设备的安装。

11.3 临时系泊系统的部署和回收

临时系泊系统的安装流程与永久系泊系统不同。对于不使用预布系泊的临时系泊系统(参见 11.3.2),锚和钢丝绳等由工程船携带,这些船舶可以是可移动式海上钻井装置、浮体、施工/工作驳船或钻井支持驳船。抛锚船用于部署系泊设备。需要注意的是,一旦在几周或几个月后完成预期作业,这些工程船将前往另一处作业点。须在抛锚船的帮助下回收系泊缆并送还至工程船。因此,临时系泊系统的安装过程通常被称为“部署和回收”而非安装。

对于临时系泊系统,通常不需要针对所在位置进行专门的地质勘探,可以根据附近或周边区域现有的岩土数据评估锚的适用性。如果系泊区域有当地土壤数据,则应使用此类信息。但是,某些位于前沿(新开发)区域的勘探井可能没有这样的信息可用。在此情况下,地质勘探和地球物理测量工作就必不可少了。在布设泊系统之前,通常会派一台水下 ROV 前往系泊缆路径进行勘测,以查明地质危害和限制。

11.3.1 用于移动式海上钻井装置的系泊系统

通常使用 8~12 个锚对移动式海上钻井装置进行定位。系泊缆以多点的形式进行分布,由大功率抛锚船来操作锚链、钢丝绳和锚。图 11.11 为一座移动式海上钻井装置在两艘抛锚船的协助下布设 8 个锚的示意图。新一代的抛锚船具有的拉力可以超过 300 t。对抛锚船需要认真选择,以确保其有能力操作锚链和锚。

在移动式海上钻井装置上布设和回收锚的典型做法是使用带追锚器的抛锚船。追锚器是一种环形或钩形工具,用于沿着系泊缆向锚点滑动并再次返回到钻井平台或作业船上。它的功能是在布设或回收操作期间抓取和移动锚。除了使用追锚器,还可以使用锚头缆和浮标来操作锚。锚吊链是一种连接到锚上的链,可将锚拉出海底。

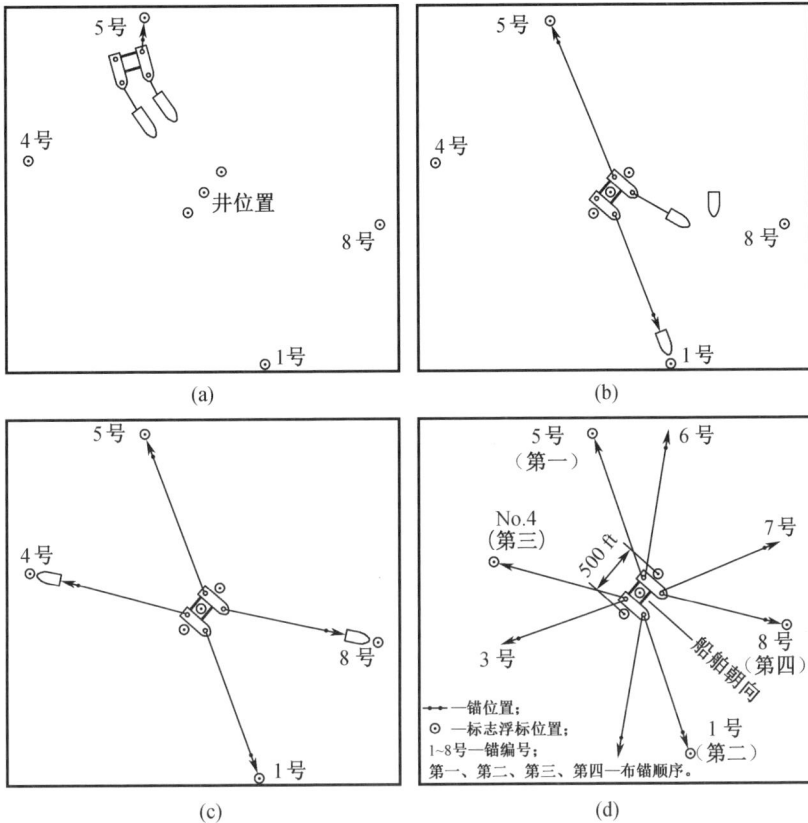

图 11.11 一座移动式海上钻井装置在两艘抛锚船的协助下布设系泊缆

在部署系泊系统时,抛锚船会从移动式海上钻井装置的支架上卸下(移除)锚,如图 11.12 所示。随后,抛锚船通过甲板或滚筒将锚链拉出足够的长度(到锚点位置的完整距离)。接着,抛锚船开始增加功率,直至移动式海上钻井装置绞车张力计上的锚链张力升高,锚被送出船外并经过船尾沉入海中。请注意,锚在连接追锚器时要始终处在正确的方向上。抛锚船将锚布置在海底上,之后移动式海上钻井装置拉入(绞进)钢丝绳,拖动并设置好锚,通过拖动操作完成锚的埋置,如图 11.13 所示。与锤击桩锚不同,拖锚需要进行负载测试,以确保承载力达到所需水平。抛锚船可以回收追锚器,将其送回移动式海上钻井装置,以进行后续的锚和系泊缆的布设。

11.3.2 移动式海上钻井装置的预布系泊系统

预布系泊系统通常可用于浮式生产装置的永久系泊,也可用于临时系泊。预布系泊系统的大部分水下部件在移动式海上钻井装置到达现场之前已经安装完毕。预布系泊系统的组件包括钢丝绳、锚链、聚酯缆和水下浮筒,通常会通过浮力将预布组件拉出水面,并在之后使用抛锚船将其连接到移动式海上钻井装置上。移动式海上钻井装置上已有的锚链或缆绳(即钻机链和钻机绳)只需被连接到预布系泊系统上即可。

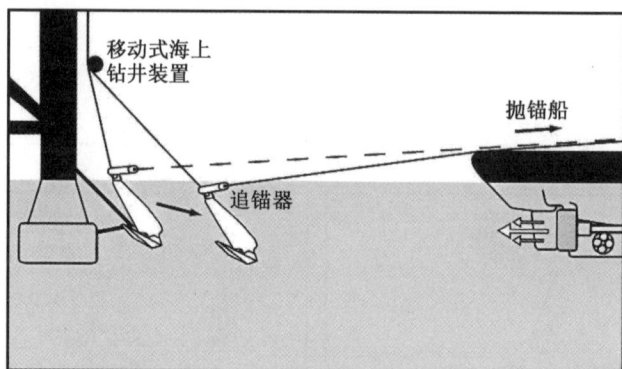

图 11.12 钻井平台锚从移动式海上钻井装置的支架上卸下,以便由抛锚船进行布设

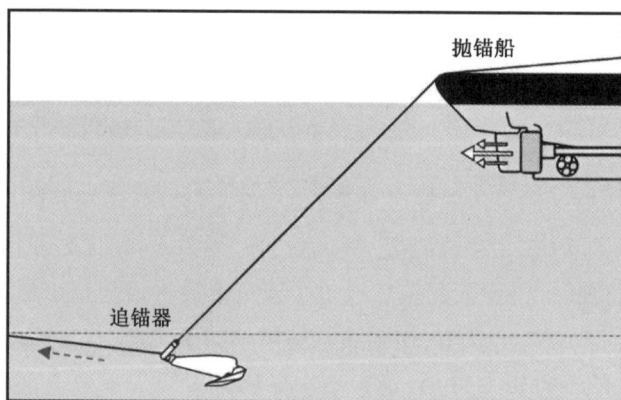

图 11.13 通过抛锚船的操作,锚被埋置于海底

使用预布系泊系统的主要优点是可以大大突破前几代移动式海上钻井装置的水深限制[8]。聚酯缆质量小,非常有助于作业水深的加深,一般情况下,只需要一艘抛锚船就可以完成预布系泊系统的安装工作。对进行预布系泊作业的抛锚船的主要要求就是,具有一台较大的绞盘和相当大的存储空间,以存放钢丝绳和锚链。

使用预布系泊系统的另一个优点是,移动式海上钻井装置可以快速到达现场并完成系泊连接,从而可以更快地开展钻井作业。也就是说,预布系泊系统可以延长钻井的正常运行时间,而这通常是优先考虑的。预布系泊系统使断开和重新连接操作都变得更简单,降低了操作的复杂程度,也减少了因为天气原因而造成的关停[8]。

使用张紧式系泊系统可以减少组件的数量和类型,从而有利于预布系泊。张紧式系泊系统通常具有更好的定位性能,这是因为它可以将平台的偏移保持在较小的警戒圈内。使用张紧式系泊系统的问题在于如何提供一种能够承受垂向载荷的锚固基础。无论是锤击桩锚还是吸力锚都有能力抵抗垂向载荷,但是安装成本高昂且无法重复使用,因此这两类桩锚不适用于临时系泊系统。由于受现有水下打桩锤的能力限制,锤击桩锚的水深限制约 5 000 ft[8]。对于锚点位置和拖动距离被管道等海底设备限制的情况而言,带桩锚的预布系泊系统也可以解决现场空间受限的问题[1,9]。法向承力锚作为一种特殊类型的拖曳式埋置锚成为另一种解决方案,也是张紧式系泊系统的一种较好的替代方案。

考虑到移动式海上钻井装置对深水作业的需求,钻井操作人员可以选择预布系泊系统。对于一口井或两口井的短期钻井合同,很难证明预置系统初始资本投入的合理性。对于 1 年或更长期的合同,与常规系泊定位移动式海上钻井装置或新一代动力定位移动式海上钻井装置相比,预布系泊系统的整体经济效益可能更具有竞争力。总的来说,预布系泊系统可用于新、旧两类的深水移动式海上钻井装置中,并且由于聚酯缆和法向承力锚的存在,预布系泊系统有了实用性和可行性。

11.4 系泊安装船

系泊系统的安装通常由抛锚船进行,但也可以通过其他类型的海上船舶(如施工驳船)完成。然而,后者的租用费用可能显著高于前者。

11.4.1 抛锚船

抛锚船是一种海上供应船,专门设计用于起/抛锚作业,以及海上平台、驳船和工作船的拖曳。抛锚船也被称为操锚拖轮。抛锚船作为海上供应船的主要类型,主要用于海上钻井和生产活动。其用途多样,还包括以下几项:

(1)用于起/抛锚或布缆等操作;

(2)在开放水域拖曳浮式结构,并随后在现场定位;

(3)安装海底设备;

(4)提供支持服务。

抛锚船也可用作油田生产中的待命救援船。它们通常用于为各种平台提供支持服务,除运输甲板货物之外,还可以运输干、湿货物。虽然它们可能被称为拖轮,但它们并不是像港口拖轮一样被设计来拖拉其他船舶。

大型抛锚船的拉力可以超过 300 t。抛锚船所需的拉力对船舶设计有重大影响,这是因为动力需求、螺旋桨尺寸、浮体形状和船尾吃水等都必须满足相应的螺旋桨没水深度要求[10]。抛锚船的船体梁和形状设计要能实现良好的稳定性,特别是当船尾悬挂有沉重的系泊系统和锚时。要完成与锚相关的各种作业,功率、绞盘容量、甲板空间、储存舱和辅助处理设备等都需要满足较高的要求。船尾滚轮的作用是在抛锚作业时方便钢丝绳和锚在船尾的通行。图 11. 14 给出了一艘大型抛锚船的总体布局和主要设备。

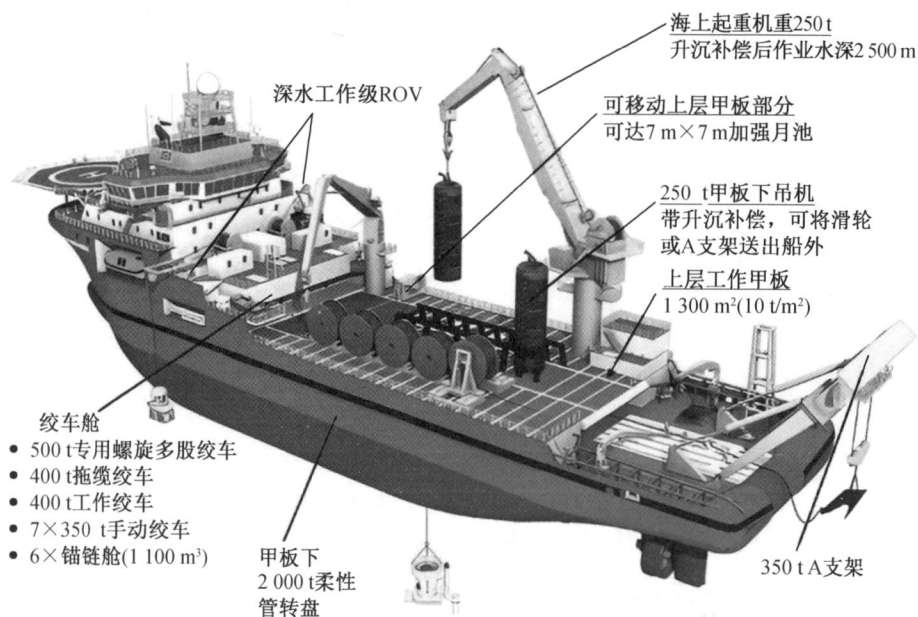

海上起重机重250 t
升沉补偿后作业水深2 500 m

深水工作级ROV

可移动上层甲板部分
可达7 m×7 m加强月池

250 t甲板下吊机
带升沉补偿,可将滑轮
或A支架送出船外

上层工作甲板
1 300 m²(10 t/m²)

绞车舱
• 500 t专用螺旋多股绞车
• 400 t拖缆绞车
• 400 t工作绞车
• 7×350 t手动绞车
• 6×锚链舱(1 100 m³)

甲板下
2 000 t柔性
管转盘

350 t A支架

图 11. 14　带有一台大型起重机、一台 A 支架和两台水下 ROV 的抛锚船

油田行业对抛锚船的需求一直处在上下波动之中。2006—2008 年是海上支持船行业蓬勃发展的一段时期,抛锚船的新订单数量在 2007 年创下了 362 艘的历史纪录。2008 年,由于产能过剩,这一数字下降到 201 艘。2011 年,抛锚船新订单数急剧下降至约 56 艘。由于油田行业的行情随着油价的波动而变化,因此其对抛锚船的需求也是上下起伏。随着石油开采作业不断迁移至更深的海域,其对大型主绞车、大容量存储空间(如锚链舱中的空间)、大甲板空间(如图 11.15 所示,用于锚的存放)以及高拉力抛锚船依然有着需求。

图 11.15　抛锚船上的甲板空间较大,从而能携带更多的系泊部件

11.4.2　抛锚船事故:"Bourbon Dolphin 号"的倾覆

2007 年 4 月 12 日,"Bourbon Dolphin 号"抛锚船在设德兰群岛以西的海域进行半潜式钻井装置的抛锚作业。由于天气条件恶劣以及在船尾所挂锚链的重力作用下,"Bourbon Dolphin 号"发生了严重的左倾。由于倾斜角度巨大,该抛锚船发生了倾覆,14 名船员中有 7 人丧生[11]。

调查报告[11]明确了事故发生根本原因的 10 项因素,并总结道:调查委员会明确认定,锚链导致攻角改变,连同船舶的航向和机动性降低,加上外力的影响,还有船舶本身的稳性因素以及当时的负载条件,最终造成了这起事故。

简而言之,事故中的问题在于船舶稳定性受到多种因素的影响。悬挂在左舷(左侧)牵引销上的沉重钻机链是促使抛锚船倾斜并倾覆的主要因素之一。这一事故清楚地表明了系泊系统安装作业的危险性。任何浮体系统的稳定性都是一门重要的学科,应该被相关各方充分理解和管理。细致的规划、准备和人员培训对于确保船舶在海上作业环境中的安全至关重要。

11.5 思 考 题

1. 地球物理测量的目的是什么？此外，地质勘探的目的又是什么？

2. 浮式生产装置系泊系统安装的 3 个阶段分别是什么？

3. 已知聚酯缆非常容易受到磨损或被切断，那么聚酯系泊缆可以布放在海底一段时间后再与浮式结构相连吗？如何解决这一问题？

4. 为什么预布系泊系统对半潜式钻井装置是有益的？给出至少 1 个原因。

5. 列出导致"Bourbon Dolphin 号"抛锚船倾覆的因素（至少 2 个）。

参 考 文 献

[1] API RP-2SK, Design and Analysis of Stationkeeping Systems for Floating Structures, third ed. , 2005.

[2] Y. Bai, Q. Bai, Subsea Engineering Handbook, Gulf Professional Publishing, Elsevier, 2010. ISBN: 978-1-85617-689-7.

[3] ABS, Guidance Notes on Design and Installation of Drag Anchors and Plate Anchors, American Bureau of Shipping, 2017, updated 2018.

[4] T. Veselis, R. Frazer, M. Huntley, Mooring design and installation considerations for the mirage and telemark field development, in: OTC 21018, OTC conference, May 2010.

[5] DNV-RP-E303, Geotechnical design and installation of suction anchors in clay, in: Recommended Practice, DNV-RP-E303, 2005.

[6] I. J. Witchers, Guide to Single Point Moorings, July 2013.

[7] MMS, NTL No. 2009-G3, Synthetic Mooring Systems, January 2009.

[8] P. Dove, T. Fulton, Pre-Set Moorings Provide Less Costly Alternative to DP in Ultra-Deepwater, Offshore Magazine, 1997.

[9] K. Ma, R. Garrity, K. Longridge, H. Shu, A. Yao, T. Kwan, Improving reliability of MODU mooring systems through better design standards and practices, in: OTC 27697, OTC Conference, May 2017, 2017.

[10] Wartsila, Wärtsilä Encyclopedia of Marine Technology, <www. wartsila. com>, 2018.

[11] NOU Official Norwegian Reports, The Loss of the Bourbon Dolphin on 12

April 2007, Government Administration Services Information Management, Oslo, 2008, ISSN 0333-2306, ISBN 978-82-583-0965-6.

第 12 章　系泊检查与监测

良好的检查措施可以防止因系泊部件状况不佳而引起的系泊事故,因此检查在业主和运营者的资产管理中起着至关重要的作用。本章总结了现有检查措施和方法,还提供了对系泊系统监测的指南。

12.1　检　　查

在进行系泊系统设计时,允许系泊部件存在有限程度的破损(如磨损和腐蚀),因此有必要进行检查,以确保破损的程度未超出设计限度。另外,通过检查还可以确认单个组件是否存在异常,从而实现对装置完好性的监测。

12.1.1　监管要求

相关规范中的检查框架是以船舶工业长期实践为基础制定的,大部分浮式结构都应遵循此检查框架,于在役期间接受相应的检查。对浮式结构和系泊系统进行的定期检查可分为年度检查、中期检查和特殊检查。值得注意的是,业主可以选择不对浮式结构进行分类,并可以自行定义在役检查框架。

尽管相关规范中明确了各种检查的时间表和范围,但对于每种类型的系泊部件可能存在的破坏形式,规范给出的信息就比较有限了。美国石油协会规范 API RP 2I 是专门为系泊部件提供全面指导和明确废弃标准的规范之一。第一版 API RP 2I[1] 是为移动式海上钻井装置的系泊检查而编写的,主要依靠水上检查。2008 年发布的第三版 API RP 2I 规范[2] 中则给出了与永久系泊系统检查相关的推荐方案,并为水下检查技术提供了指导。API RP 2I 是规范性的,它给出了某些类型系泊损坏的弃用标准,如锚链上的裂纹和钢丝绳上的断丝;它还对某些类型系泊部件的检查间隔及检查范围做出了相关规定。

API RP 2I 规范的理念是防止系泊部件过度损耗。基于这一理念,第一版 API RP 2I 中建立了允许最小破断强度降低 10% 的标准,主要用于移动式海上钻井装置的系泊部件。虽然该 10% 的标准已经被广泛使用了 20 多年,但是由于缺乏工程依据,一些系泊工程师并不认同这一标准,他们认为应以设计安全系数为检查标准。也就是说,只有在经过设计检查证明系泊部件具有足够的剩余承载力以满足安全系数的情况下,系泊部件才能继续使用。这一争议至今依然存在。

12.2　检查时间表

对永久系泊系统的检查分为两个阶段:完工阶段和运营阶段。完工阶段的检查在系泊回接完成后进行,根据规范或业主的要求定期对系泊系统进行不同级别的细节检查。另外,某些操作人员可能会在发生较大风暴或其他事件后对系泊系统进行必要的检查。移动式海上钻井装置的系泊系统与永久系泊系统有很大的不同,因为前者可以在收回系泊部件后随时进行检查,因此,对移动式海上钻井装置系泊部件的细致检查可以在干燥的条件下进行。

12.2.1　永久系泊系统的完工检查

在系泊系统与浮体回接完成并拉紧到设计值后,即可以进行完工检查。该检查主要是为了确认系泊缆是否已按设计要求连接,检查安装过程中发生的损坏情况,以及确保系泊缆的扭曲在设计范围内,系泊张力或角度与设计值的任何差异都不能被忽视。在系泊系统使用寿命期间进行的各种后续检查也将以此完工检查的结果为比较基准,因此,此完工检查要足够详细并准确存档。

大部分完工检查对象包括从锚到导缆器的各个部分,或者根据实际情况尽可能地靠近水面位置为止,主要的检查则是通过 ROV 进行外观检查。外观检查通常要有录像记录,并且要包括检查人员给出的结论。大部分情况下,ROV的位置和深度信息也会被记录。完工的细节信息都被记录存档,以备今后的检查。完工报告应包括每根系泊缆的所有组件的详细清单,如制造商、序列号及其他标识。

12.2.2　永久系泊系统的定期检查

为了确保系泊系统按设计运行,有必要定期对其进行各种形式的检查,以监测其各个部件的状况并进行修复。一般情况下,对易于观察的部件每年进行一次外观检查,对其他部件则每 5 年进行一次外观检查,所以检查机会有限,尤其与海底接触的部分和水下连接处的检查机会更少。此外,海底触地点和锚之间的埋链部分通常是看不到的。

一些业主遵照 API RP 2I 来制订检查计划[2]。很多业主则依照相关规范[3-5]要求进行检查,相关检查可以归类如下:

(1)年度检查

年度检查即每年对水线以上的系泊部件进行检查。应特别注意锚链与绞车、止链器及导缆器等部件之间的接触区域以及飞溅区。

(2)中期检查

中期检查可能每 2.5 年进行一次,但并不绝对,具体检查间隔取决于参照哪个船级社规范。如果要进行中期检查,那么通常会在第二年度或第三年度的检查中进行,并可以采取水下检查的形式。只要水下检查获得的信息与从坞内检查中实际获得的信息是相同的,那么就可以进行水下检查。

(3)特殊检查

每 5 年进行一次特殊检查。在可能的情况下,应将系泊系统部件提升至水面以上进行详细检查,但也可以采用原位检查(水下检查)。此类检查仍包括年度检查的内容,如触地点处或触地点附近的系泊部件、已记录的系泊系统破损、海洋微生物的生长情况、安装的各种防腐系统的状况和性能等。

除了遵循规范要求的检查内容之外,一些业主还可以在自己的检查计划中使用 ROV 进行额外的检查,特别是在系泊设计采用了特殊技术(如聚酯缆)时。如果有特殊事件发生需要进行检查,业主就可以进行非定期检查,比如有过往船只拖拽了系泊区域的工作缆绳时。另外,在发生了超出设计条件的风暴天气后,也需要进行计划外的检查。

12.2.3　移动式海上钻井装置系泊的定期检查

移动式海上钻井装置的锚链或钢丝绳的检查时间表大致遵循船级社规范的要求,但也会根据系泊部件的使用年限、条件、作业历史以及操作类型等因素进行调整。API RP 2I 给出了一些锚链或钢丝绳的推荐检查间隔,也可以根据系泊部件的实际状况和前期的检查记录对检查间隔进行调整。

12.3　检　查　方　法

12.3.1　移动式海上钻井装置和永久系泊装置的区别

对移动式海上钻井装置的系泊系统进行检查的方法之一如图 12.1 所示。将钻井装置带入码头,并将锚链布置在干燥区域进行检查。通常,对锚链进行的这种检查会与其他工作如对主体结构的维修或特殊检查一起进行。通过这种方式,可以彻底清洁并仔细检查整条锚链,并且可以通过磁粉探伤(magnetic particle inspection,MPI)的方式检查连接件和卸扣。

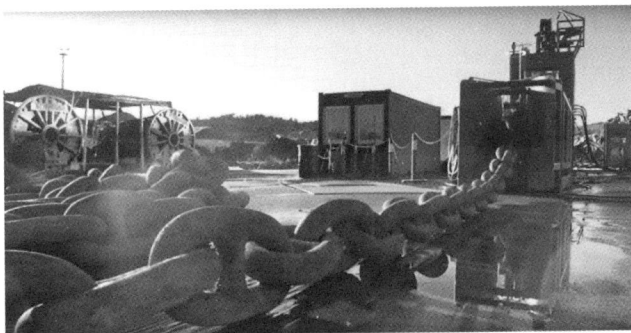

图 12.1　MODU 锚链的码头检查方法

(图片由 Vryhof 提供)

另一种方法是将钻井装置停留在海上,在一艘工作船的协助下对锚链进行检查。将锚链舱中的锚链完全放出,检查人员站在靠近绞盘处,在慢慢收回锚链的过程中进行检查。同时,工作船收回锚,并慢慢地向钻井装置移动。这种方法的优点是不需要码头设施,只要有可用的工作船并与回收锚装置相连即可进行检查。类似的方式也可用于检查系泊钢丝绳。

对移动式海上钻井装置的系泊系统可以在锚下放或回收过程中进行水上检查,对永久系泊系统则不同,需要就地检查。对水面以上的部件可以通过外观检查或磁粉探伤等无损技术进行检查,对水下部件可以通过潜水员在浅水海域或 ROV 在深水海域进行检查,主要是通过照片、视频等进行外观检查,同时参考检查人员给出的意见。在可行的情况下,直接测量得到的组件直径或尺寸等信息可以作为组件情况评估的定量数据。对连接件的深度测量可以为系泊系统的整体性能提供有用的反馈。如果系泊系统配备了载荷监测系统或导缆器角度指示器(倾角仪),那么测得的数据就可与浮体位置一起被记录,以对系泊缆张力进行准确的评估。

12.3.2 一般外观检查

一般外观检查是最常用的方法,是通过连续且缓慢地经过被检查物的 ROV 或游过被检查物的潜水员进行的。这种检查被用于评估系泊缆的整体状况并确定是否需要进一步的检查。进行这种检查时,海水的清澈度、摄像机的性能以及检查人员的知识水平等都很重要。虽然录制的视频通常用于后续评估,但对于检查人员而言,实时观察并指示 ROV 重新定位以从不同角度获取图像的做法是更为有效的。一些检查人员在系泊设备检查方面具有相当丰富的经验。然而,许多检查人员需要完成多个检查项目,包括船体、立管和海底设备等,而并不是专门进行系泊检查。所以系泊检查人员的专业知识水平可能会成为是否能发现异常情况的主要因素。

系泊缆检查中最常用的工具是 ROV。相应检查在动力定位船舶上进行,这类船舶会配备作业所需的设备。进行检查的船舶会围绕系泊缆进行移动,让ROV 潜至系泊缆一侧,然后再移至另一侧,完成整个外观检查,并进行记录。通过这样的检查可以发现系泊缆的外部损伤,还能推测出某些可能的内部损伤。许多 ROV 是浮式系统或(更有可能是)专用船舶上的大型作业级 ROV。这些设备必须能进行录像,以对检查过程进行完整的实时记录。图 12.2 是 ROV 在一次检查过程中拍摄的系泊钢丝绳的视频图像。

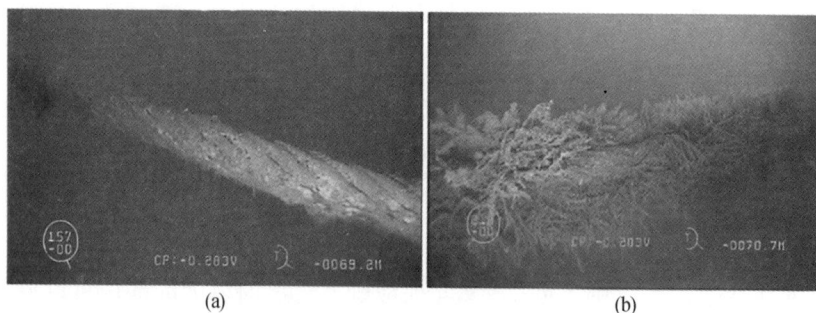

(a)   (b)

图 12.2 ROV 对一段钢丝绳进行的水下检查[6]

通过潜水员在浅水区域进行检查的做法由来已久,但这对潜水员而言有相当的安全风险。无论是供气式潜水还是饱和式潜水,潜水员都需要配备各种所需的防护设备,并且通常会配备专用的潜水船。对在潜水船活动范围内的多艘船舶所带来的海上风险都需要予以考虑。尽管如此,通过潜水员进行检查的做法一般不是首选。系泊缆在水下的运动幅度很大,因此潜水员在靠近时会面临潜在的危险。此外,潜水员检查本身就有深度限制。

12.3.3 近距离外观检查

近距离外观检查是针对特定的系泊部件或物件的,其目的是对所检查部件的状况进行评估并对所有的异常部件进行测量。只有被检查组件在检查人员的可及范围内或者在 ROV 的可近距观察范围内,才可以实现这种检查。检查前通常需要对相关区域进行清洁处理。图 12.3 给出了被大量海洋生物附着的一条系泊锚链,同时也给出了潜水员清洁处理后的对应图片。图 12.4 和 12.5 为系泊检查人员在外转塔下方的系泊锚链上使用卡尺进行锚链直径测量的照片。

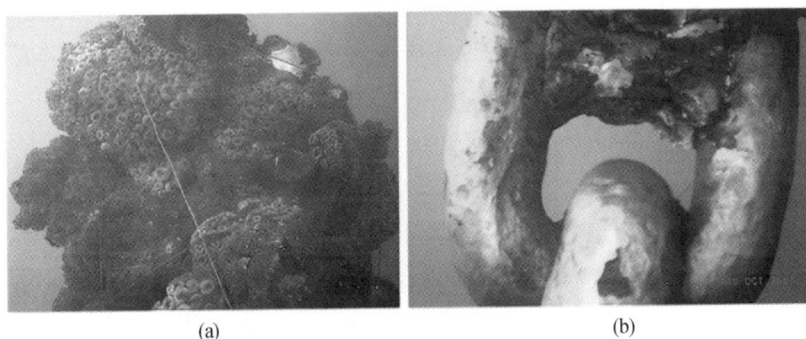

(a)   (b)

图 12.3 海洋生物附着的一条锚链被潜水员清洗前后的照片[7,8]

图 12.4 系泊检查人员爬下检查飞溅区的锚链

图 12.5　系泊检查人员使用卡尺测量锚链直径[9]

近距离外观检查作业具有一定的风险,并非所有的 ROV 都能潜到足够靠近系泊部件的地方。对于潜水员,有可能因为系泊部件发生意外运动的风险太大而无法足够接近系泊缆。例如,在检查转塔底部的锚链筒内的系泊缆时,大型的作业级 ROV 无法足够接近,也无法为锚链筒的入口处提供足够的光线照明来检查可能的磨损情况。

12.3.4　无损检查技术

无损检查技术(NDE)是指用于检测表面裂纹的技术。对于外观检查中发现的可疑部件,可以用这些无损手段进行检查,也可以通过分析或根据操作中发生的实际情况来确定需要进行无损检查的关键部位。最常用的无损检查技术有以下两种:(1)对于无涂层的表面,可以通过 MPI 或染料渗透剂(dye penetrant,DP)的方法进行检查;(2)对于有涂层的表面,可以通过涡流检查的方法获取可能的表面破裂信息。对于疲劳裂纹检测而言,当组件已出水且干燥时,MPI 和 DP 都是最合适的方法。

12.3.5　先进的三维成像

三维成像系统是近年来成熟起来的高技术检测手段。它对检查问题区域非常适用,特别适用于测量锚链上磨损区域或腐蚀坑的尺寸。许多公司都有提供这种服务的能力,大多数 ROV 都可以添加相关的设备。然而,只有在对系泊部件进行彻底清洁后才能执行这种检查,然后需要创建准确的几何形状以进行后续的数据处理。该技术在某一系统上的应用特别成功。该系统的部署架上装有多台高分辨率视频摄像机和多盏照明灯。系统通过使用工具校准和离线图像分析软件解析的方法测量出锚链的参数。这种光学锚链测量技术已被一些操作人员用来对临界(边缘)条件下的系泊部件进行检查。

12.4　系泊部件的检查

在整条系泊缆上,有几处区域更容易出现结构完整性的问题[10, 11],因此在检查时,对这些区域需要特别注意。与船体相接的系泊缆顶端以及与海底接触的触地段是最容易出问题的两处区域。它们的受损程度较高,对其应该进行最严格的检查。由于潜在的锚链腐蚀可能非常严重,飞溅区是另一处需要重点检查的区域。所有的连接件和钢丝绳端部也是关键区域。该部分系泊缆的单位长度的质量分布不连续,就会导致相对弯曲和磨损情况加重。本节主要介绍对各类组件的检查方法以及检查时需要发现的问题。

12.4.1　锚链的检查

锚链暴露在恶劣的环境中,可能出现多种问题,具体如下:

(1)腐蚀

腐蚀通常出现在飞溅区内的锚链上,如图 12.6(a)和(b)所示。根据海水水质和温度不同,锚链的腐蚀率若高于每年 1.0 mm 则会产生很严重的问题。此外,水下部分锚链上的大型凹坑多数发生在上部水体,如图 12.6(c)和(d)所示。这些凹坑可能是硫酸盐还原菌(SRB)造成的。这种细菌是造成微生物诱导腐蚀的关键因素[13]。严重的腐蚀会使锚链表面发生改变,锚链的横截面积也会减小,因此增加了疲劳或过载导致的锚链失效的可能性。

(2)磨损或磨蚀

链节和导缆器链轮之间或两个相邻链节之间的磨损会使锚链的直径减小。直径的减小则会降低锚链的承载力,并可能导致其失效。锚链的磨损也可能发生在触地区域。图 12.7 显示了触地链和底链一侧的材料损失,表现出明显的扁平化。发生这种情况的可能原因是微生物腐蚀或海底磨损。

(3)裂纹

表面裂纹、闪焊裂纹和横档焊接裂纹可能在循环载荷的作用下发生扩大,导致锚链过早失效。然而,需要注意的是,即使在海洋微生物被彻底清除之后,这些表面裂缝也是几乎不可能被肉眼观察到的。

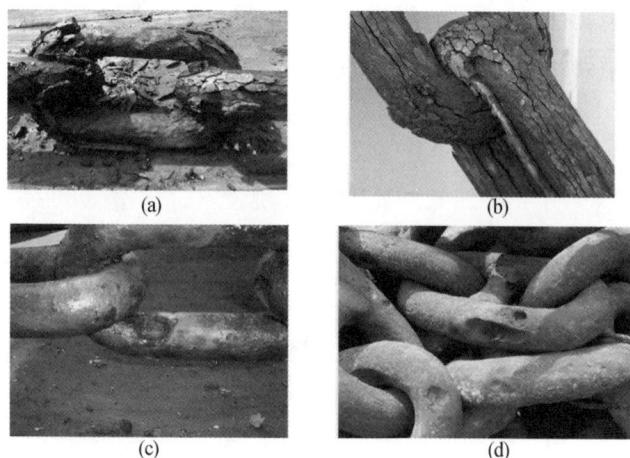

图 12.6　全面腐蚀情况严重的链条[(a)和(b)];带有大腐蚀坑的链条[(c)和(d)][7,8,12,13]

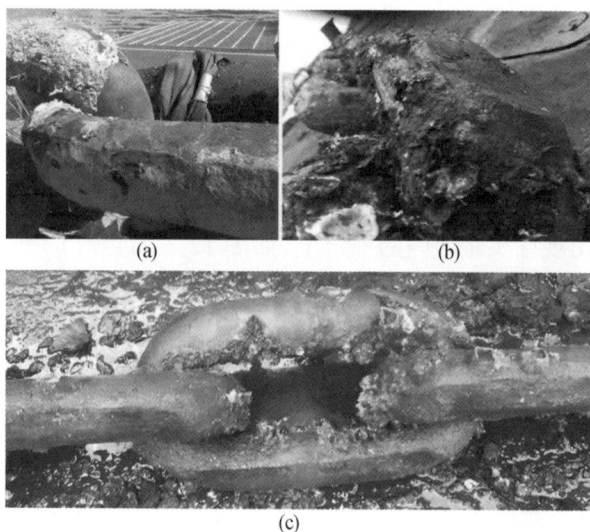

图 12.7　一侧存在材料损失的底链和触地链[9,12]

（4）横档松动或缺失

没有横档的横档链会产生高弯曲应力,缩短锚链的疲劳寿命。不当操作或链环与横档之间的过度腐蚀会引起横档松动,进而可能导致锚链过度拉伸,造成锚链中产生更高的弯曲应力。

（5）凿击

锚链表面的物理损坏如切口、凹坑和凿痕等会增加其内部应力,并可能导致其疲劳失效。

（6）伸长

过度的永久性伸长可能导致移动式海上钻井装置的锚链在绞盘中功能失常，并导致链环弯曲和磨损。锚链抓地区域的磨损以及超过最初验证负载的工作负载都将导致锚链发生永久性伸长。

12.4.2　钢丝绳的检查

系泊钢丝绳可能发生多种类型的损伤，具体如下：

（1）断丝

如果在端部发生了断丝（图 12.8），那么即使数量很少也表明端部受到了较高的应力，可能的原因是终端的不正确安装、疲劳、超载或在布设/回收过程中存在不当操作。如果断丝集中发生在单股或相邻股钢丝绳中，则可能是在此处出现了局部损坏。这种类型的破断一旦发生，通常就会不断恶化。如此集中的断丝会破坏整股钢丝绳所承受负载的平衡。

(a)   (b)

图 12.8　钢丝绳端处的断丝[14]

（2）腐蚀

海洋环境中发生的腐蚀不仅减小了钢丝绳的金属面积，降低了其破断强度，而且还使其表面变得不规则，导致应力破裂，从而加速了疲劳。严重的腐蚀还可能会减弱钢丝绳的弹性。外部钢丝绳的腐蚀是一个常见的问题，并且可以被外观检测到。内部腐蚀通常伴随外部腐蚀而发生，但更难被检测到。

（3）润滑剂损失

恰当而全面的润滑非常重要，可以防止钢丝绳和股线在作业时发生过度的内部磨损，还能抑制腐蚀。如果钢丝绳没有润滑，其在频繁的弯曲作业过程中，由于内部磨损，寿命会减少到正常寿命的一小部分。

（4）磨损

钢丝绳外股表面钢丝的磨损可能是由于与导缆器或坚硬海底的摩擦而引起的。特别是在锚的安装或收回期间，被拖动的钢丝绳与坚硬海底的摩擦可能会导致系泊钢丝绳的外部磨损。内部磨损是由单根绳股之间和钢丝绳的钢丝之间发生摩擦引起的，特别是当钢丝绳被弯曲时。内部磨损通常是由缺乏润滑引起的。磨损后，钢丝绳的横截面积变小，钢丝绳的强度下降。

（5）打结或形变

钢丝绳的正常结构发生的扭曲被称为形变，这可能导致钢丝绳中应力分布不均匀。打结、弯曲、摩擦、挤压和压扁等都是常见的钢丝绳形变。打结是钢丝绳由于被拧紧的绳环无法绕其轴线旋转而导致的形变。钢丝绳由于打结而造成的结构失衡会使其某些区域更易发生过度磨损。弯曲则是由外部影响因素造成的钢丝绳角度变形。

（6）钢丝绳直径改变

外部磨损、线间和股间磨损、钢丝绳拉伸和腐蚀等都可能使钢丝绳的直径变小。直径的过度减小会在一定程度上降低钢丝绳的强度。因此，通常会在钢丝绳的整个使用过程中对其直径进行定期的测量并记录，新钢丝绳的直径测量值会被记录为参考值。

12.4.3　合成纤维缆的检查

合成纤维缆可能发生多种类型的损坏，具体如下：

（1）切割或磨损

合成纤维缆的损坏通常是由于在布设或回收过程中，合成纤维缆与锋利边缘的接触而造成的。已安装好的合成纤维缆也可能因为坠落物或同其他安装作业所用的工作钢丝绳发生接触而受到损伤。外部磨损也可能造成合成纤维缆损坏。作业时与坚硬物体接触或在硬质海底上拖拽也可能使合成纤维缆遭受损伤。在安装过程中，当接头与安装设备接触时，接头或护套也可能会发生损坏。由于护套不是合成纤维缆的承载部位，因此护套的轻微损坏是可以接受的。

（2）土壤侵入或海洋附着物

当合成纤维缆在安装过程中与海底接触（如缆绳意外掉落到海底）时，可能会发生土壤颗粒的侵入。在极端环境条件下，背风向的系泊合成纤维缆也有可能接触海底。为了解决这个问题，许多纤维缆都配备了能有效过滤土壤颗粒的过滤器或挡土护套。如果海洋附着物穿透护套进到承载纤维之中，则会对合成纤维缆造成损害。

12.4.4　连接器和锚的检查

对于移动式海上钻井装置的系泊部件,检查人员通常会对所有系泊部件进行外观检查,如卸扣、旋转环、开式接头和链节等。此外,检查人员还要利用磁粉探伤技术对系泊部件中的某些关键区域进行检查。同时,检查人员在完成清洁后会对锚进行外观检查,以寻找结构裂缝和明显的变形,如锚杆或锚爪的弯曲变形。如果怀疑某个高应力集中区域存在裂纹,那么检查人员就会利用磁粉探伤技术对该区域进行检查。

大部分永久系泊装置都会使用连接器如 D 形卸扣、H 形卸扣或三孔盲板连接各种锚链、钢丝绳、合成纤维缆和锚部件。此外,特殊的水下连接器不仅常被用来协助对系泊装置的安装,还能实现系泊缆的快速更换。一些连接器(如三孔盲板)带有阳极,可以防止被腐蚀。

锚链接头中的一个关键部分是带螺母的销。要确保销钉的完整性,否则会因锁紧机构的失效而导致销钉的脱离。通过外观检查可了解连接器是否存在异常,应确保各种锁紧部件都完好无损。如果可能的话,可以对磨损情况进行测量,以便对剩余强度进行评估。在销和螺母的螺纹之间可能会发生腐蚀,因此也要对此处进行检查。

12.5　监　　测

监测是资产完整性管理的一个重要组成部分,应该作为系泊系统状况评测的一种可行手段,与检查程序一起加以执行。监测的主要目的是持续评测系泊系统的状况或性能,并为系泊的完整性评测提供支持。操作人员应熟悉如何检查并发现系泊缆破断,系泊缆的系泊能力已经降低而未被及时发现的情况是不允许发生的。操作人员应明确整个项目阶段的监测方法和设备。

12.5.1　监管要求

根据作业类型(生产或钻井)不同,工业界标准和船级社对系泊系统的监测提出了不同准则。例如,API RP 2SK 规范的建议是,如果在操作中需要对系泊缆进行调整,则系泊浮体应配备测量系统以测量系泊缆的张力,并在每台绞车上连续显示系泊缆张力值。对于不需要进行系泊张力测量的浮体,应考虑使用能检测到系泊失效的设备。

一般来说,移动式海上钻井装置总是配备有系泊缆张力和浮体位移监测系统,以满足钻井作业的要求。浮式生产平台通常配备位置监测系统,如果系泊缆与绞盘/张紧设备连接,则有时还会配备系泊张力监测系统。那些没有配备系泊张力监测系统的平台,通常会安装可以检测到系泊失效的设备。

12.5.2　监测内容与监测方法

系泊缆监测中最重要的参数是系泊张力的失效或丧失值。系泊失效可以通过消失的张力、系泊缆倾角的突然变化、掉入海底或浮体平衡位置的突然变化来发现。对每个浮式系统都要评估其是否具有足够的监测能力来保证自身安全系泊。在施工过程中进行监测的成本并不高,而且通过监测还可以降低漏油污染和生产停工的风险。

监测的方法很多,包括直接测量系泊缆张力、系泊缆倾角或浮体位移。并非所有的方法都具有相同的断线检测和张力测量能力。某些方法需要使用电池,不过电池的电量可能很快耗尽,具体取决于数据收集量和收集频率。因此,在整个工程阶段,需要根据失效后果和冗余水平来评估监测的时间间隔,如同组系泊缆的数量或安全系数的余量。

能够迅速发现系泊失效迹象的实时监测系统可能更受欢迎,尤其是在系泊系统的安全系数刚好符合设计标准,并且只能容许一条系泊缆破断的情况下。必须要认识到,在发生一次系泊失效后,后续的失效可能会接连发生。多条系泊缆发生失效的后果非常严重,因此在第一条系泊缆发生破断时,监测系统必须能够立即发现,以便人们有足够的时间采取必要的措施。相反,对于具有高冗余(如同组系泊缆数量较多或安全系数余量较大)的系泊系统,则可以选择非实时的监测系统[15]。在失去一条系泊缆之后,系泊系统仍可被认为是安全的。在这种情况下,监测系统可以在较长的时间间隔后(如几天后)再发出消息。

对未安装监测系统的服役浮体可改装并配备一些监测设备,选择具体的设备时需要考虑到实用性和成本。另外,与在浮体建造阶段直接安装监测设备相比,任何改造安装的花费都更加昂贵。

某些监测方法可以实现的功能远远不止系泊断线监测。直接测量出系泊张力,或者根据系泊缆倾角测量值推算出系泊张力,可以为更深入的分析提供输入数据。

12.6　监　测　方　法

12.6.1　方法1:外观监测

对于有水面以上外转塔系泊系统的 FPSO 或 FSO,外观监测是常用的做法,由使用(或不使用)闭路监控电视系统的操作人员或检测人员进行监测。一种做法是操作人员观看监视器屏幕(图 12.9),这些监视器是连接到船首附近的闭路摄像机上的。另一种做法是操作人员在甲板上进行日常巡视,以目测的方式确认系泊缆完好且角度正常。显然,当系泊缆没于水下时(如内部转塔系泊),后一种做法是不可行的。

12.6.2　方法2:监测系泊张力

一些先进的监测方法不仅能监测系泊缆的故障,还能实时测出系泊缆的张力数据,常用两种方法:一是直接测量系泊张力;二是测量系泊缆倾角后计算出系泊张力。

图 12.9　FPSO 控制室的监视屏幕显示立管和系泊缆完好无损

(1)使用拉力传感器直接测量系泊张力

这是用于使用锚链绞车的各类浮体的典型方法,常见于半潜式平台和立柱式平台。拉力传感器内置在止链器或绞车设备如置于甲板上的锚链绞车的底座上。

（2）使用倾角仪间接测量系泊张力

这是用于内转塔 FPSO 的典型方法。将倾角仪安装在水下转塔底部的转盘周围的系泊锚链孔处，也可夹在顶部锚链处。测量得到系泊缆顶部倾角，通过悬链线理论计算或查表的方法，将其转换成系泊张力。请注意，此方法可能会存在不确定性，因为系泊缆动态效应未被考虑。另外，当系泊缆非常松弛时，张力的微小变化会引起倾角的显著变化，但当系泊缆被张紧时，倾角的变化就变得不显著了。尽管如此，具有良好精度的倾角仪可以在整个导缆器角度范围内提供可接受的系泊张力预测值。

以上两种方法得到的系泊张力数据都可以作为输入项，与海况数据一起用于系泊分析，从而用于确定实际情况与系泊设计一致。张力测量值还可用于计算顶部锚链的疲劳累积损伤。另外，当业主或操作人员打算延长系泊系统服役寿命时，系泊张力的历史记录还可以作为相关支撑材料。

12.6.3　方法 3：监测浮体位置

监测系泊系统性能时，实时监测浮体位置是一种可靠且具有较高成本效益的方法[16]。在监测现场环境条件的同时，测量相对于浮体平衡位置的运动位移和倾角，就可以实时反馈出系泊系统的有效性。通过在浮体上安装基于差分全球定位系统（differential global positioning system，DGPS）的位置监控系统，就可以实现对浮体位置的监测。通过参考站对浮体甲板上的系统接收机进行差分校正，可以显著提高该系统的精度。通常，差分校正是由卫星差分导航系统实现的。

12.7　监　测　设　备

市场上至少有 3 种类型的监测系统，包括拉力传感器、倾角仪和全球定位系统（global positioning system，GPS）。在选择监测系统时，需要考虑以下因素：

（1）浮体类型的适用性

某些监测设备更适用于特定类型的浮体。例如，拉力传感器可以安装在半潜式平台和立柱式平台的止链器上，但对于内转塔式 FPSO，止链器位于水下，拉力传感器则不容易安装。

（2）测量系泊张力的能力

张力测量是一个有用的功能，能为系泊设计的验证提供数据，还能实现对系泊缆疲劳累积损伤的准确计算。

（3）易用性

易用性是指能在浮体的控制室内显示数据。操作人员可能不具备像系泊工程师那样解析专业数据的能力,但精心设计的用户界面可以帮助他们了解系泊系统的状况。图 12.10 给出了用户界面的一个示例。

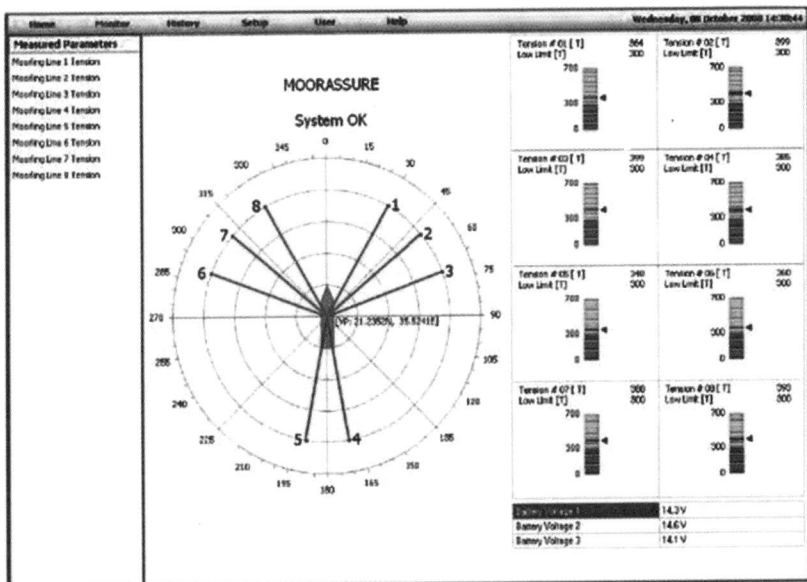

图 12.10　计算机屏幕上显示出每条系泊缆的测量张力

（图片由 PULSE 提供）

（4）允许快速报警的检测间隔

监测装置不一定需要一直进行频繁采样。对于无法硬接线的传感器而言,较低的采样频率更有利于延长其电池寿命,但应注意适当设置检测间隔。一旦发生故障,监控设备应在合理的时间范围内发出警报。

（5）设备的可靠性和跟踪记录

设备要可靠且仅需最低限度的维护,并能够承受极端的风暴条件。对此,具有良好记录的成熟设计是首选。

12.7.1　拉力传感器

拉力传感器通常安装在半潜式平台和立柱式平台的止链器上。与被置于水下的其他类型的设备相比,它们的位置更易于接近,因而更易于维护。该装置的优点之一是:通过使用多个拉力传感器可降低每个传感器所需的负载范围,这样就能在更大的张力范围内精确测量系泊缆的张力。此外,如果每台拉力测量设备中包含 2 个或多个传感器,则可以提高设备的可靠性,从而减少更换拉力传感器的次数。拉力传感器的一个缺点是标定的不确定性,这在某些应用中一直是一个问题。

12.7.2　倾角仪

倾角仪用于测量系泊缆倾斜的角度。许多系泊系统中都安装了倾角仪,用来预报系泊缆张力。根据测得的角度,这些系统可以通过悬链线方程计算出系泊缆张力。请注意,锚点和浮体的位置必须已知,这样才能根据角度测量值计算出系泊缆张力。当系泊缆倾角超出预设失效范围时,系统就会发出警报,指示有故障出现。一些倾角测量系统的可靠性记录较差,如存在虚假读数,无法正常工作[17]。

如图 12.11 所示,倾角测量系统在每条系泊缆上安装一个倾角仪,可以安装在系泊锚链孔处或锚链上。每台倾角仪都包含自带的电池、存储器和声波发射器。测量的数据被传输到接收器处,然后传输到控制室的电脑显示屏上。请注意,连接到锚链孔上的倾角仪可能无法记录顶部锚链的准确倾角,这是因为锚链和锚链孔之间存在一个小间隙,这会导致在系泊张力计算中产生小的误差。

图 12.11　安装在顶部锚链上的倾角仪
(图片由 PULSE 提供)

倾角仪系统的稳健性问题由来已久。仪器部件长期完全暴露在系泊系统所在的海水和一些恶劣环境中,如海水浸入、腐蚀、缆绳连接、声音和电池寿命,都可能导致系统故障,这些都是在施工阶段的选择过程中需要仔细考虑的问题。

12.7.3　GPS

对于没有系泊张力测量装置的浮式系统,至少应考虑安装用于检测系泊故障的设备。研究表明,单独使用 GPS 的位移监测系统可能不能立即发现单条系泊缆的故障[16]。然而,由于 DGPS 比普通 GPS 具有更高的分辨率,因此通过 DGPS 来监测浮体位移和角度的偏离,可以很容易发现浮体运动产生的微小变化。任何非环境或外力因素导致的在几分钟内发生的浮体快速位移,都可能源于潜在的系泊缆故障。如图 12.12(a)所示,计算机模拟出了一条系泊缆破断后浮体位置的明显变化[16]。DGPS 用于系泊缆破断监测的做法是较有前景的,它可以成为一套独立的解决方案以替代或弥补前文中提到的传统监测系统。这种系统的原型已被开发并被实际安装了,图 12.12(b)显示的即是在 FPSO 控制室外安装的 DGPS 系泊监测系统中两部天线中的一部。

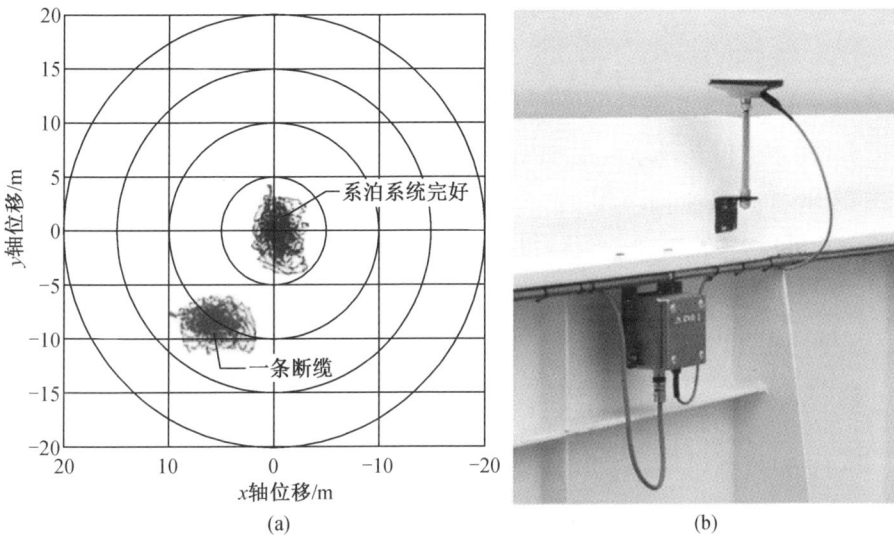

图 12.12　由一条破断的系泊缆造成的浮体偏移(a);在 FPSO 控制室外安装的 DGPS 系泊监测系统的天线(b)

(图片由 SOFEC 提供)

12.8 思 考 题

1. 船级社规范中包含哪 3 种类型的在役检查?

2. 对在役检查,移动式海上钻井装置系泊和永久系泊之间的主要区别是什么?

3. 列出检查人员应当在检查过程中查看的至少 3 类锚链损坏情况。

4. 一台倾角仪安装在 400 m 长锚链的顶端,用于测量倾角。无横挡锚链直径为 3 in(1 in=25.4 mm),水深 100 m。根据第 4 章《系泊设计》中的悬链线方程,制作表示系泊缆倾角和张力之间关系的图表。

5. 列出两种系泊缆张力监测的常用设备。

参 考 文 献

[1] API RP 2I, Recommended Practice for In-Service Inspection of Mooring Hardware for Floating Drilling Units, first ed., American Petroleum Institute (API), 1996.

[2] API RP 2I, In-Service Inspection of Mooring Hardware for Floating Structures, third ed., American Petroleum Institute (API), 2008.

[3] DNVGL-OS-E301, Position Mooring, edition July, 2015.

[4] American Bureau of Shipping, Rules for Building and Classing Floating Production Installations, 2018.

[5] Bureau Veritas, Rule Note NR 493 DT R03 E "Classification of Mooring Systems for Permanent and Mobile Offshore Units", 2015.

[6] J. Rosen, A. Potts, E. Fontaine, K. Ma, R. Chaplin, W. Storesund, SCORCH JIP—feedback from field recovered mooring wire ropes, in: OTC 25282, OTC Conference, May 2014.

[7] E. Fontaine, J. Rosen, A. Potts, K. Ma, R. Melchers, SCORCH JIP—feedback on MIC and pitting corrosion from field recovered mooring chain links, in: OTC 25234, OTC Conference, May 2014.

[8] E. Fontaine, A. Potts, K. Ma, A. Arredondo, R. Melchers, SCORCH JIP:

examination and testing of severely–corroded mooring chains from West Africa, in: OTC 23012, OTC Conference, 2012.

[9] K. Ma, R. Price, D. Villanueva, P. Monti, K. Tan, Life extension of mooring system for benchamas explorer FSO, in: Proceedings of the 19th SNAME Offshore Symposium, Society of Naval Architects and Marine Engineers, Houston, TX, February 2014.

[10] M. Brown, A. Comley, M. Eriksen, I. Williams, P. Smedley, S. Bhattacharjee, SS: mooring system integrity: phase 2 mooring integrity JIP—summary of findings, in: Offshore Technology Conference, 2010.

[11] K. Ma, A. Duggal, P. Smedley, D. L. Hostis, H. Shu, A historical review on integrity issues of permanent mooring systems, in: OTC 24025, OTC Conference, May 2013.

[12] M. O'Driscoll, H. Yan, K. Ma, P. Stemmler, Replacement of corroded mooring chain on an FPSO, Ship Production Committee, SNAME Maritime Convention, 2016.

[13] D. Witt, K. Ma, T. Lee, C. Gaylarde, S. Celikkol, Z. Makama, et al., Field studies of microbiologically influenced corrosion of mooring chains, in: OTC 27142. OTC Conference, May 2016.

[14] K. Ma, R. Garrity, K. Longridge, H. Shu, A. Yao, T. Kwan, Improving reliability of MODU mooring systems through better design standards and practices, in: OTC 27697, OTC Conference, May 2017.

[15] Oil & Gas UK, Mooring Integrity Guidance, Rev. F, 2008.

[16] J. Minnebo, P. Aalberts, A. Duggal, Mooring system monitoring using DGPS, in: Proceedings of the ASME 2014 33rd International Conference on Ocean, Offshore and Arctic Engineering, OMAE 2014–24401, San Francisco, CA, 2014.

[17] M. Brown, T. D. Hall, D. G. Marr, M. English, R. O. Snell, Floating production mooring integrity JIP–key findings, in: Offshore Technology Conference, 2005.

第 13 章　系泊可靠性

技术的进步使海上系泊系统得以从浅水区拓展至深水区,但系泊失效概率相较于理论设计预期或其他离岸结构(如固定式平台)却显得更高。为应对这一现象,业界正在重新评估设计标准,收集并分享来自行业公开的经验教训。自 2012 年以来,已投入使用的浮式生产或储存系统达到 365 个,而且数量逐年稳定增长。这些投入使用的浮式设施整体运行良好,但它们的系泊系统却出现了许多问题,其中一些问题十分严重。本章将回顾这些问题,包括 2001 年至 2012 年期间发生在浮式生产装置上的 26 起系泊事故。系泊系统(即多系泊缆)发生失效的概率每年约为 0.1%。部分单条系泊缆失效还造成了对其他系泊缆的损坏,因此这些事故也可以视为系泊系统失效。从现有的资料来看,永久系泊的可靠性表现不佳,而移动式海上钻井装置系泊系统的可靠性更是堪忧,其年失效率约为 1%。本章的目的是深入剖析这些问题,并总结解决这些问题的方法。

13.1　全球系泊失效案例

系泊事故的高发率一直备受关注。在 2001 年至 2012 年期间,至少有 8 个永久系泊系统出现了多条系泊缆损坏或系泊系统故障,部分事故导致平台偏离原定位置。观察发现,很多单条系泊缆破断的事故,往往还会造成其他系泊缆损害。如果这些损害没有被及时发现,可能会导致系泊缆提前失效。其中一些事故后果严重,如导致平台漂移较远距离、立管破裂、生产中止,甚至有些事故会导致少量碳氢化合物泄漏。此外,修复或更换受损的系泊缆需要投入大量人力和物力。这些事件让业主和运营商深感忧虑。

以下是 Ma 等总结的 8 次系泊失效重大事故[1]。表 13.1 中列出了包括单条系泊缆失效事件的完整列表。值得注意的是,尽管以下列出的事件都是多条系泊缆失效,但都没有导致整个系泊系统彻底失效,平台没有发生完全漂移,也没有发生重大人员伤亡或环境污染。这些事件的信息大部分可以在文献中找到。

2011 年,Banff:10 条系泊缆中有 5 条破断[9,11]。

2011 年,Volve:9 条系泊缆中有 2 条破断,立管无损伤[12]。

2011 年,Gryphon Alpha:8 条系泊缆中有 4 条破断;平台漂移一段距离,立管破裂[13]。

2010 年,Jubarte:在 2008 年和 2010 年之间有 3 条系泊缆发生破断[3]。

2009 年,"南海发现号":8 条系泊缆中有 4 条破断;平台发生漂移,立管破裂[14,15]。

2009 年,"海洋石油 113":整个软钢臂塔柱倒塌;平台发生漂移,立管破裂[15,16]。

2006 年,"流花"("南海胜利号"):10 条系泊缆中有 7 条发生破断;平台发生漂移,立管破裂[15,17]。

2002 年,Girassol 浮筒:9 条系泊缆中有 3 条(后来又有 2 条)发生破断,但外输管没有损坏[18-20]。

在恶劣环境的地区,如北海,出现了更多的失效现象。相比之下,在环境较为温和的地区,如泰国湾,似乎没有发生重大事故。

除了表 13.1 总结的系泊失效事件外,还有另外两起事件没有发生系泊缆失效。一次事件发生在 2009 年,当时一座新的半潜式生产平台正在完成系泊安装的最后一步,其中一台绞车失灵,导致锚链滑出,最后一条完整的系泊缆包括锚链、聚酯缆和连接件掉落海底[21]。另一起事件发生在 2011 年初,当时一根自由站立式立管由于一根锚链破断而倒塌,掉到了海底。立管被设计成用一根锚腿永久固定在一个大的浮筒上。其中一个链环在闪光焊的焊缝附近破断。对破断的分析表明,对该链环进行了不符合行业标准的焊缝修复[22]。这两起事故都可以被归类为系泊失效,尤其是前者。这两起事故强调了确保浮体设备和常见系泊部件的可靠性十分重要。

表 13.1 2001 年至 2012 年永久系泊失效及疑似原因[1]

年份/年	平台名称（浮式）	受损部件	组件寿命	事故	疑似原因	水深/ft
2012	Kuito（浮筒）	锚链	13 年	在 6 条系泊缆中，有 1 条系泊缆在底部锚链的悬垂段处发生破断	疲劳失效。链环顶部的小腐蚀坑可能导致裂纹产生	1 260
2012	Petrojarl Varg（FPSO）	锚链	6 年	在 10 条系泊缆中，有 1 条系泊缆在恶劣海况下发生破断[2]	由于链环的平面外弯曲而破断。链环上产生了高循环、低应力的疲劳[2]	280
2012	Norne（FPSO）	锚链	6 年	1 条系泊缆失效。通过 ROV 检查，确认 9 号系泊缆发生失效[2]	由于 8~9 m 的水深中不正常的负荷或锚链弯曲而导致疲劳。弯曲可能由导缆器不旋转引起[2]	1 250
2012	Haewene Brim（FPSO）	钢丝绳	8 年	1 条系泊缆失效，另有 3~4 根额外的系泊缆和钢丝绳损坏	鸟笼式失效	280
2012	Dalia（FPSO）	锚链	6 年	在 12 条系泊缆中，有 1 条系泊缆在底部（桩）链处裂开，方式与 2008 年相似	锚链可能在泥中打结	4 270
2011	Banff（FPSO）	5 根锚链	12 年	转塔部位系泊的 10 条系泊缆中有 5 条系泊缆在恶劣天气中偏离初始位置 250 m		300

表 13.1（续 1）

年份/年	平台名称（浮式）	受损部件	组件寿命	事故	疑似原因	水深/ft
2011	Volve—Navion Saga（FPSO）	2 根钢丝绳	3 年	检验时发现，9 条系泊缆中有 2 条在上段钢丝绳末端的防弯器处裂开	由于钢丝绳终端处的延展性过载，引发高局部动态载荷，导致发生破断	270
2011	Gryphon Alpha（FPSO）	4 根锚链	19 年	8 条系泊缆中有 4 条的锚链在暴风雨中断开，导致平台漂移，进而导致立管破断	由时速为 100 mile（1 mile = 1 609.344 m）狂风所致；链环在闪光焊时可能存在缺陷	400
2011	Fluminense（FPSO）	锚链	8 年	9 条系泊缆中有 1 条的顶部锚链发生破断	可能由于安装前使用火焰切割锚链，在连接处造成初始损伤	2 600
2010	Jubarte（FPSO）	3 根锚链	2 年	3 根底部锚链发生破断。2008 年至 2010 年，在 FPSO 系泊系统中发现 3 号，4 号和 5 号系泊缆发生失效[3]	因链环与横档使用不同材质而发生腐蚀，导致应力增加和疲劳失效	4 400
2009	"海洋石油 113"（FPSO）	软钢臂塔柱	5 年	软钢臂塔柱倒塌，导致平台漂移，进而导致立管破断	大风引发软钢臂塔柱倒塌；塔柱底部出现疲劳裂纹	60
2009	"南海发现号"（FPSO）	4 根钢丝绳	19 年	在突然出现的台风中，8 条系泊缆中有 4 条在上段钢丝绳的末端断开。没时间解脱，导致平台与浮筒式系泊解脱，导致平台漂移了一段距离，进而导致立管破断	台风原因；可解脱式 FPSO 未能及时解脱，导致系泊缆超载；钢丝绳材料退化	380

表 13.1（续 2）

年份/年	平台名称（浮式）	受损部件	组件寿命	事故	疑似原因	水深/ft
2009	Fluminense（FPSO）	连接器	6 年	9 条系泊缆中有 1 条断开	聚酯纤维缆连接不当导致单条系泊缆失效	2 600
2008	Dalia（FPSO）	锚链	2 年	12 条系泊缆中有 1 条系泊缆在泥线以下 5~7 m 处的底部（桩）锚链中断开，在一次水下检查时发现[4]。注意，后来于 2012 年，另一条系泊缆也是以类似的方式失效	锚链可能在泥里打结	4 270
2008	Balder（FPSO）	锚链	9 个月	10 条系泊缆中有 1 条的锚链断开	可能是链节处的滑动引起的裂纹	410
2008	Blind Faith（半潜式平台）	连接器	0 个月	8 条系泊缆中有 1 条断开	设计缺陷	6 500
2007	Tahiti（单柱式平台）	连接器	0 个月	没有系泊缆断开。但是，由于系泊桩冶炼过程存在问题，因此对所有桩进行更换	低破断韧性	4 100
2007	Kikeh（单柱式平台）	连接器	2 个月	1 条系泊缆在锚的卸扣处断开[5,6]。同一批次的其他卸扣被检出韧性较低	低破断韧性	4 400

表 13.1（续 3）

年份/年	平台名称（浮式）	受损部件	组件寿命	事故	疑似原因	水深/ft
2006	Schiehallion（FPSO）	锚链	8 年	14 条系泊缆中有 1 条在锚链孔内断开。后来检查发现其他 3 条也有类似的裂缝[7]	OPB；因预载荷而磨损	1 300
2006	"流花"（"南海胜利号"）	7 根钢丝绳	10 年	10 条系泊缆中有 7 条在台风中发生破断。平台漂移了一段距离，导致立管破断	超过设计极限的台风，钢丝绳退化	980
2006	Varg（FPSO）	锚链	7 年	10 条系泊缆中有 1 条断开[8,9]	SRB 腐蚀	280
2005	Kumul（浮筒）	钢丝绳	4 年	6 条系泊缆中有 1 条的钢丝绳断开。后来检查发现另一条系泊缆也有破损[10]	钢丝绳与海床接触，因其运动而在海底产生沟槽	60
2005	Foinaven（FPSO）	锚链	9 年	10 条系泊缆中有 1 条断开。其他 2 条也出现了裂缝[8,9]	锚链腐蚀疲劳始于点蚀，SRB 导致的腐蚀率增加；应力腐蚀裂纹 – 氢脆	1 500
2003	Girassol（浮筒）	锚链	2 年	9 条系泊缆中有 1 条在第三次 OPB 事件中断开。在 2002 年和 2003 年期间的 3 次事故中共有 5 条系泊缆发生破坏	OPB	4 599

表 13.1（续 4）

年份/年	平台名称（浮式）	受损部件	组件寿命	事故	疑似原因	水深/ft
2002	Girassol（浮筒）	3 条锚链，1 条聚酯缆	8 个月，10 个月	9 条系泊缆中有 3 条发生破断，2 根 OPB 锚链失效，1 条聚酯缆失效。浮筒在设计范围外漂移，未损坏输油管线。1 个月后，又 1 个 OPB 破坏发生。在 2002 年这两起事故中，共出现了 4 次破断	OPB	4 600
2001	Harding（沉没式转塔装卸系统浮筒）	连接器		9 条系泊缆中有 1 条在三孔盲板－索节组件处发生破断。索节保持－索节组件销移位	销的面板设计不良	360

13.2 永久系泊的失效概率

根据失效的定义,年平均失效率可以用不同的方式表示。在表 13.1 中列出的 26 起事故中,根据多系泊缆破断的标准,仅有 8 起可被视为系泊系统失效。有一起事故虽然没有发生破损,但存在缺陷的卸扣导致所有桩锚被替换。其他事故都是单条系泊缆破断,可认为是部件失效。然而,值得注意的是,在这些单条系泊缆破断的事故中,有几起对其他系泊缆也造成了损害,因此,其中超过 8 起单条系泊缆破断的事故也可被认为是系泊系统失效。此外,可能还有一些未公开的事件没在文献中记录。

13.2.1 永久系泊系统的失效概率 P_f 的估算

为了对永久系泊系统的失效概率(P_f)进行粗略的估算,可以对 2001 年至 2012 年期间每年发生的系泊系统失效进行大致估算。2001 年,全世界约有 200 个永久系泊系统。它们为各种类型的浮式装置提供定位,如 FPSO、FSO、半潜式平台、Spar 和浮筒。根据 Offshore Magazine 的统计[23],截至 2010 年,全球共有 286 个海上浮式生产系统投入使用。这一数字不包括卸载浮筒或储油装置,如 FSO。根据国际海事协会发布的一份报告[24],2012 年共有 365 个浮式生产/存储系统在役,这还不包括卸载浮筒。粗略进行估计,在 2001 年至 2012 年间,永久系泊系统的总数从 200 个增加到约 400 个。在这 12 年内,平均 300 个永久系泊系统中,约有 9 个发生重大系泊事故,因此,每年的失效概率可估计如下:

$$P_f \approx 2.5 \times 10^{-3}$$

注释 1:P_f 是对 2001—2012 年这 12 年间 200~400 个永久系泊系统的年度失效概率的估计。

注释 2:失效事故被定义为包括:(A) 2 条或多条系泊缆破断;(B) 立管损坏。根据这个定义,如果仅有 1 条系泊缆破断,那么该事件将不被视为失效。

注释 3:永久系泊系统是指用于长期浮式生产装置上的系泊系统,如 FPSO、FSO、FPU、Spar、半潜式平台和浮筒等。不考虑用于自立式立管、中水浮筒或水下设备上的锚链和钢丝绳。

必须承认,系泊系统失效概率过高,系泊行业仍有改进空间。注意,如果将表 13.1 中的所有事件都计算在内,则计算得到的 P_f 会更大(也就是更差)。

13.2.2 系统失效与部件失效(多条与单条系泊缆破断)

关于系泊失效的定义有许多不同版本,这可能会使人感到困惑。如果设计中考虑了单条系泊缆破断准则,那么2条系泊缆破断通常会被认为是系泊系统失效。然而,如果设计是基于2条破断准则的,那么2条系泊缆的破断仍然属于设计范围内,不应将其视为系泊系统失效。区分系泊系统是发生了失效还是仅仅遭受了一些损坏的关键在于,判断其在下次定期检查之前是否仍能保护水下设备免受不良影响。基于这一概念,系泊系统失效可以分为以下两种类型:

1.多条系泊缆破断导致立管损坏

从表13.1中可以看到有4个事件发生了系统失效,涉及 Gryphon Alpha、"南海发现号"平台、"流花"平台和海洋石油平台。这些事件大多与极端环境条件有关,如台风、冬季风暴或强风。这4座平台中的2座位于风暴频繁的中国南海地区,而 Gryphon Alpha 则位于具有恶劣环境的北海。在这4个案例中,平台都漂移了很远的距离,导致立管破裂。虽然没有人员伤亡的记录,但由于长期停工进行维修,造成的后果非常严重。

2.多条系泊缆破断而无立管损坏

多条系泊缆破断的事故出现了至少4起,幸运的是,这些事故并未对立管造成损害。这几起事故包括 Banff、Volve、Girassol 和 Jubarte 事件。

系泊系统的设计通常只考虑单条系泊缆破断,所以单条系泊缆破断可被认为是系泊系统的部件失效。通常,设计师把这些称为损坏而不是失效。系泊系统的主要功能是使平台保持在固定位置附近,以保护立管、脐带缆和水下设备不受损坏。按照行业规范或船级社规范,单条系泊缆失效的系泊系统应仍能在安全系数降低的情况下发挥其定位功能。这种情况不会立即威胁立管的完整性。在表13.1中,有很多单条系泊缆失效的情况,在单条系泊缆破断后,仍能保证立管完好无损。

13.3 永久系泊失效点

如图13.1所示,对于永久系泊系统,失效可能发生在系泊缆上的任何一点。然而,在大多数情况下,失效发生在接头或不连续处。这类接头可能位于系泊缆与平台之间的导缆器上、不同类型系泊缆之间的连接器上,或者与系泊缆浮筒、配重块和三孔盲板等的连接处。当系泊缆动态接触海床(冲击区)时,或者当系泊缆下沉到泥中与锚或桩连接时,其也会发生失效。

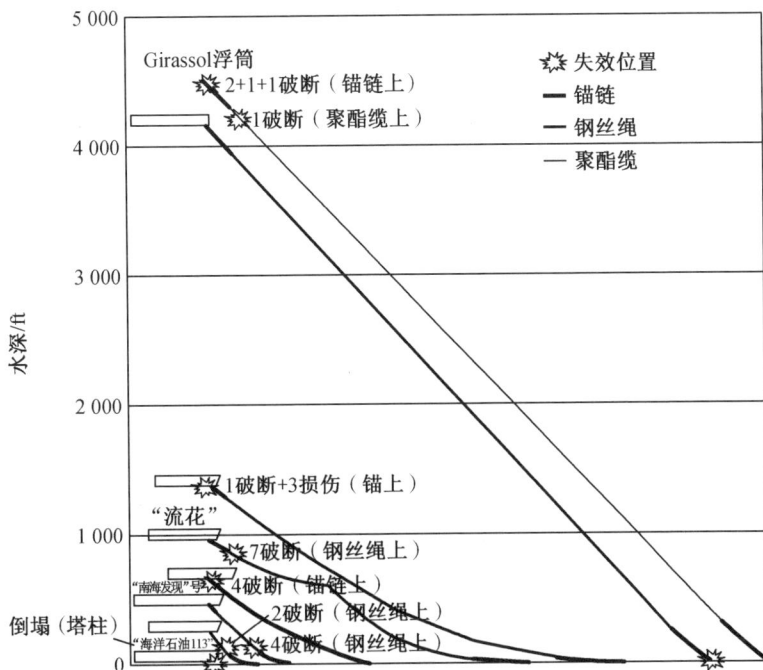

图 13.1 沿系泊剖面的破断位置[1]

在设计过程中,系泊缆被模拟为一个简单的受拉单元,包括沿系泊缆各个构件的截面特性。因此,压缩、弯曲和扭转被忽略了,但它们都被认为是系泊缆失效的主要或次要原因。

值得注意的是,表 13.1 中的几起事故具有相同的破坏机理,它们发生在多条系泊缆上,并且发生在系泊缆截面的相同位置。这意味着该薄弱点通常适用于所有系泊缆,从而增加了多条系泊缆失效的可能性。例如,"南海发现号"的事故中,4 次系泊缆破断都发生在钢丝绳末端与底部锚链连接处。这说明了确保设计中没有薄弱点的重要性。

虽然一些系泊失效可以通过更严格的检查和严密的监测来预防,但其中有许多失效现象实际上是新现象。例如,Girassol 系泊锚链的平面外弯曲是 2002 年新发现的现象[18-20]。传统的 ROV 检验无法探测到有疲劳的链环,因为这些链环隐藏在系泊缆顶端的锚链孔中。

又如,Kikeh 的一个锚上的卸扣破损也引起了整个行业的关注。低破断韧性的问题不是在在役检查时能发现的一种现象,更不用说有缺陷的卸扣还完全被埋在泥土里了。

需要注意,有些失效发生在腐蚀的钢丝绳上。在那些无护套的钢丝绳上有非常明显的腐蚀。在一个案例中,ROV 检查发现了这类破坏,但是该钢丝绳在暴风雨前由于没有被及时更换而发生破断。

13.4 临时系泊的失效概率

移动式海上钻井装置是一种使用临时系泊系统的浮体,也被称为短期或移动式系泊设施。其他类型的船舶包括修井驳船、建筑驳船、浮式驳船以及紧靠另一个平台的辅助钻井船等,通常预计在现场服务几周或几个月,通常不超过12 个月。尽管本节主要讨论移动式海上钻井装置,但大多数讨论内容同样适用于所有类型的临时系泊。

相较于永久系泊,移动式海上钻井装置系泊的设计重现周期要短得多,通常为 5~10 年,而永久系泊为 100 年,因此其系泊部件较弱。永久系泊几乎极少发生过载失效,与其不同,移动式海上钻井装置系泊在强烈的热带气旋,也就是飓风和台风下,可能会发生超载失效。对于全球范围内的移动式海上钻井装置,对其系泊失效数据尚未进行系统性收集和研究。许多移动式海上钻井装置系泊失效没有报告,因此无法获得准确数据。然而,根据墨西哥湾和澳大利亚近海的现有信息,移动式海上钻井装置系泊的失效率比永久系泊的失效率可高出大约一个数量级。

13.4.1 移动式海上钻井装置系泊的失效概率的估算

移动式海上钻井装置通常在一个地点停留较短时间,而浮式生产装置的永久系泊则停留数十年。尽管暴露在海洋环境中的时间相对较短,但移动式系泊已被发现存在相当数量的失效事件。在 2004—2008 年间,墨西哥湾地区遭受飓风袭击后,许多移动式系泊系统失效,导致移动式海上钻井装置漂移[26,27]。Stiff 发表的一篇论文[28]总结道:"在墨西哥湾地区(1980—2008 年)运行的移动式海上钻井装置每年完全系泊失效的概率为 3.8%,其定义为该平台从其初始位置的移动超过 1 mile。"相比之下,前一节讨论了永久系泊每年失效的概率约为 0.25%。这大致是移动式海上钻井装置和永久系泊之间的一个数量级的差异。虽然有人认为失效的定义不同,直接比较可能是不公平的,但移动式海上钻井装置系泊系统的高失效概率仍然令业内的系泊专家担忧。

针对墨西哥湾地区的移动式海上钻井装置，一个名为"墨西哥湾移动式海上钻井装置系泊系统"的联合工业项目成立了，用以评估移动式海上钻井装置系泊系统的可靠性。最终，其经验教训在 2008 年被收集到 API RP 2SK 中。该规范的附录 K《墨西哥湾飓风季节的移动式海上钻井装置》是基于 API RP 2SK 开发的，以补充飓风季节对海况响应周期的要求。从那时起，墨西哥湾地区的大多数移动式海上钻井装置都得到了升级。例如，一些升级是通过在移动式海上钻井装置的每个角落添加一个预布系泊缆来完成的。这些额外的系泊缆有时被称为风暴缆。在 API RP 2SK 规范中增加附录 K 是对极端环境条件的一种改进的应对方式。在很大程度上，这是一个有效的规范升级，结果证明这是有利的。

不幸的是，移动式系泊系统仍然会发生失效。例如，在澳大利亚近海的气旋地区就发生了几起事故。澳大利亚监管机构发布的一份信息文件指出[29]，2004—2015 年期间发生了 4 起事故。气旋活动的影响导致在澳大利亚水域中停泊的移动式海上钻井装置移动位置。通过粗略估算，平均每年在该地区作业的 8 个钻井平台，每年失效概率 P_f 约为 4.2%。P_f 的数值与墨西哥湾海域计算的 3.8% 相当吻合。但值得注意的是，澳大利亚海域的 4 次系泊失效包括锚拖动了一定距离。

如果将失效严格定义为漂移超过 1 mile，那么失效的数量可能会从 4 个下降到 1 个，这相当于 P_f 约为 1.0%[30]。尽管如此，失效概率显然还是太高了。这是一个需要消除的潜在差距，显然还有改进的空间。根据以上讨论的数字，可以估算出移动式海上钻井装置系泊系统每年的失效的概率如下：

$$P_f \approx 1.0\%$$

注释 1：P_f 是根据墨西哥湾和澳大利亚海域移动式海上钻井装置系泊的文献数据粗略估计的年失效概率。

注释 2：将失效定义为移动式海上钻井装置从其初始位置移动超过 1 mile 的事故。

尽管由 API、ISO 和船级社发布的行业标准为系泊设计提供了标准，但它们在防止系泊缆失效方面可能不是全面有效的。在海况温和的海域，系统运行中偶尔会出现单条系泊缆失效的情况。有时，作业人员经常遇到系泊缆失效的情况，以至于他们开始相信系泊缆失效是正常运行的一部分，而且是可以预料到的。当这些事故发生在移动式系泊设备上时，它们不像永久系泊那样受到那么多的关注。此外，在热带气旋地区，移动式系泊会受到更多、更密切的关注。由于极端环境载荷，多条系泊缆失效的情况可能会发生，并可能导致浮体漂移。

13.4.2 提高移动式海上钻井装置系泊可靠性

制定移动式系泊系统的设计标准并不是一项简单的任务。它与制定永久系泊标准一样复杂,需要同时考虑失效概率和后果。为了在规范中设置所需的最小重现周期,必须评估目标失效概率或目标可靠性。人们对目标设置的高度一直存在争议。尽管移动式系泊在风暴条件下暴露的时间比较短,但其失效后果可能与邻近钻井基础设施故障的后果一样严重。在热带气旋等极端风暴中,移动式海上钻井装置的系泊系统通常比永久系泊系统更脆弱,可能导致多条系泊缆破断,造成严重后果。事故可能使钻机停工数周甚至数月。更为重要的是,浮体可能会拖动剩余的系泊缆和锚,进而导致附近基础设施受损。

提高移动式海上钻井装置的系泊系统的可靠性可以从两方面实现:提高设计标准和采用更严格的实践操作。在设计方面,行业规范中似乎缺乏关于将移动式系泊系统设计到适当重现周期的明确指导。在作业中,移动式海上钻井装置系泊系统的系统设计、部署、检验以及设备维护等方面往往没有得到足够重视。显然,移动式海上钻井装置的操作员需要更好地了解典型的失效机制,并在防止这些失效发生方面保持谨慎。

移动式海上钻井装置的系泊系统每年发生失效的概率相对较高,改进的空间很大,系泊可靠性有待提高。需要实现的更高的可靠性目标,如图 13.2 所示。可以通过将失效概率降低到 10^{-2} 以下,并通过采取有效的缓解措施减轻失效后果来实现。

尽管在提高移动式海上钻井装置的系泊系统的可靠性方面做出了重大努力,但其仍存在局限性。设计重现周期不能轻易提高,因为它可能影响钻井作业模式的可用性和移动性。制造、检查、修理、更换和安装方面的良好操作取决于人为因素,因此可能难以实现。

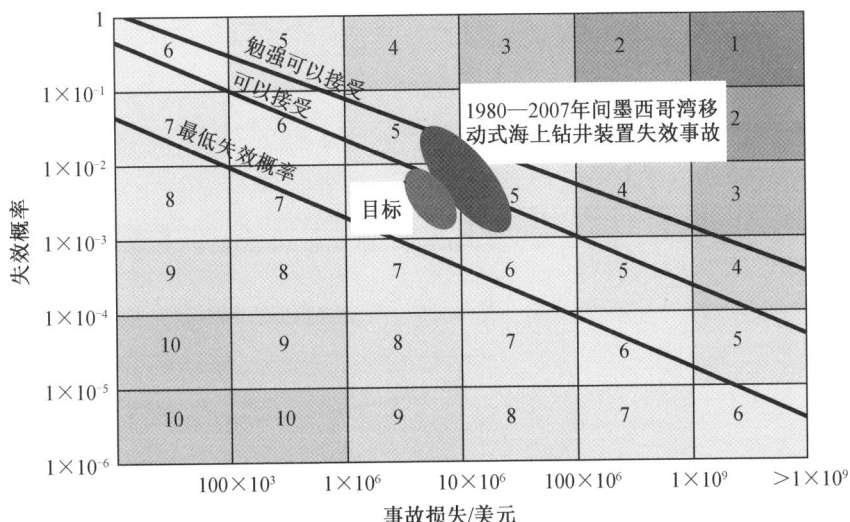

图 13.2 移动式海上钻井装置系泊方式的可靠性目标可得到改善[30]

13.5 临时系泊失效薄弱点

在永久系泊系统中,任何单独部件都可能引发系泊失效。对于移动式系泊系统,钢丝绳似乎是最容易出现问题的组件之一,而锚链和连接件引发的问题要少得多。2009 年的一项研究分析了飓风"卡特里娜"和"丽塔"的系泊失效模式[26]。报告总结道:"最显著的因素是导缆器处失效的系泊缆数量。超过 80%的系泊缆失效发生在导缆器处或其附近。"

6 股或 8 股钢丝绳由于比锚链更轻、易于操作和部署,被广泛应用于深水移动式海上钻井装置的系泊系统。与锚链不同的是,钢丝绳由一束金属丝组成,其物理构造容易损坏,操作时需要特别注意,以确保系泊缆的完整性。根据几个联合工业项目的经验和教训[31-33],发现系泊缆至少有两个薄弱点,如图 13.3 所示。

第一个薄弱点是穿过导缆器滑轮的部分。由于自重,钢丝绳在靠近缆线顶端处的张力最大。此外,钢丝绳在滑轮上得到额外的弯曲和压缩应力[34]。大多数钢丝绳的失效发生在这个位置。图 13.4 显示了这种失效的一个例子。此外,还需要特别注意尺寸过小的滑轮。如果滑轮尺寸过小,弯曲疲劳会显著加速退化过程。D/d 不应低于标准所建议的最小值[25,35],如移动式系泊的 D/d 为

16,则永久系泊的 D/d 为 40。在一些较老的工作驳船上,经常可以看到由于 D/d 较小而损坏的钢丝绳。

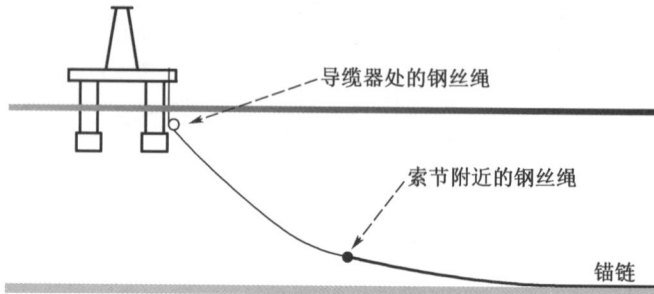

图 13.3　系泊缆的关键部位[30]

图 13.4　钢丝绳经常在导缆器上过早地失效[30]

第二个薄弱点在索节末端。在这个地方经常可以发现断了的钢丝绳。靠近索节端部的钢丝绳承受了大量的循环弯曲载荷和扭转载荷,因此其外层的钢丝由于局部应力集中而产生疲劳。如果系泊缆上的索节端头位于触地区附近,它可能会在海床上遭受反复撞击,并可能很快破断。应避免这种系泊结构,每次部署后应检查索节末端。

13.6　系泊部件的可靠性

作为从事系泊项目的工程师,了解哪些组件更容易出现问题是非常有用的。这一主题已经在一些学术论文中讨论过[1, 30,31,33,36]。

13.6.1　按组件类型划分的系泊失效占比分布

在永久系泊中,引起事故最多的 3 个部件是锚链、连接件(包括卸扣、H 形接头、三孔盲板)和钢丝绳[1]。图 13.5 为 2001—2012 年各部件类型的失效占比分布。由图可以看出,54%的事故是由锚链失效引起的,也就是大约有一半的系泊事件是在锚链上发生的。这一高占比可能是由于全世界浅水区和深水区安装了大量的锚链而造成的。研究还发现,锚链制造过程具有高复杂性,这可能是造成这一比例较高的原因之一。

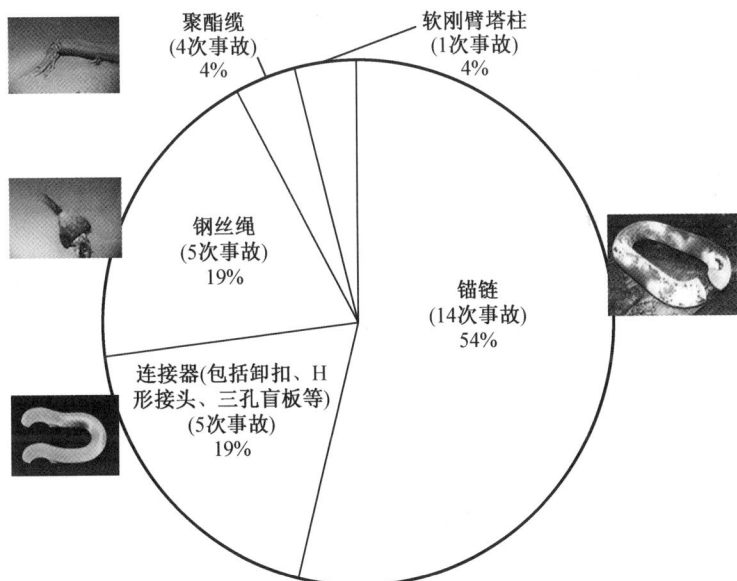

图 13.5　按组件类型划分的永久系泊的失效占比[1]

在同一时间段(2001—2012 年)内,除了锚链,连接器和钢丝绳失效引起的事故在系泊事件中也占有很大比例。根据经验教训,连接件的设计一直在改进,因此,其失效率也正在随时间推移而稳步下降。用于永久系泊的钢丝绳有最初即被套上护套(即保护性外层)或无护套的(即裸露、无保护的钢丝绳)两种。大多数失效的钢丝绳都没有护套。而现在永久系泊的钢丝绳几乎都使用护套,因此,钢丝绳因腐蚀而失效的情况应该会随时间推移而降低。

一个有趣的发现是,聚酯缆在失效中所占的比例小得惊人。在系泊系统中使用聚酯缆曾一度被认为是一种未经证实的新技术。实践证明,聚酯缆是非常可靠的,因此其得到了更广泛的应用。由于其质量小、可靠性好,已成为深水系泊最受青睐的部件。但是请注意,在一些事故中,聚酯缆被 ROV 的工作缆或船上的工作绳意外损坏并被切断。

13.6.2 锚链失效原因的占比分布

由于锚链是导致大多数系泊失效的部件类型,因此进一步研究其原因很有意义。图 13.7 给出了锚链常见的失效模式[36]。这个饼状图基于一项全面的调查得出,共有 10 家公司参与并报告了 43 个特定装置的 61 个独立失效案例。报告的失效与 FPSO、FSO、半潜式平台、Spar 和 CALM 等永久系泊系统有关。将失效事件定义为包括单条系泊缆失效或多条系泊缆失效的情况。图 13.6 中,失效事件的定义被扩展到包括优先替换和报告的降级。

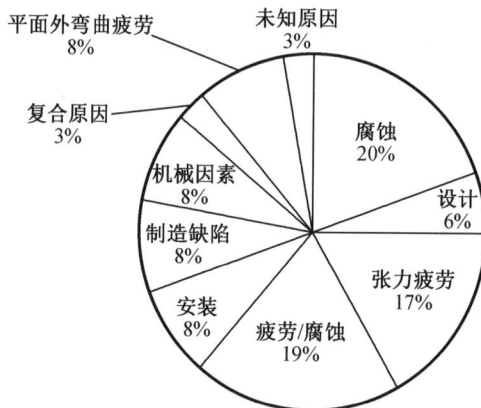

图 13.6 锚链的失效原因和优先事件[36]

虽然图 13.6 中的数据可能看起来复杂,但出现了与疲劳有关的 3 个部分和与腐蚀有关的 2 个部分,因此可认为疲劳和腐蚀是最主要的两种失效模式。与疲劳有关的有 3 个部分,即 17% 的张力疲劳、8% 的平面外弯曲疲劳和 19% 的疲劳/腐蚀。与腐蚀有关的有 2 个部分,即 20%的腐蚀和 19%的疲劳/腐蚀。请注意,标记为"疲劳/腐蚀"的部分包括那些由腐蚀凹槽/凹坑引起并因腐蚀而加速的疲劳失效。疲劳和腐蚀的共同作用导致了总共 64%的失效事件。下一节将进一步讨论与疲劳和腐蚀有关的失效机理。为了提高系泊可靠性,这两个问题显然值得进一步研究。

13.7 各种失效机理

Ma 等[1]的论文中有一个令人惊讶的发现,在过去发生的永久系泊事故中,存在着各种各样的失效机理。一个常见的误解是,系泊缆失效是因为它们在极端天气条件下的承载超负荷。换句话说,剧烈的环境事件冲击了系泊系统,一些绳索由于承受的载荷超过设计条件而发生了过载(过度张力),从而断裂。令人惊讶的是,研究发现,大多数失效不是由天气导致的过载造成的,而是由许多其他失效机理造成的。这些失效机理包括平面外弯曲疲劳、点蚀、有缺陷的闪光焊和未经授权的锚链修复,由于扭曲而造成的链扣打结、低破断韧性和许多其他失效机理。根据论文中的数据绘制了图 13.7,展示了锚链、钢丝绳和连接器 3 种构件类型的各种失效机理。

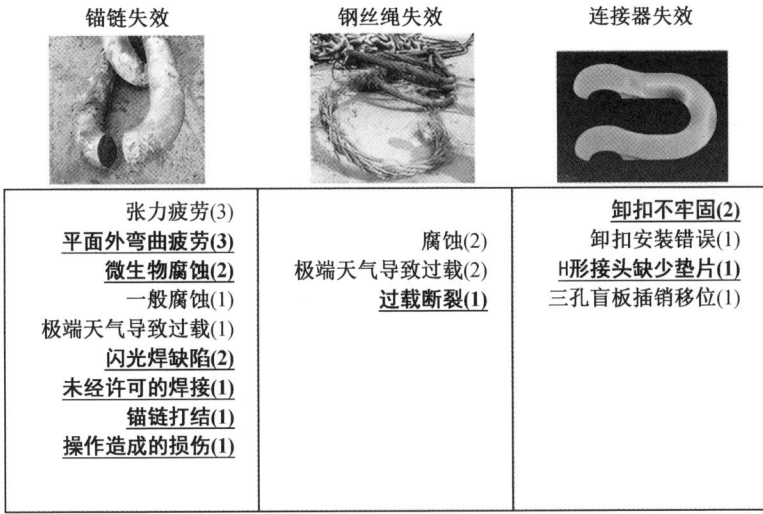

锚链失效	钢丝绳失效	连接器失效
张力疲劳(3)		**卸扣不牢固(2)**
平面外弯曲疲劳(3)	腐蚀(2)	卸扣安装错误(1)
微生物腐蚀(2)	极端天气导致过载(2)	**H形接头缺少垫片(1)**
一般腐蚀(1)	**过载断裂(1)**	三孔盲板插销移位(1)
极端天气导致过载(1)		
闪光焊缺陷(2)		
未经许可的焊接(1)		
锚链打结(1)		
操作造成的损伤(1)		

图 13.7 2001—2011 年,锚链、钢丝绳、连接器的各种失效机理及事故数量
(粗体下划线表示在失败时设计规范中未解决的任何"新颖"机制)

除了各种各样的失效机理外,图 13.7 还显示了一半的失效现象是新出现的。这些失效是由各种原因意外造成的,如未知的疲劳模式、新材料问题、未经验证的部件设计、腐蚀的海水环境等。请注意,新的系泊失效特别麻烦,因为在制造或在役检查过程中,按照现有的质量保证/质量控制标准,它们不容易被发现。此外,上述大多数失效模式都无法通过潜水员或水下机器人的常规外观检查轻易发现。腐蚀可能是一种例外情况,通常可以通过检查发现。

由于某些失效机理是新出现的,因此当前的规范和标准并未涵盖这些内容。随着各种失效机理的出现,系泊工程师在系统设计过程中遇到了一些预料之外的陌生问题。一部分原因可能是大型浮式结构物的系泊部件尺寸和等级不断增加。另一部分原因可能是在深水区域使用较高预张力来满足定位要求。下面将给出这些新型失效机理的一些重要实例。

13.7.1　生产环节中的锚链缺陷

一些系泊缆失效是由于锚链缺陷,这些缺陷是制造商进行不当焊接以修复生产缺陷所致。值得注意的是,存在制造缺陷的锚链不应被修理,而应报废。其他有缺陷的区域包括闪光对焊和有档锚链上的横档松动。随着锚链尺寸和等级的增加,制造商在生产或检测闪光对焊方面面临更大的困难,任何内在缺陷或未熔合都可能导致锚链过早破断或疲劳失效。制造商则被要求生产更大尺寸的部件和使用更高等级的钢材,有时可以保持系泊缆的高品质。在这种情况下,需要更高水平的质量保证和测试,并需要在生产开始之前获得制造商和买方的同意。有档锚链中的横档在固定性和融合性方面存在历史问题(即横档松动)。当有档锚链用于永久系泊系统时,腐蚀也可能导致横档松动,从而缩短有档锚链的疲劳寿命。

13.7.2　严重腐蚀的锚链

需要强调的是,腐蚀已经成为预先更换系泊系统的主要原因。在世界某些地区,一般腐蚀和点蚀都会对顶部锚链造成很大的破坏。如图 13.8 所示,锚链在飞溅区和上层水域的腐蚀速率可达 1.0 mm/a 或更高。令人惊讶的是,观察到的腐蚀速率远高于系泊设计人员最初采用的大多数行业标准要求的 0.4 mm/a 的鉴定余量。此外,受微生物影响的腐蚀位于水层或海床上的水下锚链处,会产生大的麻点或斑纹[9, 38]。

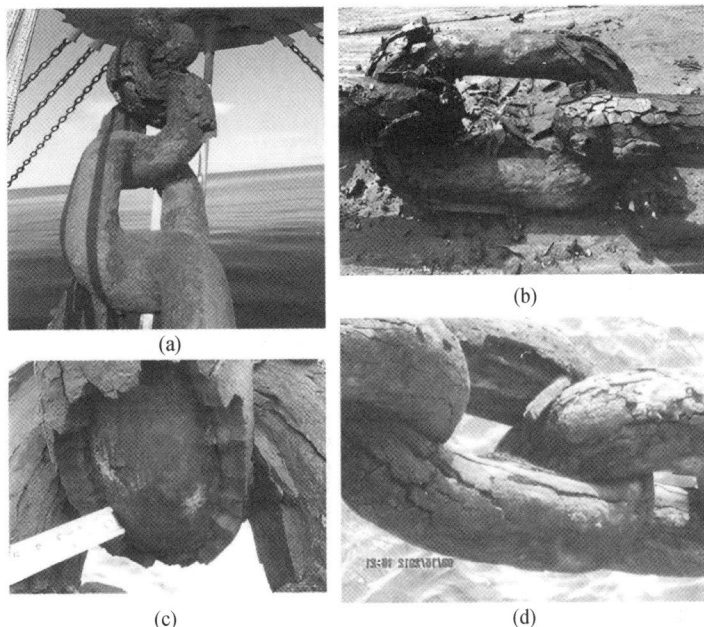

图 13.8　锚链在飞溅区严重腐蚀的实例[37]

13.7.3　平面外弯曲引起的锚链疲劳

平面外弯曲疲劳作为一种新的失效机理,是在 2002 年 Girassol 深水浮筒的几条系泊缆失效后被发现的。这种新的失效机理的发现促成了一个联合工业项目,为大家提供了有价值的见解和设计方法。设计的基本原理是,由于链环可以在相邻链环上自由旋转,因此一定长度的链环不能产生弯曲。然而,人们已经证明,当锚链处于高张力下时,可以像梁构件一样在顶部和第二个链节处发生横向(纵摇)弯曲运动。至少有 3 次系泊失效的根本原因已被证实是顶链局部弯曲[39]。需要注意的是,顶部和第二个链节之间的机理实际上非常复杂,涉及 3 个不同的阶段:锁定、黏滑和滑动。更多详细信息,请参阅第 6 章。

13.7.4　因扭曲而打结的锚链

制造商建议限制锚链或钢丝绳的扭曲量,在安装阶段,在将很长的系泊缆从锚机或作业船处下降并连接到桩锚的预布锚链时,这非常重要。安装承包商通过外观检查将锚链的扭曲程度降到最低。在 Dalia FPSO 上,从桩锚到海底连接器的尾链(先导链)由于扭转发生两次失效。通常认为,在锚链中形成一个短节(绳结)时,施加负荷后,锚链会被来回拖动并拉直。然而,在海底环境中,锚链可能受到足够大的土壤阻力以阻止其拉直,结果链环承受了非正常方向的拉伸载荷,导致疲劳失效。改进的安装方法可以防止出现这种新的失效情况。

13.7.5　运输过程中的锚链损坏

有些案例表明,在运输和安装过程中,对系泊缆的不当处理或操作导致了失效。在一个案例中,人们怀疑失控的焊接余热诱发了高部残余应力,从而导致后来的锚链破断。在抛锚船上,由于锚链外表看似较为坚固,因此人们的操作往往较为粗暴。然而,这可能意外地导致链环的局部损伤并影响锚链的完整性。由于合成纤维缆更为脆弱,因此通常对其操作应更加小心。

13.7.6　操作问题

在现场作业过程中,除了上述技术问题之外,还可能出现各种非技术问题。一个例子是具有可解脱式系泊系统的浮体,其系泊系统并未被设计成可应对极端风暴的,而是在风暴构成威胁时依靠人的判断来进行解脱。曾经发生海上设备管理人员在突如其来的台风来袭前,未能对可解脱式系泊系统进行解脱,使之与浮体相撞的事件。需要了解的是,海上设备管理人员一直面临着压力,试图避免任何类型的生产中断,包括因系泊解脱而导致的生产停工。正因为如此,设计师们对可解脱式系泊系统是否是一个值得信赖的方法存在争议。另一个例子是过度依赖主动航向控制推力器系统来防止浮体在风暴中转向。后一个例子也需要人为干预以避免不利的浮体方位。与被动式风向标转塔系泊系统相比,主动航向控制可能会产生过多的复杂性。如果可能的话,最好避免产生这种复杂性。

针对可能对系泊系统完整性产生不利影响的操作问题,可以考虑两种改进方法。第一种方法是改进人员操作实践并加强人员培训;第二种方法是系泊设计工程师可以尽量减少或消除系统对作业人员干预的需要。

13.8　思　考　题

1. 如何定义永久系泊系统失效?如何定义临时系泊系统失效?

2. 永久系泊系统中的典型失效薄弱点在何处?临时系泊系统中的典型失效薄弱点在何处?

3. 如果你是开发系泊规范和标准的行业委员会的主席。请画出可以在会议上展示的图表,以激励委员会成员提高目标的可靠性。

4. 根据本章提供的数据,哪种系泊部件导致永久系泊系统出现更多失效?在移动(临时)系泊中,哪个组件可能比其他组件更容易出现问题?

5. 系泊系统失效的种类很多,描述至少 3 个失效机制。

参 考 文 献

[1]　K. Ma, A. Duggal, P. Smedley, D. L'Hostis, H. Shu, A historical review on integrity issues of permanent mooring systems, in: OTC 24025, OTC Conference, May 2013.

[2]　A. Kvitrud, Anchor line failures—Norwegian continental shelf—2010—2014, Report 992081, 2014.

[3]　L. Largura, L. Piana, P. Craidy, Evaluation of premature failure of links in the docking system of a FPSO, in: OMAE 49350, OMAE Conference, Rotterdam, June 19—24, 2011.

[4]　TOTAL, Presentation at MCE Deep Water London, 2011.

[5]　A. Cottrill, Mooring system integrity a hot button question—series of failures sparks industry investigation into materials and current manufacturing processes. <https: //www. upstreamonline. com/>, 2008.

[6]　MMS(BSEE), Catastrophic Failures in Mooring Systems Possibly Put Floating Structures at Risk, Safety Alert No. 259, United States Department of the Interior, January 2008.

[7]　P. Smedley, Schiehallion mooring chain failure, in: Presentation at OPB JIP Meeting, 2009.

[8]　Teekay Petrojarl Production, Exp erience with bacterial corrosion on chain, in: Ramnas Technical Seminar, 2012.

[9]　Teekay Petrojarl Production, Sulphate Reducing Bacteria—Erfaring Med SRB Angrep PaKjetting, Tekna, Trondheim, 2012.

[10]　C. R. Chaplin, A. E. Potts, A. Curtis, Degradation of wire rope mooring lines in SE Asian waters, in: Offshore Asia Conference, Kuala Lumpur, 2008.

[11]　Upstream Online, Drifting Petrojarl Banff stable, December 13, 2011.

[12] S. Moxnes, Multiple Steel Wire Rope Failures on Volve FSU Mooring, Synergy No. 1231190, Safety Alert, Issued by Statoil, 2011.

[13] Maersk, Gryphon Alpha Loss of Heading, Mooring System Failure and Subsequent Loss of Position, Safety Alert, Issued by Maersk, 2011.

[14] CNOOC, No Casualties as Typhoon Koppu Blasts Huizhou Oilfields, Press Release by CNOOC, 2009.

[15] J. Wang, To build a reliability SPM, in: Presented at Second Annual Summit—Excellence in FPSO Design, Construction and Operations, CNOOC Energy Technology & Service Co., Tianjin, China, May 5, 2012.

[16] CNOOC, No Injuries No Oil Spills as Strong Wind Hit HaiYangShiYou 113, Press Release by CNOOC, 2009.

[17] A. Wang, R. Pingsheng, Z. Shaohua, Recovery and re-hook-up of Liu Hua 11-1 FPSO mooring system, in: Proceedings of the Offshore Technology Conference, OTC 19922, 2009.

[18] P. Jean, K. Goessens, D. L'Hostis, Failure of Chains by Bending on Deepwater Mooring Systems, OTC 17238, 2005.

[19] C. Melis, P. Jean, P. Vargas, Out-of-plane bending testing of chain links, in: OMAE 67353, OMAE Conference, Halkidiki, Greece, 2005.

[20] P. Vargas, P. Jean, FEA of out-of-plane fatigue mechanism of chain links, in: OMAE 67354, OMAE Conference, Halkidiki, Greece, 2005.

[21] BSEE (MMS), Accident Investigation Report—15 May 2009, United States Department of the Interior, Minerals Management Service, 2010.

[22] BSEE (MMS), Catastrophic Failures in Mooring Systems Possibly Put Floating Structures at Risk, Safety Alert No. 296, United States Department of the Interior, May 2011.

[23] Offshore Magazine, 2010 worldwide survey of floating production, storage and offloading (FPSO) units, Offshore Mag. Mustang Eng. (2010).

[24] IMA, Floating Production Systems—Assessment of the Outlook for FPSOs, Semis, TLPs, Spars, FLNGs, FSRUs and FSOs, International Maritime Associates, Inc., Washington, DC, 2012.

[25] DnV, Position Mooring, Offshore Standard, DNV-OS-E301, Det Norske Veritas, 2001.

[26] M. Sharples, J. Stiff, Metocean return period required for mooring during cy-

clone season, in: Offshore Technology Conference, OTC 2014, 2009.

[27] J. Stiff, MODU risk—MODU mooring comparative risk assessment, in: Offshore Technology Conference, OTC 20143, 2009.

[28] J. Stiff, How reliable are reliability calculations—illustrated with stationkeeping examples, in: Proceedings of the Offshore Structural Reliability Conference, Houston, TX, September 16—18, 2014.

[29] NOPSEMA, MODU Mooring Systems in Cyclonic Conditions, Information Paper, N06000−IP1631, December 17, 2015.

[30] K. Ma, R. Garrity, K. Longridge, H. Shu, A. Yao, T. Kwan, Improving reliability of MODU mooring systems through better design standards and practices, in: Offshore Technology Conference, OTC 27697, May 2017.

[31] M. Brown, T. Hall, D. Marr, M. English, R. Snell, Floating production mooring integrity JIP—key findings, in: Proceedings of the Offshore Technology Conference, OTC 17499, 2005.

[32] ABS Consulting, Gulf of Mexico MODU Mooring JIP, Managed by ABS Consulting, 2005.

[33] M. Brown, A. Comley, M. Eriksen, I. Williams, P. Smedley, S. Bhattacharjee, Phase 2 mooring integrity JIP—summary of findings, in: Proceedings of the Offshore Technology Conference, OTC 20613, 2010.

[34] A. Potts, C. Chaplin, N. Tantrum, Factors influencing the endurance of steel wire ropes for mooring offshore structures, in: Offshore Technology Conference, OTC 5718, May 1988.

[35] API RP−2SK, Design and Analysis of Stationkeeping Systems for Floating Structures, third ed. , 2005.

[36] E. Fontaine, A. Kilner, C. Carra, D. Washington, K. Ma, A. Phadke, et al. , Industry survey of past mooring failures, pre−emptive replacements and reported degradations for mooring systems of floating production units, in: OTC Conference, OTC 25273, May 2014.

[37] H. Shu, A. Yao, K. Ma, W. Ma, J. Miller, API RP 2SK 4th edition—an updated stationkeeping standard for the global offshore environment, in: OTC 29024, OTC Conference, May 2018.

[38] E. Fontaine, A. E. Potts, K. Ma, A. Arredondo, R. E. Melchers, SCORCH JIP: examination and testing of severly-corroded mooring chains from West Afri-

ca, in: Proceedings of the Offshore Technology Conference, OTC 23012, May 2012.

[39] A. Izadparast, C. Heyl, K. Ma, P. Vargas, J. Zou, Guidance for assessing out-of-plane bending fatigue on chain used in permanent mooring systems, in: Proceedings of the 23rd Offshore Symposium, Society of Naval Architects and Marine Engineers(SNAME), Houston, TX, 2018.

第 14 章　完整性管理

本章将讨论浮体永久系泊系统的完整性管理。这些浮体可能用于钻探、开发、生产或储存碳氢化合物。系泊系统完整性管理(mooring integrity management, MIM)涵盖了从系泊线到浮体上设备的整个系泊系统。本章内容在完整性管理技术领域提供了具体的指导,包括监测、维修(包含应急快速响应)、延长使用寿命以及提高系泊系统完整性的方法。由于对临时系泊系统进行检查和维护的难度比永久系泊系统小,因此本章将重点介绍永久系泊系统的管理措施,这些措施同样适用于临时系泊系统。系泊系统完整性管理与立管完整性管理(riser integrity management, RIM)可以共同被视为浮式系统完整性管理的一部分。不过系泊系统完整性管理具有较为独特的特性和问题,对其通常独立于立管完整性管理进行研究。

14.1　系泊系统完整性管理

系泊系统完整性管理是为确保系泊系统在全生命周期内具有功能适用性而执行的过程。在该过程中,需要管理系泊线性能退化、载荷变化、意外过载以及系泊线故障等问题[1-3]。系泊系统完整性管理的目标包括在早期检测出系泊部件可能出现的劣化或故障,以便尽早采取补救措施。在系泊系统完整性管理过程中还应提供检查、维护和服务数据记录,这些记录在将来考虑延长系统使用寿命的问题时会用到。

系泊系统完整性管理的关键组成部分如图 14.1 所示,其流程早在工程设计阶段就已开始,一直到可能被延长的使用寿命结束为止。检查和监测流程已在第 12 章中进行了介绍。

系泊系统完整性管理过程为船东、运营商及各自的工程师们提供了一个机会,使其能够采用基于风险原则制定的策略。这些策略考虑了目前系泊系统的状况、系泊线损坏或劣化的可能性以及潜在的后果[1,2]。基于风险原则认为,与承受风险较低的系泊设备相比,对承受风险较高的系泊设备需要进行更为频繁和仔细的检查。在制定检查方案时,可利用系泊风险性的类别对检查间隔和工作范围进行设置。检查的工作范围应包括从行业内所有运营商那里获得的最新经验。

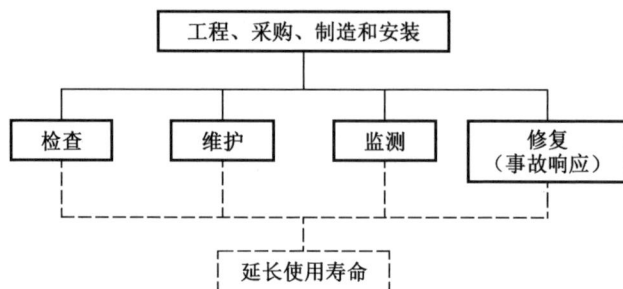

图 14.1　系泊系统完整性管理的关键组成部分

14.1.1　管理系泊系统性能

为了有效地管理系泊系统的完整性,需要为系泊系统设置性能参数,同时有必要采用一种方法为每个系泊系统或其组件的功能及标准提供保证,这些功能及标准应当具体且能够度量。可以考虑将以下 3 项划分到性能参数中[4]。

(1)浮体偏移

系泊系统的目标是使平台能够保持在固定位置上,从而保护立管和脐带缆不受损坏。平台偏移量是系泊系统最重要的性能参数之一,它能够预定义完整和受损条件下的允许极限。平台偏移量的允许极限可以用交通信号灯的形式(绿色、黄色和红色同心圆)表示,分别用来代表随着浮体偏移量增加所需采取的操作。通常采用全球定位系统,并在控制室中显示位置来监控浮体偏移量。至少应选取已知海洋环境中一个阶段内的浮体实际偏移量,与初始设计进行比较,以验证系泊系统的性能是否符合设计要求。

(2)剩余强度

系泊线的强度可用一个安全系数表示,该系数通常被定义为最小破断强度与最大张力的比值。在确定最大张力时需选用设计时的最差环境条件。当发现任何磨损、腐蚀或其他异常情况时,应采用对应方法评估其对系泊部件剩余强度的影响。这样可以不断更新强度安全系数,并将它与规范和标准中的要求进行比较。需要注意的是,系泊组件强度的初始设计校核通常在制造阶段进行,需依据已有的材料测试、校样加载标准载荷及样本破断载荷的分级规则。进行组件强度保障检查的常用方法包括外观检查以及其他检查技术,如链环测量等。对一些关键部位尤其需要进行这些检查,如飞溅区的顶链结构。

(3)疲劳寿命

系泊线的疲劳寿命同样由安全系数来表示。系泊系统所要求的最短疲劳寿命及相应的安全系数应在性能参数中给出。疲劳损伤尽管很难直接测得,但可通过考虑腐蚀、磨损和加载历史来计算。可以应用一套能够报告时间序列张力的监测系统来估计疲劳累积量。但由于存在许多影响疲劳寿命的变量,包括与 S-N(stress-number of cycles,即应力-寿命曲线)或 T-N(tension range-number of cycles,即张力-寿命曲线)相关数据的散布所引起的较大的变异性,因此想要获得疲劳失效的预警是很难的,甚至不可能的。

14.1.2　评估危害并进行风险评估

系泊系统存在许多相关的危险性事件(或失效模式)。常见的具体危害如下:

(1)强度:过载、安全系数低、冲击载荷。

(2)疲劳:张力、弯曲、扭转、平面外弯曲。

(3)腐蚀/点蚀:电镀、飞溅区、硫酸盐。

(4)磨损/侵蚀:互连夹具、止链器、锚链筒、链钩销、海床。

(5)碰撞/接触:掉落物、外输油轮、附近的船舶、船上的工作缆。

(6)制造缺陷/脆性破断:韧性低于标准、缺陷。

(7)设计不当:H 形卸扣缺少垫片、在触地区使用钢丝或聚酯缆。

为确定是否应对现有的系泊系统进行风险审查或评估,可以综合考虑以下因素:

(1)任何恶劣的天气条件。

(2)已报告类似的系泊系统或组件的问题。

(3)在附近的海域、海底安装新型结构。

(4)修改设计或添加全新的组件。

各运营商或许已从其浮体中积累了一定的数据。因此,整个行业都能受益于公共领域提供的可用、全面的系泊故障数据库。该数据库可作为故障概率及后果估计的输入项。一些技术论文[5, 7]收集了特定年份范围内的数据,这些数据也可用作风险评估的输入项或参考项。但由于失败的可能性与后果均难以估计,因此很难进行全面的风险定量评估。而在当前的实践中,在审查系泊系统的风险时,适合通过风险矩阵来进行定性或半定量风险评估[2,3]。

当在系泊系统中识别出高风险项时,可以采取一定的风险降低措施,如增加检查频率、使用监测系统进行早期监测、更换劣化的组件或预先更改设计。监测在系泊系统完整性管理流程中具有重要作用,在下一节将对此进行详细的讨论。

14.2 应急响应

当有紧急事件发生时,如系泊线破断时,操作员应当懂得如何采用预先准备好的方式做出响应。对每一个永久系泊设施都应设置一个应急响应计划,通常称之为系泊快速响应计划(mooring rapid response plan,MRRP)。该计划会列出浮式生产设施上的系泊线发生故障时应遵循的一系列步骤。同时,系泊快速响应计划可以帮助运营商评估继续生产是否安全,并尽可能有效地恢复系泊系统的完整性,其目标是管理与系泊线故障相关的风险事件,因此系泊快速响应计划也被称为系泊风险管理计划[5]。这些风险事件可能与人员安全、设施安全、油气生产或环境安全相关联。

14.2.1 定义响应行为

为了在系泊系统发生故障时能够有效地响应,响应计划中应带有一套可以遵循的预定响应流程。响应过程最多可包括 3 个独立阶段,每个阶段都有与自身及应急事件相关的时间范围[5]。每个阶段所遵循的流程描述了需要关键人员考虑的主要因素,以及需要实现的一些主要活动。下面对上述 3 个阶段进行介绍[5]。

1. 第一阶段:应急响应

应急响应阶段需要总结系泊线故障前 12 h(或 24 h)内应采取的措施。

(1)鉴别并核实系泊线故障

首先应确认系泊线确实发生故障,而不是误报。在系泊线故障确认过程中,应对失效部件(如锚链、聚酯缆、卸扣等)进行识别。系泊线故障可通过多种方式确认,包括外观检查、查看浮体位置或系泊线张力。每个浮体系泊系统都是不同的,因此,必须清楚地记录响应计划中使用的系泊线故障确认方法。

(2)通知关键工作人员系泊线发生故障

根据商定的人员名单将系泊线故障通知给快速反应小组和所有关键人员。

(3)确定是否停止生产

快速反应小组应遵循预先确定的停产标准采取相应措施,并进行后续的附加评估,以确定在系泊线受损的情况下继续进行生产操作是否安全。

2.第二阶段:状态评估

(1)启动根本原因分析

应在系泊线故障后启动根本原因分析(root cause analysis,RCA),以确定系泊线发生故障的原因。故障部件的回收和陆上储存可能对根本原因分析产生影响。根本原因分析很重要,因为如果故障原因与制造工艺有关,则其他部件可能会以同样的故障模式发生故障。

(2)评估失效后的额外损坏

破断的系泊线可能在坠落至海床期间与其他系泊线、立管、脐带缆或水下设备碰撞。建议潜水员或利用 ROV 进行一次全面的调查,以寻找失效系泊线可能造成的任何额外损坏。该调查应检查所有完好的系泊线和立管。请注意,该调查并不能取代与系泊系统完整性管理相关的定期检查活动。

(3)评估持续生产的风险

如果可能,应避免在系泊线故障下长时间内无法生产造成的损失。评估一条系泊线损坏后继续生产的风险是很重要的,因此需要进行安全评估。响应计划应描述一条系泊线损坏后继续生产的方法和验收标准。

3.第三阶段:系泊修理

(1)启动系泊线更换

响应计划内应制定一个高级别安装流程,以修复故障系泊线。在此阶段,在海上安装承包商的帮助下完成安装流程非常重要。

(2)执行维修

系泊线更换活动应考虑活动的规模、复杂性和关键性。注意,在许多情况下,需要在浮式生产系统上处理系泊线。在某些浮体上,绞车可能在系泊线初始安装后被完全拆除,因此确保浮体上系泊线处理设备是否准备就绪非常重要。

14.2.2　制订备用计划

响应计划应总结备用策略,并明确记录可用库存。在系泊故障的情况下,需要备用系泊组件。重要的是要有一个备用原则,以尽量缩短将系泊恢复到其设计状态所需的时间。一个常见的备用原则是为单条系泊线配备一套完整的备件。但是需要注意的是,目前业界的标准做法是只保留一条完整的备用系泊线,然后将其他备件出售或报废,而不应保留起来用于后续作业。

锤击桩锚和吸力锚通常非常坚固,因此,在作业阶段不需要备用件(注意,通常需要在初始安装阶段提供备用件)。但是,如果需要制造新的锤击桩锚或吸力锚,应准备好设计图纸和规范以保证可供随时使用。如有需要,准确识别现有的水下备用系泊设备(锚链、聚酯缆、钢丝绳、连接器)对于确定系泊修理的准备情况非常重要。该区域的其他设施可能有现成备用件,可用于更换故障系泊线。修复可能是永久性或暂时性的。请注意,锚链、聚酯缆、钢丝绳、连接器和锚具通常具有较长的交付周期。

14.2.3　预定安装流程和合同计划

响应计划中应事先准备好安装流程。在系泊线发生故障的情况下,制订一份修复计划非常重要。该计划不仅包括维修流程,还包括该区域内可以执行该工作的人员信息。应制定一个逐步更换系泊线的流程。当系泊线因缆绳破断或锚失效而无法使用时,可能需要停止生产,直到确定系泊线故障的根本原因为止。为避免停工,可制订临时缓解计划以作为响应计划的一部分,补救单线受损情况并保证不间断生产。应注意的是,当第一次故障是由制造问题或部件劣化引起时,相邻系泊线很可能以类似方式发生故障。

14.2.4　制定设备就位检查流程

响应计划应评估船上系泊设备的就位情况。一些较旧的浮体可能没有永久安装的绞车/升降设备,并且绞车和液压动力装置等系泊设备可能已被拆除或无法正常工作。当需要快速进行系泊维修时,这将成为一个问题。当系泊设备可用时,重要的是确保其是可正常工作的,并且在发生系泊故障时能够帮助更换故障系泊线。

14.3　延长使用寿命

浮式生产设施安装在具有特定设计寿命的位置,通常与设备的设计使用寿命一致。典型的设计寿命为 20 年,有些设施的设计寿命会长于或短于 20 年。大多数设计用于不间断的现场作业,无须任何干船坞。当设施接近其设计寿命时,船东/运营商可能希望将其保留在原位并继续用于生产运营。在这些情况下,船东/运营商通常会与船级社或当地监管机构启动使用寿命延长流程进行评估,并采取适当措施将使用寿命延长至新的使用寿命。这一过程包括重新评估浮式系统(包括结构、稳定性、海事系统和其他机械)及其系泊系统。这种重新评估通常包括工程活动和调查活动。

14.3.1　浮式设施及其系泊系统的使用寿命延长

持续或延长现有浮式设施的使用寿命的一般流程可总结如下[8]：首先，检查浮体结构、系泊系统和立管，以确定当前状况。其次，利用调查结果、原始计划和最新的海洋气象数据，对浮体结构、系泊系统和立管分析结果进行审查，以确认其满足所有设计标准。最后，进行任何必要的修理和修改。一旦这些活动完成并令船级社或当地监管机构满意，船级社或当地监管机构就可以同意并批准船东/运营商延长现有浮式设施的使用寿命。

检查现有系泊系统是必要的，以确定一个基准条件，在此基础上，可以判断其是否还能继续服役。系泊线基准检查的典型内容如下：

（1）按照 API RP 2I[9]的适用条款，对从顶部锚链到桩锚顶部的离船系泊组件进行常规外观检查。

①检查是否有裂纹、腐蚀和磨损；尽可能进行尺寸检查。应对每根锚链进行合理长度的清理，以确保每根锚链的整体状况符合标准。

②检查钢丝绳和合成纤维缆是否存在机械损伤、扭曲和护套损伤的情况，以及检查电线插座上的阳极（如已安装）。

（2）对系泊设备进行常规外观检查，包括导缆器、风玻璃、锚链千斤顶和止链器。可能需要对关键区域进行额外检查，如近距离外观检查和/或无损检测。

（3）对转台轴承、转向架和耐磨垫进行常规外观检查。如果可以的话，应检查轴承和垫圈。

（4）通过检查预张力测量结果是否有大幅度的减小，以验证聚酯缆是否有显著伸长。可能需要进行计算以估计新系泊线的长度。这可以通过在系泊软件中逐渐增加系泊线的长度来实现，直到计算的预张力与现场测量值相匹配。

在许多情况下，系泊系统可以在通过工程活动（重新评估）和调查活动证明其适用性后获批延长使用寿命。在某些情况下，这些活动可能会得出某些系泊硬件需要更换或修理的结论[10,11]。例如，一个原本设计为在边缘/小区域作业10 年的系泊系统，在其构造中可能会有无护套钢丝绳。为了延长系泊系统的使用寿命，可能需要更换设计寿命较短的无护套钢丝绳。图 14.2 展示的是无护套钢丝绳被抛锚船换下的现场[10]。如图 14.2 所示，用一根全新的带黄色护套的钢丝绳代替了老化的钢丝绳。

图 14.2　在延长使用寿命的进程中,将无护套钢丝绳更换为全新的护套钢丝绳[10]

14.3.2　系泊部件的适用性评估

应计算和评估剩余强度和疲劳寿命,以确保延长使用寿命的可行性。这种评估对在过去服役和将来预测过程中遇到的风、浪、流和作业载荷都很敏感,因此对长期环境数据应该进行准确表述。需要开发和更新系泊系统模型,在评估系泊强度和剩余疲劳寿命时,将损耗纳入模型。

根据设计环境条件对系泊强度进行重新评估。如果有更新的数据,则设计环境条件也应相应更新。腐蚀余量应根据过去检查的实际测量结果进行更新。在延长寿命结束时,对系泊部件的剩余强度应根据所需的安全系数进行估算和校核。

在计算累积疲劳损伤或疲劳寿命时,如果业主/运营商能够提交技术证明来说明初始设计中不确定度的降低,则可以降低初始安全系数。不确定度的降低可以通过以下证据来支持[8]:

(1)既往无疲劳裂纹发现。

(2)锚链表面无由腐蚀或凹坑造成的尖锐轮廓。

(3)可靠和准确地修正后的海洋气象数据。

此外,可在作业现场对从其中一条系泊线中回收的锚链进行疲劳测试[12],这可能是证明延长寿命适用性的最可靠方法。但更换和回收一段锚链的成本可能非常高,因此,作业人员很少使用这种方法。

带护套的钢丝绳和聚酯缆比锚链更不易疲劳,因为其疲劳寿命比锚链长得多。可以考虑利用 ROV 对钢丝绳或聚酯缆进行现场检查,以查看其是否有异常。在安装转塔系泊系统的地方,可能需要检查机械部件如转塔轴承、旋转密封件和驱动臂/机械装置是否疲劳。

当设计或荷载发生变化时,应重新评估系泊系统。这些变化可能包括系泊部件的修改、海洋气象状况的更新以及其他可能影响系泊响应的变化。

采用有限元分析方法,可以对腐蚀链环的剩余强度进行评估。它可以经济有效地替代物理测试。图 14.3 显示了创建腐蚀链环网格表面的过程。利用高分辨率的表面网格和如图 14.4 所示的应力图[13],有限元分析可以非常准确地预测劣化链环的剩余强度[14-17]。

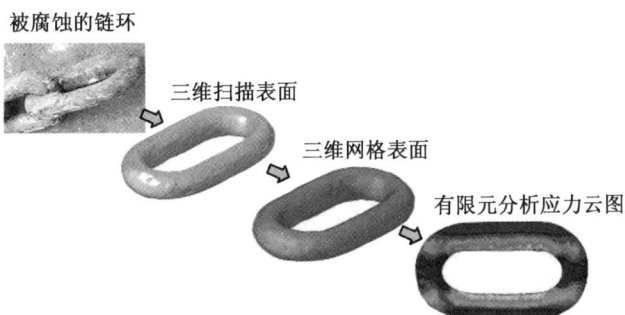

被腐蚀的链环
三维扫描表面
三维网格表面
有限元分析应力云图

图 14.3　在进行有限元分析前,为腐蚀的链环建立网格表面[13]

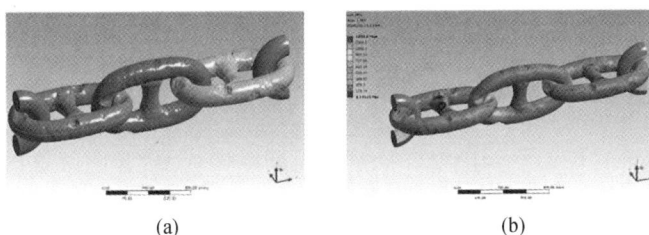

(a)　　　　　　　　　　　　　　(b)

图 14.4　有限元腐蚀链环模型(a);应力变形图(b)[14]

虽然物理测试的成本可能很高,但还是可以从文献中获取一些关于锈蚀链环强度和疲劳测试的数据。其中一部分是基于诸如发表在 *JIP* 的 *SCORCH*[14, 18] 和 *FEARS*[15] 等上的论文的研究结果总结出来的,其余部分是运营商发表的研究结果[12]。这些已发表的研究结果表明,延长使用寿命评估技术已经取得了进展,将为今后的系泊系统寿命延长提供指导,并可提高其可信度。

14.4 提高系泊系统完整性的方法

面对潜在问题和故障的高发生率,系泊工程师应该研究如何提高系泊系统完整性。在生产阶段,对系泊部件实施质量保证/质量控制(quality assurance/quality control,QA/QC)是很重要的。在系泊系统安装完毕后,通过在役检查和监测相结合,可以对系泊系统的状况进行评估,并识别其劣化趋势。应鼓励船东和经营者分享经验教训,以便更新和改进规范及标准。这些都是提高系泊可靠性的潜在途径[6]。

14.4.1 检查和维护

系泊部件的设计允许一些磨损和腐蚀。检查是为了确认磨损和腐蚀在设计寿命的允许范围之内。基准数据,如制造时的锚链尺寸,对于评估现场磨损和腐蚀的程度至关重要。据此就可以估计锚链是否仍然适合在将来服役。在制造阶段,重要的是执行 QA/QC 要求,并在制造过程中对系泊部件进行严格检查。

对于已安装的系泊系统,常规外观检查是最常用的方法,借由 ROV 缓慢地对受检部件进行检查。它用于评估系泊线的整体状况,并确定是否需要进一步检查。对于浅水系泊系统,通常需要潜水员来实施检查。

从整个系泊线来看,飞溅区和导缆器/止链器处的顶部锚链是容易发生腐蚀或疲劳的危险区域。它们的劣化程度最高,应该对其进行最严密的检查。虽然耗时,但应对关键区域的海洋生物进行清理,以确保在常规外观检查期间不会遗漏任何缺陷。当系泊线存在质量不连续的情况时,如锚链和钢丝绳之间的连接件处,该区域可能会经历相对旋转/运动增加,从而造成额外的弯曲和磨损。钢丝绳终端和连接处都有这种情况。此外,经验表明,动态运动和磨损似乎在背风系泊线(即负载最小的系泊线)上特别明显[4]。总之,要检查的关键区域可以分为以下 4 类:

(1)飞溅区、导缆器和止链器处的顶部锚链。

(2)钢丝绳终端和连接处。

(3)海床触底段。

(4)卸扣和三孔盲板等连接器。

关于对系泊部件的检查,请参阅第 12 章《检查与监测》。

系泊标准和船级社规范很大程度上是基于在临时系统上获得的经验。对这类系统来说,在海上移动式钻井装置日常运行期间,可以在干燥甲板条件下检查较小直径的链。对于永久系泊系统,考虑到难以接近系泊部件,应该实施更严格的检查。请注意,对于永久锚和锚链的埋土部分在设计上是无法检查的。通常情况下,因为它们被埋在地下,与氧气隔绝,所以它们不会出现腐蚀问题。

在使用寿命的前几年应该特别注意进行检查等工作。基于最近论文[6, 7]的更新数据得出了图14.5,该图显示了系泊系统寿命趋势的数据。从图中可见在早期故障有明显的高发趋势。超过半数的事故发生在设计寿命的前 5 年中。在使用初期,第一年发生的事故比其他任何年份都多。根据这一观测结果,建议在使用寿命的前几年中建立一个高频率、大范围的强化检查过程。

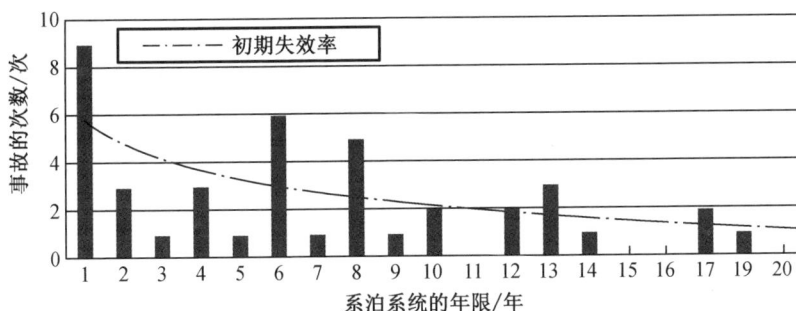

图 14.5　早期事故次数随年限的变化(永久系泊系统 2001-18)

在维护方面,应定期对处于恶劣使用条件下的系泊部件进行回收并进行检查和维修,如止链器中的链环或导缆孔上的钢丝绳/锚链。可以将锚链向内或向外移动,以移动疲劳和磨损点。最终,如果部件不再适合使用,可以替换部件。该维修措施可以显著提高系泊线的耐久性,在设计过程中就应该考虑到这一点。

14.4.2　配备监测系统

每个浮式系统都应该具备监测能力,以确保能够安全地系泊。有许多浮式生产设施无法得知其系泊系统是否完好无损。这种情况不可取,并且相关做法也需要改进。一些较新的系泊系统配备了能够测量系泊线张力并连续显示数据的监测设备。该系统可以及时提供系泊线失效的警告,并记录系泊线的张力时历,以供后续研究使用。虽然大多数船级社规范不要求浮式设施具备张力监测系统,但操作人员应该在设计说明中考虑到这一点。即使建造时将张力系统包括在内,所需成本也并不会提高很多,而且可以降低污染和停产的风险。

监测是系泊系统完整性管理的重要组成部分。在过去的一些事故中,一些系泊故障经过了数月都未被发现。在一个案例中,FPSO上的工作人员由于用户界面不佳而不再关注监测系统,并且在接下来几个月里都没有注意到系泊线失效,直到潜水员在进行其他工作时发现了故障。及早发现单条系泊线破断可以防止更多系泊线失效,从而提高系泊系统完整性。对于所有浮式设施来说,配备系泊线监测系统是非常重要的,这样可以快速地检测到系泊线故障。有关系泊监测的详细回顾,请参阅第12章《检查与监测》。

14.4.3 分享经验教训

正如在前一章所讨论的,出现了可能还没有被纳入工业设计标准的新的失效机理。随着系泊设计向着更深的水域和更恶劣的环境发展,以及使用超出目前经验范围的组件尺寸和材料,由于新发现的失效机理而导致的意外失效可能会继续发生。因此,根据当前公认的实践设计的系泊设备可能不像预期的那样可靠。为了将系泊中超出设计规范的影响降到最小,操作人员和设计人员应尽早分享经验教训。需要制定设计规范和指南,以反映一些最新的经验,特别是为了获取应对这些新问题所必需的新设计标准。

技术论文也是提供现有系统和系泊故障的信息以及背景的重要途径之一。业界在讨论和解决系泊相关问题方面的开放性有所提高,产生了工业联合项目和论坛,人们可以在这里分享经验和意见[19,20]。系泊问题和故障数据库可作为记录事故根本原因并防止事故再次发生的有效工具。操作人员或监管机构发布一些安全警报的做法值得称赞[2,3,21 24]。这会引起人们的注意,并会对提高系泊完整性产生积极的影响。

参考文献[24]中提供了一些关于如何在新的设计中应用经验的反馈,并提供了一些关于新设计中的建造冗余或余量的指导,以达到船级社或规范的最低要求。从实际的角度来看,在成本支出中,与未来进行系泊系统的维修或更换相比,在新设计中建造冗余可能更具性价比,尤其是在设施仍在生产的情况下。然而,为了使成本最小化,这种方法在项目的成本支出阶段经常受阻。

14.4.4 优化标准和规范

随着海上工业开始在天气恶劣地区或环境敏感地区停泊移动式钻井装置

和永久浮式生产设备,系泊系统失效的风险变得更高。利益相关者希望在系泊设计中采用更高的设计标准,这是可以理解的。问题是如何改进规范和标准,使系泊系统的可靠性能够与其他系统或其他行业相匹配。

一般认为较高的系泊系统设计标准会要求较强的系泊线,从而使系泊系统的生存能力更强或失效概率更低。这种观点的不足在于系泊系统的完整性并不完全由其设计强度决定。影响系泊线完整性的因素有很多,如疲劳设计、耐腐蚀性、部件制造质量等。因此,仅仅增加系泊系统生存条件的设计海况或使用更高的安全系数并不一定会使系泊系统更加可靠。提高设计标准将导致需要使用更大的部件尺寸,这可能超出现有的制造能力和 QA/QC 能力,甚至可能损害部件质量。通过对表 13.1 中列出的系泊故障及其根本原因进行分析,可以很明显地发现,许多系泊故障不是由天气超载而是由其他问题造成的,如硬件的制造质量或腐蚀问题。

上述观察结果指出,在改进规范和标准中,优先事项可能是加强锚链等系泊部件。此外,对于如 API RP-2I 里的这些系泊硬件来说[9],在现役系泊硬件检查方面提供推荐的做法和更新的指导也是非常实用的。关键是对系泊硬件提出足够的要求,并对设计、制造、装卸、安装、检查、维护和监测等各个环节给予同等重视,以提高系泊系统的完整性。为了提高未来系泊系统的可靠性,需要定期更新和改进设计规范和标准。

14.5　思考题

1. 浮体偏移量是系泊系统的关键性能参数。为了管理系泊系统的完整性,请说出另外两个性能参数以进行跟踪和评估。

2. 在系泊系统的完整性的背景下,简要解释"早期故障"。

3. 作为一名浮式生产设施上的员工,你已经注意到一根系泊线破断了。在最初的 24 h 内,你与船舶操作和维护人员(offshore installation manager, OIM)应该采取哪些最佳措施?

4. 为了延长一个系泊系统的寿命,保证锚链适合延长使用寿命,在已经根据最近一次的尺寸检查计算了锚链的剩余强度的情况下,还需要进行哪些其他计算?

5. 简要描述几种可能提高系泊系统的完整性的方法。

参 考 文 献

[1] C. Carra, T. Lee, K. Ma, A. Phadke, D. Laskowski, G. Kusinski, Towards API RP 2MIM — DeepStar guidelines for risk based mooring integrity management, in: Deepwater Offshore Technology, Oct. 2015.

[2] DeepStar, Mooring integrity management guidelines, in: Prepared by AMOG Consulting, DeepStar Phase XI CTR 11405, August 2013.

[3] API RP-2MIM, Recommended practice for mooring integrity management, in: Final Draft for Ballot, 2018.

[4] Oil & Gas UK, Mooring Integrity Guidance, November 2008.

[5] S. Bhattacharjee, D. Angevine, S. Majhi, D. Smith, Permanent Mooring Reliability & Mooring Risk Management Plan (MRMP): A Practical Strategy to Manage Operational Risk, Offshore Technology Conference, OTC-25841-MS, 2015.

[6] K. Ma, A. Duggal, P. Smedley, D. LHostis, H. Shu, A historical review on integrity issues of permanent mooring systems, in: OTC 24025, OTC Conference, May 2013.

[7] E. Fontaine, A. Kilner, C. Carra, D. Washington, K. Ma, A. Phadke, D. Laskowski, G. Kusinski, Industry survey of past mooring failures, pre-emptive replacements and reported degradations for mooring systems of floating production units, in: OTC 25273, OTC Conference, May 2014.

[8] ABS, Guidance notes on life extension methodology for floating production installations, in: American Bureau of Shipping, July 2015.

[9] API RP-2I, Recommended Practice for In-Service Inspection of Mooring Hardware for Floating Structures, third ed., April 2008.

[10] K. Ma, et al, Life extension of mooring system for benchamas explorer FSO, in: Proceedings of the 19th Offshore Symposium, Society of Naval Architects and Marine Engineers (SNAME), Houston, TX, February 2014.

[11] M. O'Driscoll, H. Yan, K. Ma, P. Stemmler, Replacement of corroded mooring chain on an FPSO, in: Ship Production Committee, SNAME Maritime Convention, 2016.

[12] S. Fredheim, S. Reinholdtsen, L. Haskoll, H. B. Lie, Corrosion fatigue testing of used, studless, offshore mooring chain, in: Proceedings of the 32nd International Conference on Ocean Offshore and Arctic Engineering, OMAE 2013-10609, Nantes, France, June 2013.

[13] S. Wang, X. Zhang, T. Kwan, K. Ma, et. al., Assessing fatigue life of corroded mooring chains through advanced analysis, in: Proc. Offshore Technology Conference, OTC 29449, May 2019.

[14] E. Fontaine, A. Potts, K. Ma, A. Arredondo, R. Melchers, SCORCH JIP: examination and testing of severely-corroded mooring chains from West Africa, in: Proc. Offshore Technology Conference, OTC 23012, May 2012.

[15] J. Rosen, G. Farrow, A. Potts, C. Galtry, W. Swedosh, D. Washington, A. Tovar, Chain FEARS JIP: finite element analysis of residual strength of degraded chains, in: Proc. Offshore Technology Conference, OTC 26264, May 2015.

[16] J. Crapps, H. He, D. Baker, Strength assessment of degraded mooring chains, in: Proc. Offshore Technology Conference, OTC 27549, May, 2017.

[17] P. Vargas, T. M. Hsu, W. K. Lee, Stress concentration factors for stud-less mooring chain links in fairleads, in: Proceedings of the 23rd International Conference on Ocean Offshore and arctic Engineering, OMAE2004-51376, Vancouver, June 2004.

[18] J. Rosen, A. Potts, E. Fontaine, K. Ma, R. Chaplin SCORCH JIP — feedback from field recovered wire ropes, in: Proc. Offshore Technology Conference, OTC 25282, May 2014.

[19] M. Brown, FPS mooring integrity JIP, in: Noble Denton, A4163, Rev. 1, Dec. 21, 2005.

[20] HSE, JIP FPS mooring integrity, in: UK HSE Research Report 444, Prepared by Noble Denton, 2006.

[21] MMS (BSEE), Catastrophic failures in mooring systems possibly put floating structures at risk, in: Safety Alert No. 259, United States Department of the Interior, January 2008.

[22] BSEE (MMS), Accident Investigation Report — 15 May 2009, United States Department of the Interior, Minerals Management Service, July 2010.

[23] BSEE (MMS), Catastrophic failures in mooring systems possibly put floating

structures at risk, in: Safety Alert No. 296, United States Department of the Interior, May 2011.

[24] A. Duggal, W. Fontenot, Anchor leg system integrity — from design through service life, in: Proc. Offshore Technology Conference, OTC 21012, May 2010.

第 15 章　浮式风机系泊系统

近年来,随着可再生能源的发展,浮式风机(floating offshore wind turbine, FOWT)已成为热门话题。浮式风机系泊系统的设计和分析是对海上油气行业实践的一个拓展,而系泊系统的好坏对浮式风机的可行性起决定性作用。本章针对浮式风机的类型及其系泊系统进行了概述,归纳了它们的设计原则,并指出了它们与传统油气生产系泊系统的不同之处。

15.1　浮式风机的概念

15.1.1　浮式风机发展史

海上风电场最初建设在水深不超过 40 m 的浅水区,使用固定式单桩或导管架作为支撑结构。随着海上风电场向水深超过 50 m 的深水区延伸,固定式单桩的成本增加,浮式风机成为更有前景的选择。

2008 年,第一个按比例缩放的原型机 Blue H 在意大利一处约 113 m 水深的海域安装[1]。此后,为了验证浮式风机的可行性和优势,人们又相继建造了多个原型机和全尺寸浮式风机,包括 2009 年在挪威近海安装的 Hywind[2],以及 2011 年在葡萄牙近海安装的 WindFloat[3]。2017 年,Hywind Scotland 项目正式投产,成为世界上第一个商业化的浮式风电场,由 5 台浮式风机组成,总装机容量达到 30 MW[4]。

截至 2019 年,有超过 30 个浮式风机正在开发中[5-8],其中有许多借鉴了海洋油气行业的经验。每个浮式风机都是根据特定水深、海底条件、当地基础设施和供应链能力而设计的。如图 15.1 所示,与海洋油气行业的浮式系统类似,浮式风机的浮式装置也可以分为 3 种主要类型:立柱式平台、半潜式平台和张力腿式平台[7]。也有一些混合型的浮式风机,如立柱式平台和张力腿式平台的组合式。此外,驳船式平台也可以作为浮式风机的基础,法国 Ideol 公司就设计并安装了驳船式浮式风机样机 Floatgen。

图 15.1　3 种类型海上浮式风机的浮式装置:立柱式平台、半潜式平台和张力腿平台

15.1.2　立柱式浮式风机

立柱式浮式风机由一个钢制或混凝土制的圆筒状基础、塔架、风轮转子、机舱组件、系泊系统构成。在浮式基础内部填充压载水和碎石,使其重心远低于浮心,从而提高风机的稳定性。浮式基础的吃水深度通常大于(或至少等于)塔架在平均海平面以上的高度。对浮式基础,先将其水平拖曳到避风区,然后将其翻转成垂直状态并锚定,再用动力定位起重船安装塔架、风机转子和机舱,最后将其垂直拖曳到目标位置,并与系泊系统连接。图 15.2 显示了 Equinor Hywind 项目的立柱式浮式风机,此外,还有一些其他的立柱式平台,如 Sway 立柱式平台和 Advanced 立柱式平台等。

图 15.2　立柱式浮式风机

(图片由 Equinor 提供)

15.1.3　半潜式浮式风机

半潜式浮式风机是浮式风机中最常见的一种,它的基础由几个管状构件相连的大型圆柱构成。圆柱为浮体提供稳定性,因此半潜式浮式风机也被称为柱稳定型浮式风机。风机可以安装在任意一根圆柱上,或者安装在由斜撑结构支撑的圆柱的几何中心处。半潜式平台有几个优点:首先,它可以在陆上制造,避免了海洋环境的干扰;其次,它可以被拖曳到近海位置,省去了使用工程船的昂贵费用。当需要对平台进行维护时,还可将半潜式平台与系泊系统断开连接,将其拖至船厂进行维护。而且由于吃水深度较浅,它同样适用于浅水区域。图15.3 为 Principle Power 公司开发的 WindFloat 半潜式浮式风机,它由 3 个圆柱组成,在圆柱底部有阻尼板。除此之外,其他半潜式浮式风机还有 Fukushima Shimpuu 和 SeaReed。

(a)　　　　　　　　　　　　　(b)

图 15.3　半潜式浮式风机

(图片由 Principle Power 公司提供)

15.1.4　张力腿式浮式风机

如图 15.4 所示,张力腿式浮式风机由浮式基础和风力涡轮机组成。与立柱式浮式风机需要在海上组装不同,它可以在陆上组装和调试,然后被拖曳到海上位置,从而避免了海上组装的难题。其浮式基础由垂直的筋腱固定在海底的吸力锚、桩锚或板锚上,预张的系泊线为平台提供了扶正稳性。Blue H Technologies 公司在意大利南部普利亚沿海安装了一台张力腿式浮式风机[1]。另外,还有一些其他张力腿式浮式风机,如 Glosten 的 PelaStar,Blue H Group 的 Blue H TLP、Eco TLP 和 GICON-SOF。

图 15.4　张力腿式浮式风机

(图片由 Glosten Associater 提供)

15.1.5　类型对比

表 15.1 总结了 3 种浮式风机的主要特征。

表 15.1　浮式风机类型对比

浮式平台	半潜式	立柱式	张力腿式
优点	1. 可在岸上组装； 2. 适用于一定的水深范围； 3. 只需拖轮安装； 4. 便于拆卸和牵引维修	1. 有良好的稳定性； 2. 设计制造简单； 3. 可垂向扶正	1. 有良好的垂荡运动； 2. 可在码头组装； 3. 平台尺寸紧凑； 4. 位移小
缺点	1. 压载大、排水量大； 2. 相对运动大	1. 需要一艘起重船在近海组装； 2. 深吃水要求高	1. 筋腱失效可能会导致丧失稳定性； 2. 难拆卸； 3. 需要吸力锚或桩锚

15.2　系泊系统设计

　　浮式风机的系泊系统必须将平台的偏移和运动限制在允许范围之内。在浅水域，允许范围通常受以下几点限制：一是电缆出口处的弯曲限制；二是平台运动引起的风力涡轮机加速度限制，特别是纵摇和横摇产生的影响。

　　这些限制要求系泊系统满足一定的规范要求，这也是目前大多数浮式风机系泊系统设计的重点。对系泊系统设计的改进可以通过几种方法实现，如在触地链上增加配重块、使用带有三孔盲板的平行触地链以及使用轻质合成纤维缆增加几何刚度等。本节将概述系泊系统设计的实践方法，详细内容见第 4 章《系泊设计》。

15.2.1　系泊线类型

　　浮式风机系泊系统设计是海洋油气工业实践的拓展，现有浮式风机的原型和设计概念使用的系泊类型包括：

　　(1)使用悬链线式或张紧式多点系泊系统(图 15.5)。

　　(2)张力腿系泊系统。

　　(3)单点系泊系统。

　　对于像 Hywind 这样的立柱式浮式风机，其系泊系统可能是带冗余设计的 6 条系泊线(3×2 形式，即分为 3 组，每组有 2 条系泊线)或不带冗余设计的 3 条系泊线(3×1)。立柱式浮式风机可以通过悬链线式或张紧式系泊系统固定。其中,组成系泊线的材料可以是锚链、钢丝绳和合成纤维缆,或这些材料的组合。

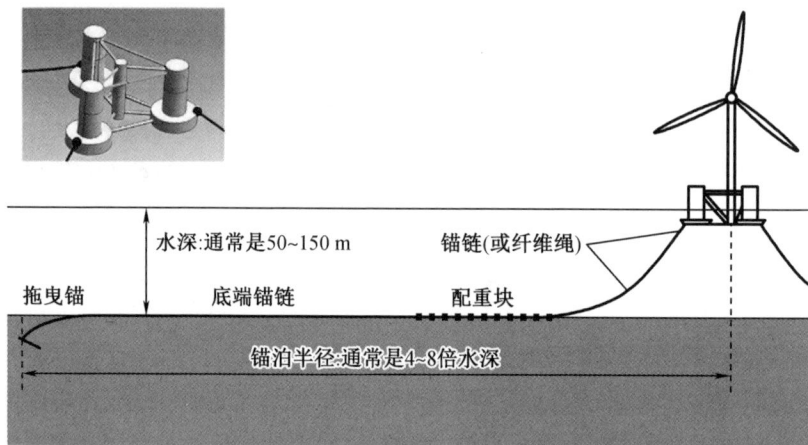

图 15.5　典型的悬链线式多点系泊系统设计

对于像 WindFloat 这样的三柱半潜式平台的设计,可以采用不对称系泊方式。2 条系泊线可连接到承载风机的圆柱上,剩余的 1 条系泊线则连接到其余 2 根圆柱的任意一根上[9]。

15.2.2　系泊线的材料选取

浮式风机多数部署在水深不超过 100 m 的浅水区中,因此悬链线式系泊系统一般采用海上油气行业常用的"全锚链"设计。该设计利用悬链线的形状和躺地链的质量为浮式风机提供定位功能,使其在指定位置一定范围内运动。悬链线式系泊线有一段位于海床上的躺地链,能够在平台运动或偏移时为其提供回复力。图 15.5 就是浅水区的一种典型的悬链线式多点系泊系统设计。

在水深超过 200 m 的水域中,浮式风机可使用张紧式(或半张紧式)系泊设计。为了满足浮体动态响应的要求,可以在系泊材料中加入合成纤维。张紧式系泊系统有位移小的优点,同时它还能提供比悬链线式系泊系统更好的稳定性,但需要有能够承受垂向力的锚固基础。由于浮式风机使用的是电缆而不是立管,所以对平台偏移量的要求不像油气平台那么严格。

合成纤维缆是一种常用的系泊线材料,可与其他材料进行组合。合成纤维缆常采用高模量聚乙烯(如 Dyneema)和聚酯作为主要材料。合成纤维缆在深水和超深水区域的张紧式和半张紧式系泊系统中经常被使用。与传统的钢制部件相比,具有质量小、疲劳性能好、刚度低、动态张力小等特点,成本相对较低。关于这些材料的详细信息,可以参见第 9 章。

15.2.3　锚的选择

浮式风机通常选用在油气行业被广泛应用的锚。当有多种锚固方案时,可根据系泊配置、海床土壤条件和承载力要求进行筛选。可以采用的锚固系统方案如下:

(1)嵌入式拖曳锚。

(2)法向承力锚。

(3)重力贯入锚,比如鱼雷锚。

(4)锤击桩锚。

(5)吸力锚。

浮式风机大多安装在浅水区,一般使用悬链线式系泊系统。悬链线式系泊系统通常使用嵌入式拖曳锚,这是一种成本较低的锚。另外,也可以根据当地的市场情况选择其他类型的锚。

张紧式系泊系统通常使用法向承力锚、锤击桩锚、吸力锚或重力贯入锚来承受系泊线的垂向荷载。在土壤条件复杂的情况下,桩是一种较为常用的锚类型。基于张力腿平台概念,吸力锚和锤击桩锚是最适合平衡垂向荷载的锚类型。另外,桩也可以作为共用锚点,若在同一地点安装多个浮式风机,可对其进行策略性设计,使其系泊线共用锚。采用这种策略,使用桩作为锚将会在一定程度上节约成本。有关锚的详细信息,参见第 8 章。

15.3　系泊系统设计准则

海上系泊系统的设计要遵守沿海国家的法规和行业标准。此外,运营商也要符合船级社的规范。目前,一些船级社如美国船级社(ABS)、挪威船级社(DNV)和法国船级社(BV)等[10-12]已经制定了专门针对平台结构和系泊系统设计的规范,另外,国际电力委员会(International Electrotechnical Commission, IEC)也在推动风机安装的国际标准化工作。IEC 是一个负责制定和发布电力技术相关国际标准的世界性组织,已发布了固定式海上风电设施安装标准[13,14],并于 2019 年发布了海上浮式设施安装标准。

15.3.1　系泊系统设计的环境重现期

浮式风机系泊系统设计可以参考海上油气设施系泊系统设计的标准,但也有两个不同点[15]。首先,海上油气平台通常有人值守,而浮式风机无人值守。这就需要不同的平台靠泊、人员保护和安全保障方面的方法。其次,浮式风机系泊失效对环境的不利影响要低于海洋油气行业中的类似事件,主要是由于浮式风机不涉及碳氢化合物或危险化学品,所以在发生故障时对环境的影响大大降低。

基于上述原因,浮式风机系泊系统设计的环境重现期比油气设施系泊系统设计的环境重现期短。对于永久浮式生产装置,系泊系统设计采用 100 年一遇的环境条件;对于浮式风机,系统系统设计通常采用 50 年一遇的环境条件。

15.3.2　可选冗余性

海洋油气行业的系泊系统要求有冗余性。如果发生单条系泊线故障,损坏的系泊系统仍要能够承受极端设计环境。对于浮式风机系泊系统,如果不考虑冗余性要求,则可以将系泊受力安全系数定为 1.2,这个系数也被称为“惩罚系数”。另外,如果系泊系统设计不允许出现单条系泊线故障,那么在系泊系统完好的条件下,系泊受力安全系数通常要增加 20%(从 1.67 到 2.0)。

总之,浮式风机的系泊系统是否有冗余性是可选择的。因此,可以在有冗余和无冗余两种设计方案之间进行系泊系统的优化设计,并根据最低总成本进行选择。

15.3.3　其他要求

船级社规范规定的疲劳安全系数与海上油气行业中使用的疲劳安全系数也存在不同之处。通常,在相同的条件下,浮式风机系泊的疲劳安全系数略低。

浮式风机的偏移量通常是由电缆设计要求决定的。根据水深和电缆结构的不同,带电缆的浮式风机可以比带立管的油气生产装置承受更大的偏移量。

浮式风机通常靠近人口密集的沿海城市。由于其可能对渔业和海洋野生动植物造成一定影响,因此需要对环境进行评估。对于具有较大偏移量的浅水系泊系统,必须要将这一点考虑在内。此外,浮式风机也可能位于地震活跃区域,这可能会影响锚的承载能力,在锚设计中也要考虑这一点。

15.4　系　泊　分　析

15.4.1　环境载荷和分析工况

　　浮式风机系泊分析中的环境载荷计算与油气平台类似。在这两种情况下，系泊线都受到直接作用在浮体上的风、浪和流载荷，以及由浮体运动引起的附加载荷的影响。浮式风机的环境载荷如图 15.6 所示。

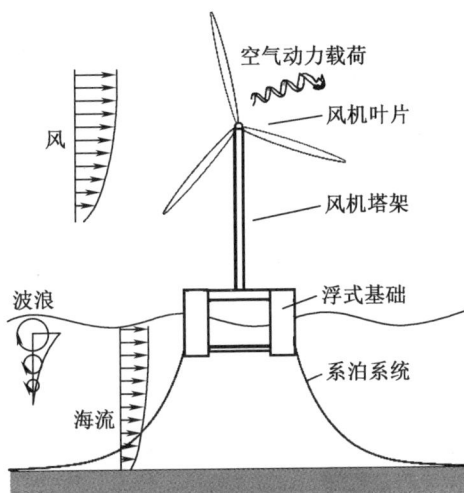

图 15.6　浮式风机的环境载荷

　　系泊系统设计时的工况应根据 IEC 61400-3[14] 和规范[10]的规定，分为设计载荷工况和极限载荷工况。

　　设计载荷工况是为了在风机运行条件、场址特定的环境条件、电网条件和其他适用的设计条件的组合作用下，验证浮式风机设计的适宜性。在设计中应考虑所有相关的设计载荷情况，并考虑其发生的概率。同时，这些载荷的组合以及风力涡轮机运行条件对系泊系统产生的最不利的局部和全局影响，也需要加以考虑。

　　极限载荷工况是为了在受到极端环境条件(50 年环境重现期)的作用下，验证浮式风机系泊系统的生存能力。ABS[10]要求在以下两种情况下检查极限载荷情况：

(1)叶片完好,转子-机舱组件停机,浮体和系泊系统完好。

(2)叶片损坏,转子-机舱组件停机,浮体和系泊系统完好。

15.4.2 气动载荷

浮式风机与海上油气系统之间的主要区别在于,前者的风力载荷更为复杂,会受到风力涡轮机气动效应影响。在这种情况下,为求得风荷载对系泊的影响,则可以使用分析方法或风洞试验(使用浮式风机的缩尺模型)来确定。

叶片桨距角的变化是风力涡轮机的显著特点之一,它是指通过调整叶片攻角以迎风或顺风。桨距角通过控制系统调整[16],而控制系统通常配备发电机转矩控制器,以在风速小于额定风速时最大限度地产生较大的功率。另外,控制系统中还包括叶片桨距控制器,它的作用是在风速大于额定风速时调节发电机。控制系统在调节过程中会对叶片上的空气动力负载产生影响,从而影响系泊线的张力,因此在系泊疲劳设计中需要考虑这一点。如图 15.7 所示,气动载荷还与风力涡轮机叶片挠曲耦合。

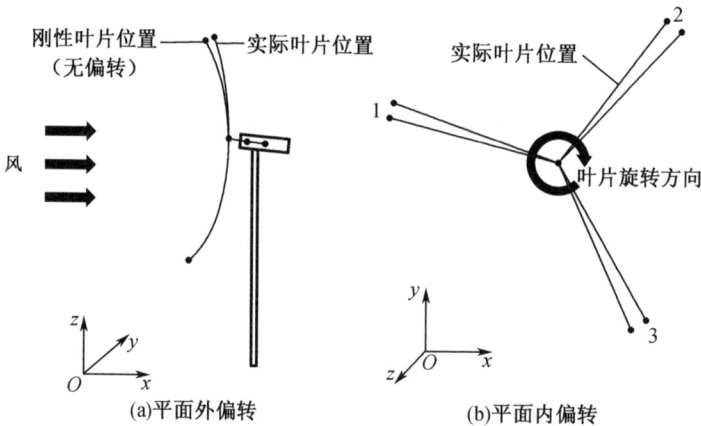

1~3—锚链分组编号。

图 15.7　风力涡轮机叶片的平面外偏转和平面内偏转

图 15.8 给出了理想风力涡轮机额定功率与风速的关系。在此示例中,风力涡轮机设计为在 12~30 m/s 的风速范围内达到额定功率。图中的切入风速是指风力涡轮机开始产生功率的风速;切出风速是指风力涡轮机必须关闭以保护风轮转子和传动系统免受高风速损坏的风速。这些信息对于估算塔筒上的力和力矩是不可缺少的。

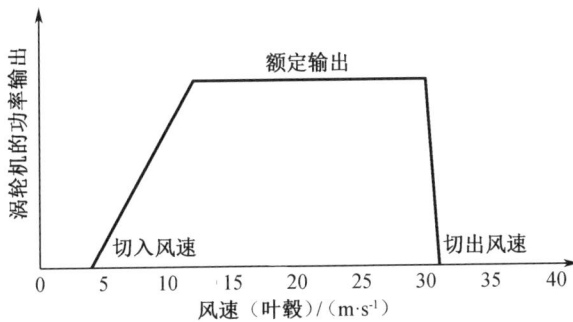

图 15.8　理想风力涡轮机额定功率与风速的关系

　　基于 IEC 61400-3[14]以及规范[10]的规定,应对风力涡轮机所有可能的运行状况进行验证,如启动、动力供应、关闭、暂停(静止或空转)等。对于风力涡轮机,气流在流过风轮转子时会引起气动力荷载,气动力荷载则需要通过转子平面上的平均风速、空气湍流、转子转速、空气密度和风力涡轮机部件的空气动力学形状来计算。由于气动力荷载和固有的动态响应十分复杂,所以在设计风力涡轮机时需要使用高水平的仿真工具。关于这方面的计算程序有很多,如由美国能源部开发和维护的气动-水动-伺服-弹性动力学耦合仿真模拟程序 FAST,它可用于海上浮式风机的仿真模拟[17]。FAST 代码现已集成到 OrcaFlex 和 SESAM 等许多计算机软件中,可以很好地用于对海上浮式风机进行设计和分析[18-20]。

　　对于安装在风电场中的浮式风机,在强度和疲劳分析中应考虑由风荷载引起的塔影效应和尾流效应。另外,对于大型风电场而言,在风荷载计算过程中,湍流强度的增加不可忽略。在通常情况下,需要考虑气流通过转子后,与在转子直径的 10 倍距离中的尾流的相互作用。

15.4.3　时域系泊分析

　　由于转子-机舱组件、浮体和系泊系统之间的运动会相互影响、相互作用,因此浮式风机的动力响应计算只有采用时域全耦合动力学计算才能得到可靠的仿真结果[10]。而采用频域分析是无法准确地计算浮式风机组件之间的非线性动态相互作用的。因此,目前大多数用于浮式风机的仿真软件都是基于时域分析的,而频域分析通常用于计算浮体的水动力系数,以作为时域分析的输入值[10]。

　　以外,除了使用悬链线式系泊的浮式风机外,其他浮式风机的排水量一般比浮式钻井平台更小。浮动风机的总排水量一般小于 15 000 t,而浮动钻井平台的排量通常约为 50 000 t。因此,浮式风机的仿真计算需要在系泊系统和浮体之间进行更深层次的耦合。尽管仍然需要逐个进行评估,但完全耦合的分析能更好地预测系统的响应,并且可以通过原型机测试和模型实验达到补充系泊分析的目的。有关浮式风机的设计方法和仿真软件的最新信息,可参见参考文献[5, 8]。

15.5 系泊系统设计注意事项

浮式风机系泊系统设计标准主要基于海洋油气行业的现有标准。虽然现在已经制定了具体的标准来解决技术问题,如应依据外界条件、系泊冗余问题和空气动力学问题进行系泊系统设计,但是在完整性管理和风险评估可靠性水平等方面仍存在不足[15,21]。这是浮式风机系泊系统未来发展需要改进的地方。以下是一些需要改进,并值得进一步研究的技术领域。

15.5.1 疲劳

疲劳是影响系泊系统完整性的主要因素[22],如第 13 章《系泊可靠性》所述,海洋油气行业的统计数据表明,疲劳是导致系泊线破断的主要原因之一。根据以往的经验,在浮式风机系泊中可能会发生系泊失效。在现实中,在浮式风机仿真过程中,系泊线会比油气浮式生产设施发生更剧烈的运动,主要是因为它的尺寸较小,在波浪中的运动会更加频繁。当平台受到来自风力涡轮机气动力载荷的耦合影响时,也会发生额外的平台运动。所有这些平台运动都会在系泊线中产生周期性的张力,从而相应地缩短其疲劳寿命。除了波频疲劳载荷外,极端条件下隐性的瞬态载荷也会对疲劳寿命产生不利影响。使用合成纤维缆是一种有效的解决方法,如用高模聚乙烯(如 Dyneema)或聚酯代替容易产生疲劳的锚链。

15.5.2 腐蚀

腐蚀是影响系泊线安全性的问题之一[23]。通常,在飞溅区和近水面区中腐蚀问题尤为严重。为缓解系泊腐蚀,一种方法是将系泊线放置在水面以下,以使其远离飞溅区。另一种方法也是使用合成纤维缆。

15.5.3　安装

安装系泊系统的成本是浮式风机的重要成本之一。导缆器的设计(如止链器或接头)和锚类型的选择在很大程度上对安装方法产生了影响。选择简单且经济高效的安装方法能极大地降低成本。现在,浅水系泊的安装方法已经相当成熟。如果选择嵌入式拖曳锚,那么在安装过程中需要参考附近区域的岩土数据。将系泊线预先铺设在海床上,系泊线的顶部暂时悬挂并由浮标固定。先将浮标拖到施工现场,然后将它通过抛锚船连接到预先铺设的系泊线上。关于永久系泊系统的安装过程,参见第 11 章。

15.5.4　张力调整

在安装过程中,拉紧系泊线是主要任务之一。传统方法是在平台上放置一个临时的起链器(或绞车)以达到拉紧系泊线的目的。而以下两种替代方法可能会比传统方法更节约成本。一种方法是取消平台上的张紧设备,使用多个拖船推动浮体,并使系泊线通过 H 形卸扣连接在抛锚船上。另一种方法则是使用在线张紧器。有关使用在线张紧器的详细讨论,参见第 10 章。

15.5.5　项目总成本

浮式风机的早期示范项目基于传统的石油和天然气项目设计系泊系统,它们的设计方案相对保守,所以,可以通过改进设计方案使成本支出和运营支出最小化,从而达到降低成本的目的。

15.6　思　考　题

1. 列出下列每种浮式风机浮体类型的优点,至少 2 个:立柱式浮体、半潜式浮体和张力腿式浮体。

2. 列出下列每种浮式风机浮体类型的一个缺点:立柱式浮体、半潜式浮体和张力腿式浮体。

3. 假设贵公司将要设计一个浮式风机,该工程将在深 60 m 的水中施工。作为首席工程师,你会选择哪种浮体类型,为什么?

4. 对于上一个问题中选定的浮体类型,你将使用多少条系泊线,为什么?对于系泊线的强度,设计安全系数是多少?

5. 为什么大多数标准要求浮式风机系泊系统能够承受 50 年一遇的工况，而不是承受 100 年一遇的工况？

参 考 文 献

[1] N. Bastick, 2009, Blue H—the world's first floating wind turbine, in: The First Dutch Offshore Wind Energy Conference, February 12 and 13, 2009, Den Helder, The Netherlands, Essential Innovations.

[2] S. Bratland, 2009, Hywind—the world first full-scale floating wind turbine, in: Seminar and B2B Meetings "Powering the Future—Marine Energy Opportunities", November 5, 2009, Lisbon, Portugal.

[3] A. Aubault, C. Cermelli, A. Lahijanian, A. Lum, A. Peiffer, D. Roddier, WindFloat contraption: from conception to reproduction, ASME 2012 31st International Conference on Ocean, Offshore and Arctic Engineering, American Society of Mechanical Engineers, 2012, pp. 847—853.

[4] Equinor, Hywind Scotland Brochure.

[5] ABS Report, Floating Wind Turbines, Technology Assessment and Research Program (TA&R Project No. 669), Bureau of Safety and Environmental Enforcement (BSEE), U. S. Department of the Interior, Washington, DC, 2012.

[6] ABS Report, Design Standards for Offshore Wind Farms, Technology Assessment and Research Program (TA&R Project No. 670), Bureau of Ocean Energy Management, Regulation, and Enforcement (BOEMRE), U. S. Dept of the Interior, 2011.

[7] Carbon Trust, Floating Offshore Wind: Market and Technology Review, Prepared for the Scottish Government, 2015.

[8] ABS Report, Design guideline for stationkeeping systems of floating offshore wind turbines, in: Technology Assessment and Research Program (TA&R Project No. 705), Bureau of Safety and Environmental Enforcement (BSEE), U. S. Dept of the Interior, 2013.

[9] D. Roddier, C. Cermelli, A. Weinstein, WindFloat: a floating foundation for offshore wind turbines—Part I: Design basis and qualification process, ASME

2009 28th International Conference on Ocean, Offshore and Arctic Engineering, American Society of Mechanical Engineers, 2009, pp. 845—853.

[10]　ABS, Guide for Building and Classing Floating Offshore Wind Turbine Installations. American Bureau of Shipping, 2015, (Updated March 2018).

[11]　DNV, Design of Floating Wind Turbine Structures, 2013.

[12]　Burear Veritas, Classification and Certification of Floating Offshore Wind Turbines, 2015.

[13]　IEC 61400-1, Wind Turbines—Part 1: Design Requirements, 3.1 ed., 2014.

[14]　IEC 61400-3, Wind Turbines—Part 3: Design Requirements for Offshore Wind Turbines, 1.0 ed., 2009.

[15]　A. Aubault, D. Roddier, K. Banister, Regulatory Framework for Design, Construction and Operation of Floating Wind Turbine Platforms, OTC-27215-MS. Offshore Technology Conference, 2016.

[16]　J. G. Njiri, D. Soffker, State-of-the-art wind turbine control: trends and challenges, Renewable Sustainable Energy Rev. 60 (2016) 377—393.

[17]　J. R. Browning, et al., Calibration and validation of a SPAR-type floating offshore wind tur-bine model using the FAST dynamic simulation tool, J. Phys.: Conf. Ser. 555 (2014) 012015.

[18]　SINTEF Ocean, Simo Theory Manual, Version 4.12.2, 2018.

[19]　MARINTEK, Riflex User Manual, Version 4.12-02, 2018.

[20]　Orcina, OrcaFlex Manual, Version 9.7a., 2013. <https://www.orcina.com/>.

[21]　Carbon Trust, Floating Wind Joint Industry Project, Phase I Summary Report—Key Findings from Electrical Systems, Mooring Systems, and Infrastructure & Logistics Studies, 2018.

[22]　K. Ma, A. Duggal, P. Smedley, D. LHostis, H. Shu, A historical review on integrity issues of permanent mooring systems, in: OTC 24025, OTC Conference, May 2013.

[23]　K. Ma, Ø. Gabrielsen, Z. Li, D. Baker, A. Yao, P. Vargas, et al., Fatigue tests on corroded mooring chains retrieved from various fields, in: OMAE2019-95618, June 9 —14, 2019.